Historia familiar e historia nacional en el teatro hispánico contemporáneo

ESCENA HISPÁNICA
Estudios de teatro español e hispanoamericano

Editada por
Javier Huerta Calvo, Guadalupe Soria Tomás y Diego Santos Sánchez

VOL. 3

Fanny Blin / Anne-Laure Feuillastre (eds.)

Historia familiar e historia nacional en el teatro hispánico contemporáneo

PETER LANG

Berlin · Bruxelles · Chennai · Lausanne · New York · Oxford

Información bibliográfica publicada por la Deutsche Nationalbibliothek
La Deutsche Nationalbibliothek recoge esta publicación en la Deutsche Nationalbibliografie; los datos bibliográficos detallados están disponibles en Internet en http://dnb.d-nb.de.

Catalogación en publicación de la Biblioteca del Congreso
Para este libro ha sido solicitado un registro en el catálogo CIP de la Biblioteca del Congreso: LCCN: 2025005574

El presente libro se publica gracias a la ayuda de las universidades Gustave Eiffel y Sorbonne Université, así como de los laboratorios CRIMIC y LISAA.

ISSN 2940-9918
ISBN 978-3-631-91383-3 (Print)
E-ISBN 978-3-631-91420-5 (E-PDF)
E-ISBN 978-3-631-91421-2 (E-PUB)
DOI 10.3726/b21516

Publicado por Peter Lang GmbH, Berlín, Alemania

info@peterlang.com - www.peterlang.com

Esta publicación ha sido revisada por pares.

Agradecimientos

El conjunto de estos trabajos se ha construido de manera colectiva y pudo publicarse gracias al entusiasmo de los investigadores reunidos en mayo de 2023 en París, en torno a los ecos entre historias de familia e historias nacionales en el teatro hispánico.

Por su apoyo en el desarrollo del proyecto desde sus inicios, agradecemos a la Universidad Gustave Eiffel y a Sorbonne Université, así como a los responsables del CRIMIC, del LISAA y EMHIS.

Índice

Capítulo 3
Posmemoria y compromiso desde las familias

Capítulo 4
Género y familias: construir nuevos modelos

Fanny Blin* y Anne-Laure Feuillastre**

Introducción

El álbum de familia: memoria en escena, escenarios de la historia

Este proyecto colectivo nació en 2021 con la intención de propiciar un tiempo entre especialistas del teatro hispano contemporáneo, para compartir trabajos acerca de la estrecha relación entre la representación de las crisis familiares y la puesta en escena de los conflictos nacionales. La familia, "primer núcleo de transmisión de valores sociales" (Iglesias de Ussel 1990: 236) de la que depende, por tanto, la estabilidad política de las naciones, es constante fuente de inspiración de la literatura (Cordone *et al.* 2019) y, en particular, de la dramaturgia. Funciona notablemente como espejo de las sociedades y sus mutaciones, y por tanto esta estructura se teatraliza muy a menudo. Con los debates sobre la memoria histórica que siguen agitando a las naciones del área hispana, el efecto espejo entre la historiografía y la historia familiar sigue siendo un objeto que merece atención. Como evidencia el título, este libro propone explorar los ecos entre historia privada y colectiva, entre las historias familiares y la nacional. De hecho, la nación aparece como tema y casi como personaje en la dramaturgia hispana contemporánea, reflejando los debates históricos y la evolución de cómo las sociedades se apropian el concepto. La nación, como recuerda el libro *Memoria colectiva e identidad nacional*, "tiene un carácter mítico, pues aparece como algo que ha existido siempre, lo que se ve reforzado por el hecho de que el pasado se hace presente de manera continua a través de la presencia de tradiciones que encarnan memorias, mitos y valores de épocas pasadas" (Barkhurst *et al.* 2000: 57).

Cuando el cuerpo nacional se ve dañado por el conflicto, los dramaturgos examinan la unidad familiar en el escenario, como cámara de resonancia para las preocupaciones por la pertenencia de los individuos a una comunidad. La crisis de la familia tradicional y la variedad de los nuevos modelos reflejan y alimentan los conflictos históricos de los siglos XX y XXI. A partir de entonces, se dramatiza la inclusión del individuo en un colectivo –vector de preguntas sobre la identidad (Ragué Arias 1992)– en numerosas obras de teatro en español. En ellas

* Université Gustave Eiffel, LISAA
** Sorbonne Université, CRIMIC

se escenifican, por un lado, las tensiones familiares e intergeneracionales y, por otro, la recomposición de los lazos sociales sobre todo tras las guerras, los exilios, las migraciones, las luchas concebidas como fratricidas o cualquier otro conflicto a nivel local o nacional. De forma recíproca, se pretende examinar el impacto de las crisis históricas en las relaciones y en los destinos familiares; y analizar, pues, las representaciones de los conflictos internos y políticos que desgarran a las familias: las de las tensiones y revueltas contra la estructura filial e ideológica (considerada como un "lugar cerrado" que aliena); las de los parricidios o enfrentamientos simbólicos; así como las de las reconciliaciones y reunificaciones familiares en relación con la historia. Lo cual implica definir los contornos de la familia, comparando los análisis del teatro hispano más allá de las especificidades nacionales. En particular, se trata de cuestionar la universalidad de esta relación metonímica entre familia y nación (Bestard 2012), así como la validez de los vínculos y el sentimiento de pertenencia a la familia como a la nación en el contexto de las crisis históricas y memoriales.

Sin duda, las producciones de habla hispana constan de puntos comunes fundamentales, los cuales estructuran las formas de acercarse al tema de las historias nacionales mediante la representación de crisis familiares determinadas por historias de migraciones, dictaduras, luchas, guerras, desapariciones, negaciones identitarias, en suma, historias paralelas y destinos colectivos transnacionales. En el teatro hispánico de las últimas décadas y de la actualidad, la familia viene a ser el reflejo de nuevos modelos sociales, de diferentes traumas y miedos, de herencias y rupturas entre generaciones. Como se explica en la introducción de *Familias profanas. Nuevas constelaciones familiares en la literatura hispánica actual*: "Pensar *la familia* implica aglutinar bajo la misma etiqueta cuestiones extremadamente complejas sobre las problemáticas de género [...], de papeles sociales y de poder [...], de transmisiones simbólicas [...], de identidades o de prácticas cotidianas, tanto en los sistemas de referencia íntimos como colectivos" (Cordone *et al.* 2019: 10).

Los lazos de familia entre los individuos aparecen muchas veces como sintomáticos de un espacio conflictivo o de una crisis identitaria. Encontramos así numerosas obras en las que los antagonismos intrafamiliares funcionan como metonimia de la nación –o, mejor dicho, metonimia de la *división de la nación* en momentos de conflicto histórico (dictadura, conflicto armado, exilio...)–. Se divisan relaciones familiares complejas, disfuncionales, rotas, plagadas de secretos y silencios, muchas veces dominadas y envenenadas por una jerarquía, una relación de fuerza y de violencia. Son hogares ahogantes, con patrones familiares que no dejan de repetirse, en relación con la historia.

Este libro pretende ubicarse en el panorama de los estudios sobre el teatro metahistórico, más precisamente en la vena de los estudios sobre el teatro de la memoria. La introducción del tema de la familia responde a la necesidad de analizar el juego de espejo que se establece de manera recurrente en el teatro hispano contemporáneo. Varias nociones estructuran los trabajos, como memoria colectiva, olvido, compromiso, metonimia familia/nación. A pesar de sus límites, la expresión "memoria colectiva" sirve aquí de herramienta para designar el conjunto de las representaciones del pasado que un grupo (sea una nación, una familia, un bando, una comunidad…) construye –y no 'conserva'– al seguir elaborándolas y compartiéndolas en producciones teatrales, por ejemplo, y que acaban definiéndolo como grupo.

Distinguimos *olvido* y *desmemoria*, siendo el olvido un fenómeno accidental contrariamente a la desmemoria, que suele considerarse un proceso consciente y organizado, como recuerda Anabel García Martínez en su capítulo "memoria histórica a la española: un término –múltiples conceptos–" (García Martínez 2016: 23). Por su parte, el sociólogo Maurice Halbwachs había teorizado el impacto de la memoria colectiva en la representación de la memoria de los individuos. Otro punto de referencia puede ser Aleida Assmann (1999), quien distinguió a continuación la "memoria-archivo" –que es institucional y conserva lo que ha sido olvidado por la memoria colectiva, en los museos, archivos– y la "memoria funcional", que actualiza acontecimientos pasados que siguen teniendo sentido en el presente. Esta supone un proceso de selección de elementos que definen activamente la orientación futura de quienes la comparten. De ahí los estrechos vínculos entre identidad nacional, memoria colectiva, construcción de una cultura común con la memoria institucional, y la legitimación política de esta. Y como escribe Antonia Amo Sánchez, "no hay identidad sin memoria, pero tampoco hay memoria sin identidad" (2014: 358). Este vínculo entre identidad y memoria se hace aún más evidente con la familia como objeto, tema y personaje colectivo, y eso explica que haya sido protagonista del teatro de la memoria en numerosas ocasiones. De hecho, el "teatro de la memoria" ha sido objeto de mucho interés científico y la investigación especializada en dramaturgia ha ido analizando las propiedades de las obras que se declaran como inspiradas en las respectivas historias nacionales recientes, destacando varias corrientes y tendencias. Para el caso español, Anabel García Martínez (2016) evidencia tres fases del teatro de la memoria: una primera fase de la reconciliación más centrada en el testimonio, en las memorias individuales con dimensión biográfica; una segunda más crítica, con estéticas metateatrales y las primeras reflexiones sobre la forma de hacer memoria; una última de justicia y reparación, que incluye contramemorias de las víctimas, posmemoria, intermedialidad, metamemoria –siendo esta última "la función que la memoria desarrolla al autopresentarse, al reflexionar sobre sí misma y sobre las estrategias que se utilizan para recordar u olvidar a nivel individual y colectivo"

(Floeck y Martínez 2011: 114)–. Las diversas perspectivas adoptadas en este libro permiten comprobar hasta qué punto corresponden a otras naciones.

Cada época y cada familia proponen, entonces, su propia y nueva comprensión del pasado, ilustrando el "círculo hermenéutico" que Paolo Jedlowski explica así:

> La paradoja de la memoria es de hecho la misma a la que se refiere el 'círculo hermenéutico': el pasado estructura el presente a través de sus legados, pero es el presente el que selecciona estos legados reteniendo algunos y abandonando otros al olvido, y que constantemente reformula la imagen del mismo pasado, contando siempre una y otra vez la historia. (2000: 132)

La familia aparece como el objeto central de varias obras escritas en España durante el franquismo: una manera, entre muchas, de cristalizar los conflictos de la época. En 1967, Antonio Buero Vallejo escenificaba las consecuencias de la Guerra Civil en su obra *El tragaluz*. El teatro rememorativo se convierte en un espejo de la España de posguerra, reflejando las heridas que dejó la guerra entre vencidos y vencedores, una brecha abierta entre los dos hermanos de una familia madrileña de los años sesenta. La contienda desgarra a la Nación, como a la familia: un hermano encarna la historia oficial y los mecanismos del olvido, y el otro la contrahistoria, la búsqueda de la verdad. Jerónimo López Mozo también materializó la brecha generacional entre abuelos y nietos en *El testamento* (1968), y la espinosa cuestión del legado –símbolo de la perpetuación de un sistema y de valores ideológicos–. Precisamente en esta transmisión intergeneracional incuba la responsabilidad histórica de las generaciones siguientes (Amo Sánchez 2014: 359). Se divisa aquí el conflicto intergeneracional de la España de posguerra, la voluntad de influencia y de control de la antigua generación sobre la nueva. En el nuevo teatro español, numerosas son las obras que presentan relaciones familiares disfuncionales, con una verticalidad y jerarquía ahogantes. Puede ser el padre el que ejerce su autoridad y violencia sobre el hijo, como en *Gioconda cicatriz* (1970) de Ángel García Pintado y en *El convidado* (1970) de Manuel Martínez Mediero; o la ruptura puede plasmarse en las relaciones fraternas: encontramos por ejemplo *Las planchadoras* (1971) y *Las hermanas de Búfalo Bill* (1972) de Manuel Martínez Mediero, donde se materializa la opresión mediante unas relaciones destructoras y conflictivas entre hermanos y hermanas. En esta última obra, el fantasma del tirano no deja de atormentar a sus hermanas (a las que oprimió toda su vida), cuando estas intentan olvidar el pasado. La política del olvido –y sus mecanismos– se desvelan asimismo en la obra colectiva *Por venir* (1975) escrita por Jerónimo López Mozo y el grupo La Bojiganga: el pasado solo se puede mencionar si viene a servir la imagen deseada de reconciliación. El conflicto se intensifica a lo largo de la obra, donde de nuevo aparece la familia fraccionada, esta vez por el exilio, y la visión política dicotómica de dos hermanos. En todos estos casos, el núcleo familiar reproduce los mecanismos políticos, usando violencia física y moral, opresión y sumisión, de manera cíclica. En el seno de la familia se ejerce el poder, y esta se convierte entonces en una alegoría de la nación, donde la resistencia o disidencia la encarnan personajes más vulnerables, víctimas de la violencia patriarcal o fraterna. Cuando termina la transición política, surgen en el teatro español las primeras reflexiones sobre la forma de hacer memoria. En 1982, en *El álbum familiar*, José Luis Alonso de Santos examina el recuerdo traumático de la mudanza en épocas de posguerra, vivida por los miembros de una familia autobiográfica que representa a la España pobre de la posguerra. Se cuestiona aquí el vínculo entre el trauma del conflicto nacional (y exilio), y la identidad propia, y se evidencia la tensión entre la macrohistoria colectiva y la historia más personal e íntima del protagonista. Si el padre de *El álbum familiar* –del mismo modo que el padre de *¿Fuiste a ver a la abuela?* de Fermín Cabal– se asemeja al ser vencido, al contrario, en *Perfume de la memoria* de Miguel Murillo, el padre intenta imponerse a su hijo Víctor como modelo o referencia. La ruptura familiar, tras el descubrimiento de la homosexualidad del hijo por el padre, es alimentada por la mentalidad franquista y lleva al cuestionamiento propio de la identidad –en este caso, disidente–. Otra perspectiva emerge en la *Trilogía de la juventud*, de José Ramón Fernández, Yolanda Pallín y Javier García Yagüe (2001), que propone examinar los cambios sociales a través de tres generaciones de una misma familia para analizar cada hito histórico, como analiza Fernando Doménech en el capítulo 1, "Transmitir la memoria de las dictaduras: las generaciones en la historia".

A partir de los años 2000 se produjo en España el "*boom* memorístico", con una afirmación de una contramemoria de las víctimas y obras escritas por la generación de los nietos. La recuperación de la memoria y su tratamiento dramático en el contexto propicio de los años 2000 (a raíz de la creación de la Asociación por la Recuperación de la Memoria Histórica, y de los debates de la nación en torno a la Ley de Memoria) dotaron al teatro de unas "funciones terapéuticas" (Floeck 2006: 198). Las circunstancias históricas que explican el silencio de la transición van desapareciendo y los nietos, "aliviad[os] del miedo y del peso traumático de la experiencia" (Amo Sánchez 2014: 347), reivindican una legitimación pública (Henríquez 2005) para restaurar la memoria familiar y colectiva. Estos proponen así un teatro de la posmemoria (Hirsch 2015) que compagina la escala familiar con la histórica.

En *El almuerzo familiar* (2000) de Miguel Palacios, es más el conflicto ideológico y político lo que desgarra a una pareja, cuando el novio tiene que superar el rito de presentación en la familia de su novia durante un almuerzo, en una familia de extrema derecha. La hija (novia) aparece como una marioneta que los hombres de su familia manejan a su antojo, una familia que se convierte en una auténtica cárcel ideológica y violenta. En 2002, en *Père Lachaise*, Itziar Pascual pone en escena una investigación personal para recomponer la historia de los antepasados y reconciliar la identidad propia, en el contexto de una historia nacional trágica que determinó los dramas familiares de los personajes. También José Sanchis Sinisterra propone representar cómo la historia fractura a la familia con Jorge y Leandro, dos hermanos republicanos separados por la guerra, en "Dos exilios". La escena, incluida en *Terror y miseria en el primer franquismo*, materializa –con la quinta pared– la separación y la diversidad de las experiencias del exilio interior y exterior, porque uno eligió huir a México, y el otro se quedó. El lazo de parentesco determina sus destinos paralelos, mientras su semejanza perdura y parece unirlos pese a la distancia física y la evolución en contextos nacionales diferentes. Laila Ripoll también trata la cuestión de la familia en relación con la rehabilitación de la memoria, en particular en *Los niños perdidos* y *Santa Perpetua* (analizadas por Adeline Chainais en el capítulo 3, "Posmemoria y compromiso desde las familias"). En la primera, las familias se ven desintegradas por el robo de niños a sus madres republicanas para imponerles una identidad nueva, más acorde con los propósitos del régimen, con la figura paterna de Franco y materna de la Virgen. En estas obras, Ripoll teatraliza historias individuales, y las pone al servicio de la memoria colectiva (Halbwachs 1997), para restablecer la verdad –Isabelle Reck trató la cuestión del "arte de mentir" (2020: 77) denunciado en el teatro de Ripoll– y escribir otra historia. El testimonio de los vencidos –los silenciados de la historia reciente que recuperan su voz– nutre la memoria con la materia histórica y pretende reintegrar a las víctimas en la memoria colectiva.

Las sociedades latinoamericanas también han enfrentado sus respectivos pasados de violencia política, ya sea en el caso de dictaduras o conflictos internos, con la teatralización de los procesos memoriales. Las situaciones actuales de violencia política hacen aún más importantes esas corrientes teatrales. Estos contextos suponen una especificidad nacional, pero a la vez la superan. La cantidad de obras que se apoyan en la metonimia familia/nación para abordar temas históricos candentes no es de extrañar en Argentina, después de la dictadura militar, donde el fenómeno siguió creciendo desde la década de los ochenta. Entre muchos ejemplos cabe mencionar el movimiento tanto teatral como político del colectivo "Teatro x la identidad" que se creó en Buenos Aires en 2001 en estrecha colaboración con la labor de la Asociación de las Abuelas de la Plaza de Mayo. En el teatro argentino posdictatorial, la tendencia de la recuperación de la memoria de las víctimas de la dictadura ocupa mucho espacio. En el primer capítulo, Stéphanie Urdician se apoya en el ejemplo del teatro de Lola Arias, quien teatraliza la historia argentina a partir de los testimonios y de las historias personales de sus elencos.

Igual que en *Los niños perdidos*, encontramos en la obra de la argentina Patricia Suárez, titulada *Astianacte: una máscara del amor* (2007), la temática del robo de niños y de las familias desgarradas por la dictadura y la violencia estatal durante el Proceso de Reorganización Nacional. Se plantea la cuestión de la búsqueda de la identidad personal a través de la búsqueda de la memoria familiar tras un trauma. Un trauma que sobrevive en el inconsciente de la generación siguiente, portadora de un fantasma que lo habita, heredando lo indecible –el silencio– de la generación anterior. En el teatro argentino posdictatorial, la tendencia de la recuperación de la memoria de las víctimas de la dictadura ocupa gran parte del espacio escénico. Por ejemplo, la tiranía familiar como reflejo de la tiranía del Estado aparece en varias producciones de Griselda Gambaro: el orden patriarcal, su brutalidad, la violencia conyugal, vienen a simbolizar la represión política de las dictaduras militares argentinas, en particular la de Videla, en obras de los setenta y ochenta como *Cuatro ejercicios para actrices*, *Real envido*, o *La malasangre*, obras donde las relaciones familiares son disfuncionales, síntoma de la violencia política a nivel nacional.

En los escenarios colombianos contemporáneos, abundan las producciones teatrales en estrecha relación con la denuncia de las consecuencias políticas en los núcleos familiares. Con el teatro, auténtico "antídoto contra el olvido" (Gómez Sánchez 2021: 332), se reintegra a las víctimas de la violencia, del conflicto armado colombiano, en la memoria colectiva nacional. Así surge en el escenario colombiano el tema de los desaparecidos y el impacto en el cotidiano de las familias desgarradas (Pulecio Mariño 2012): es el caso de *El ausente* (2002) de Felipe Botero, o de *Donde se descomponen las colas de los burros* (2009), de Carolina Vivas. Igual que en varias obras dramáticas del bilbaíno Ignacio Amestoy, en ambos casos, la estructura familiar se ve desintegrada por el conflicto armado nacional. Víctimas y verdugos se entremezclan, civiles o guerrilleros muertos en combate, las familias llegan a experimentar la misma ruptura en el hogar; y el teatro viene a recrear la realidad de un contexto social y político que es violento y fratricida.

Por otra parte, muchas son las obras que cruzan varias historias nacionales, a partir de una historia familiar transnacional. Lo ejemplifica *La otra orilla*, de Jorge Díaz (del año 1988), que enlaza la historia de la dictadura española y la de la dictadura chilena mediante el tema del exilio vivido por tres generaciones. Lo que permite el salto a una historia transnacional es precisamente la experiencia del exilio, una experiencia inspirada en su historia familiar personal. La comparación entre varios regímenes dictatoriales aparece en *Habrás de ir a la guerra que empieza hoy* de Pablo Fidalgo Lareo, que mezcla la historia familiar con la argentina y la española. De la misma forma, pero esta vez implícitamente, existe también esta intención de universalización de las consecuencias en los destinos y en la transmisión familiar, en *NN12* de Gracia Morales. Al no situar la historia desde un punto de vista estrictamente nacional, la dramaturga apunta las similitudes de las rupturas de los lazos de familias en casos de "desapariciones" organizadas, y aborda la cuestión desde las búsquedas con el ADN. Como subraya Dominique Breton, en esta pieza desaparecen las referencias históricas precisas:

> Délibérément, la pièce se refuse à ancrer cette question douloureuse dans une réalité historique unique perçue comme réductrice. Il s'agit plutôt de proposer un faisceau d'indices susceptibles de renvoyer simultanément le spectateur à plusieurs référents contextuels possibles, tous susceptibles de dénoncer une procédure récurrente. La pièce livre donc volontairement des signes hétérogènes qui renvoient le spectateur à divers régimes tristement célèbres du XXe siècle, les plus apparents et immédiats étant la Guerre civile espagnole, le Chili de Pinochet, ou l'Argentine des Généraux[3]. (Breton 2012: 192–193)

Semejantes contextos han suscitado muchas teatralizaciones y siguen inspirando a numerosos dramaturgos a partir del motivo familiar. Nuestro libro pretende, precisamente, explorar la diversidad de sus estrategias dramatúrgicas que materializan la constante interacción entre familia, sociedad e historia. También emergen de los escenarios recientes nuevas conexiones posibles. Las obras analizadas para este libro ponen de relieve la diversidad de lo que permite la metonimia familia/nación en el teatro, y muestran cómo las células íntimas extrapolan la representatividad de un funcionamiento nacional. Las contribuciones evidencian cómo las tendencias actuales son sintomáticas de unas relaciones renovadas con la idea de nación, a partir de la teatralización de los vínculos generacionales.

Los artículos abren varias vías de reflexión, empezando por un énfasis en la transmisión de la memoria de las dictaduras. En el primer capítulo, Fernando Doménech Rico investiga el recorrido histórico español a partir de tres generaciones de una familia obrera, en *Trilogía de la juventud* de José Ramón Fernández, Yolanda Pallín y Javier García Yagüe. Privilegiando la mirada de los jóvenes de cada momento histórico, la trilogía establece un panorama de los cambios sociales producidos en España y en la institución familiar. A continuación, Stéphanie Urdician se acerca al caso argentino, buscando el vínculo entre genealogías personales y memoria histórica en el teatro de Lola Arias. Su artículo evidencia la

---

3 Traducimos: "La obra se niega deliberadamente a anclar esta dolorosa cuestión en una única realidad histórica que se percibe como reductora. En su lugar, propone un conjunto de pistas que pueden remitir simultáneamente al espectador a varios referentes contextuales posibles, todos ellos susceptibles de denunciar un procedimiento recurrente. Así, la obra ofrece deliberadamente signos heterogéneos que remiten al espectador a varios regímenes infames del siglo XX, siendo los más evidentes e inmediatos la guerra civil española, el Chile de Pinochet y la Argentina de los generales".

teatralización de la historia argentina posdictatorial a partir de los testimonios y las historias personales de los elencos. El capítulo se cierra con el artículo de Ibtissam Ouadi-Chouchane, que explora la noción de compromiso al abordar el tema de la familia en dos obras de Lola Blasco: *La armonía del silencio* y *Canícula*. En estas piezas, la comunicación intrafamiliar, marcada por el silencio, pone de relieve el paralelismo entre la familia y el Estado.

En el segundo capítulo, tres artículos se dedican al microcosmos familiar como espejo de una historia conflictiva: Elena Cano Sánchez estudia las relaciones intrafamiliares en *Doña Elvira, imagínate Euskadi*, *La última cena* y *Los Gondra (Una historia vasca)*, representativas de la tensa historia vasca, declinada en tres épocas; esta aparece también como telón de fondo del análisis de Marina Ruiz Cano sobre la tragedia familiar y nacional desarrollada en *Todos los viernes, cena* de la dramaturga vasca Enkarni Genua; y Carole Egger examina la relación entre familia e historia en *Bricolage*, de Miguel Romero Esteo, una obra que mezcla historia personal del dramaturgo e historia nacional española, a partir de una familia nuclear reducida.

El tercer capítulo evidencia el compromiso de las familias en cuanto a la historia nacional, en el teatro de la (pos)memoria. Gracia Morales presenta las tendencias de la escena española actual a la hora de abordar la cuestión de la memoria histórica en familia, haciendo hincapié en la omnipresencia de los abuelos y de los objetos testimoniales. Adeline Chainais se centra en obras de Laila Ripoll (*Atra bilis*, *Los niños perdidos* y *Santa Perpetua*) para observar las estrategias memorísticas en familias destrozadas. Fanny Blin se apoya en cinco obras de la última década, –entre ellas una de Laila Ripoll y otra de Gracia Morales– para analizar la transmisión intergeneracional de la historia nacional en linajes plagados por los secretos.

Los trabajos del último capítulo se articulan todos en torno al género como eje vertebrador de las relaciones, en el núcleo tanto familiar como nacional. Del esquema tradicional –en los artículos de Emilie Lumière y Magdalena Bournot– a su desconstrucción –en los de Adriana Nicolau Jiménez y Laura Rubio Galletero–, las obras estudiadas exploran diversas resistencias. Emilie Lumière muestra cómo las presas del franquismo, aisladas de sus parientes, desarrollan otros lazos en *Solo son mujeres* de Carmen Domingo. El artículo de Magdalena Bournot cuestiona la figura del patriarca Agamenón en dos versiones de *Electra* (cubana y brasileña), heroína que consigue superar la herencia familiar y mitológica. Finalmente, Laura Rubio Galletero representa la construcción de nuevos modelos de maternidad desde un enfoque feminista, algo que aborda también Adriana Nicolau Jiménez desde el teatro catalán, cuando reflexiona sobre las nuevas genealogías femeninas y el rol de las mujeres en la sociedad actual.

Como destacan Jesús Izquierdo Martín y Pablo Sánchez León (2017), la familia sigue siendo el vector principal y la fuente primaria de la transmisión de la historia nacional. De las familias como espacio de repercusión de la historia y reproducción de los roles de género para la nación, a unos espacios de desconstrucción de las normas y construcción de nuevos modelos familiares, las obras examinadas dan cuenta de la evolución entre memoria privada y memoria pública.

Bibliografía

Amo Sánchez, Antonia (2014). "Dramaturgias de lo imprescindible: un teatro para la recuperación de la memoria histórica en España (1990–2012)", *Anales de Literatura Española Contemporánea*, 39, 2, pp. 341–369.

Assmann, Aleida (1999). *Erinnerungsräume. Formen und Wandlungen des kulturellen Gedächtnisses*. Múnich: Verlag C.H. Beck.

Barkhurst, David *et al.* (eds.) (2000). *Memoria colectiva e identidad nacional*. Madrid: Biblioteca Nueva.

Bestard, Joan (2012). *Noves formes de família/Nuevas formas de familia*. Barcelona: Ajuntament de Barcelona. Àrea Qualitat de Vida Igualtat i Esports.

Breton, Dominique (2012). "L'Ailleurs théâtral, ou 'Je est un autre', dans *NN12* de Gracia Morales", in Carole Nabet-Egger e Isabelle Rouane Soupault (eds.), *L'ailleurs dans les dramaturgies hispaniques*. Aix-en-Provence: Presses universitaires de Provence, pp. 191–196.

Cordone, Gabriela *et al.* (eds.) (2019). *Familias profanas: nuevas constelaciones familiares en la literatura hispánica actual*. Madrid: Visor libros.

Floeck, Wilfried (2006). "Del drama histórico al teatro de la memoria. Lucha contra el olvido y búsqueda de identidad en el teatro español reciente", in José Romera Castillo (ed.), *Tendencias escénicas al inicio del siglo XXI*. Madrid: Visor, pp. 187–209.

—— y García Martínez, Ana (2011). "Memoria y olvido entre bastidores: Guerra Civil y franquismo en el teatro español después de 1975", in Janett Reinstädler (ed.), *Escribir después de la dictadura. La producción literaria y cultural en las posdictaduras de Europa e Hispanoamérica*. Madrid/Frankfurt: Iberoamericana/Vervuert, pp. 97–119.

García Martínez, Anabel (2016). *El telón de la memoria: la Guerra Civil y el franquismo en el teatro español actual*. Hildesheim/Zürich: Georg Olms Verlag.

Gómez Sánchez, Darío (2021). "Dramaturgias del conflicto armado en el teatro colombiano contemporáneo", *Revista Caracol*, 22, pp. 308–332.

Halbwachs, Maurice (1997). *La mémoire collective*. París: Albin Michel.

Henríquez José (2005). "Entrevista con Laila Ripoll: 'soy nieta de exiliados y eso marca'", *Primer acto*, 310, pp. 118–127.

Hirsch, Marianne (2015). *La generación de la posmemoria: escritura y cultura visual después del Holocausto*. Madrid: Carpe Noctem.

Iglesias De Ussel, Julio (1990). "La familia y el cambio político en España", *Revista de Estudios Políticos*, 67, pp. 235–259.

Izquierdo Martín, Jesús y Sánchez León, Pablo (2017). *1936 y nosotros: la guerra que nos han contado*. Madrid: Alianza Editorial.

Jedlowski, Paolo (2000). "La sociología y la memoria colectiva" in Alberto Rosa, Guglielmo Bellelli, David Bakhurst (dir.), *Memoria colectiva e identidad naciona*l. Madrid: Biblioteca Nueva.

Laurence, Adelina (2020). "El compromiso teatral de Laila Ripoll", in Claudio Moyano Arellano (coord.), *Literatura y política: políticas de la literatura*. Valladolid: Universidad de Valladolid, pp. 111–128.

Pulecio Mariño, Enrique (2012). "La dramaturgia del conflicto armado en Colombia", in Enrique Pulecio Mariño y Hernando Parra Rojas (eds.), *Luchando contra el olvido: investigación sobre la dramaturgia del conflicto*. Bogotá: Ministerio de Cultura, pp. 26–228. Disponible en: https://www.mincultura.gov.co/areas/artes/grupos/teatro-y-circo/documentos/Documents/Luchando%20contra%20el%20olvido.pdf [Consultado el 15/03/2024].

Ragué Arias, María José (1992). *Lo que fue Troya: los mitos griegos en el teatro español actual*, Madrid: Asociación de Autores de Teatro.

Reck, Isabelle (2020). "'Mentir n'est pas jouer' au théâtre de la récupération de la mémoire historique", *reCHERches*, 25, pp. 77–101.

Vilches De Frutos, María Francisca (2005). "Entre tumbas, desvanes y tejados: los espacios de la memoria histórica en el teatro español contemporáneo", in Laila Ripoll, *Los niños perdidos*. Oviedo: KRK, pp.11–29.

Capítulo 1
Transmitir la memoria de las dictaduras

Fernando Doménech Rico*

La España contemporánea a través de una familia obrera. *Trilogía de la juventud*, de J. R. Fernández, Y. Pallín y J. García Yagüe

Resumen: La *Trilogía de la juventud* está compuesta por tres obras: *Las manos, Imagina* y *24/7 Veinticuatro horas al día siete días a la semana*, estrenadas en la Sala Cuarta Pared de Madrid entre 1999 y 2002. Con ella los autores, dos dramaturgos y un director de escena, pretendían mostrar cómo habían vivido los jóvenes de clase obrera los cambios que se habían producido en la sociedad española desde la posguerra hasta el siglo XXI. Así, *Las manos* refleja la vida de los mozos en la España rural en años de hambre y penuria, cuando se produce la gran emigración del campo a la ciudad; *Imagina* dramatiza el despertar de los jóvenes a la conciencia política y social en el ambiente de un barrio obrero de las afueras de una gran ciudad; *24/7*, por último, es la expresión de una generación desencantada en un mundo de trabajos precarios. El conjunto es un panorama de los cambios sociales producidos en la España contemporánea a través de las vivencias de numerosos personajes, pero sobre todo a través de tres generaciones de una familia, siempre privilegiando la mirada de los jóvenes de cada momento histórico.

Palabras clave: Teatro alternativo; cambio social en España; juventud; clase obrera

Introducción

En la última escena de *24/7*, cuando los jóvenes protagonistas se conectan a través de un chat para intentar poner en marcha acciones contra el cierre de Target Master, la empresa que los había contratado, uno de ellos, Olmo, hace una reflexión dirigida tanto a sus compañeros como al público:

> Olmo.— Yo tengo un abuelo. A veces no me reconoce, o me confunde con su hermano pequeño. Como sé que no me va a dar la brasa como hacen los padres, a veces le cuento lo que me va pasando. A veces dice cosas que no sé si las dice porque sí o tienen que ver con lo que le cuento. El otro día se fue de casa, se perdió. Lo encontré yo. Se me quedó mirando y me dijo: "Me tenía que haber quedado y pelear. Hay que quedarse y pelear". Y luego me dio su zoqueta, que es como un guante de madera que no sé para qué sirve. Ahora nos toca a nosotros. No se nos ve, pero estamos aquí desde hace tiempo. Yo soy mi abuelo, y mis padres, y mi hermana y mi gente, y otra gente que no he conocido nunca, pero que formaron parte de mi abuelo y de mis padres. Yo estoy aquí porque ellos tomaron decisiones. Y yo voy a tomar decisiones que tendrán que ver con otros. (Fernández, García Yagüe y Pallín 2019: 373)

* RESAD/ITEM

El fragmento es muy expresivo de cómo enfocan los autores de la *Trilogía de la juventud* la realidad social que rodea y explica a sus personajes, desde la referencia a la historia de la familia de Olmo hasta la llamada a no conformarse con el mundo que les ha tocado. En efecto, la trilogía es a la vez una saga familiar y un reflejo de cómo ha vivido la juventud española los cambios sociales que se han dado en nuestro país desde la década de 1940 hasta los primeros años del siglo XXI.

Trilogía de la juventud. Pequeña historia de un estreno y de sus autores

La *Trilogía de la juventud* está compuesta por tres obras independientes que mantienen entre sí una fuerte conexión y, sobre todo, responden a un único proyecto de trabajo colectivo realizado entre 1998 y 2004 por dos escritores, un director de escena, una sala alternativa y una docena larga de actores. Todo comenzó con *Las manos*, estrenada el 23 de febrero de 1999. José Ramón Fernández, uno de los autores implicados en la trilogía, recordaba en 2004 cómo se gestó el proyecto seis años antes:

> Javier Yagüe decidió reunirnos a Yolanda y a mí para escribir entre los tres una reflexión sobre qué cosa es ser joven. Ya éramos autores de la casa. Yolanda había estrenado en "la Cuarta" tres obras: *Hiel*, *Lista Negra* y *Los motivos de Anselmo Fuertes*. Yo ya había visto en aquel escenario *Mariana*, *Para quemar la memoria* y *Dos*. Se trataba de buscar qué es ahora ser joven, y para ello decidimos que era interesante definir mediante el contraste. Dimos dos saltos hacia atrás en el tiempo, dos saltos de veinticinco años, y caímos en 1947 y 1972. Desde el inicio –bendita inocencia– decidimos que esto iba a ser una trilogía. (Fernández, García Yagüe y Pallín 2019: 400)

Contra todas las previsiones, *Las manos* tuvo un éxito extraordinario: se mantuvo en cartel durante toda la temporada y a continuación inició una gira que la llevó por toda España, con estrenos tanto en capitales como en pueblos y en los certámenes de teatro más importantes del momento. Este éxito animó a los creadores del espectáculo a seguir el camino trazado. A *Las manos* siguió *Imagina* en 2001 y *24/7. Veinticuatro horas al día siete días a la semana* en 2002. Finalmente, tras la gira de esta última, la sala Cuarta Pared, donde se gestó todo el trabajo, repuso la trilogía completa en 2004. En esta ocasión el crítico Javier Vallejo lo consideraba "el éxito mayor y más duradero del teatro alternativo" (Vallejo 24/04/2004: 21). El éxito de la *Trilogía de la juventud* se debió en parte a la escritura –poética y precisa– de José Ramón Fernández y Yolanda Pallín, en parte a la puesta en escena que acercaba el mundo ficticio al espectador de una forma inusual en aquellos años y en parte también a la fidelidad con que reflejaron los autores los grandes cambios que se habían producido en la sociedad española desde los años de la posguerra.

El mundo rural: *Las manos*

Las manos se localiza en un lugar inconcreto de la España rural en los años de la posguerra. En la escena 30, los personajes leen noticias de un periódico:

> Juan.— "La Dirección General de Sanidad ha decidido declarar libre la venta de penicilina. Dentro de pocos días se publicará la Orden".
> Brusco.— Eso es lo que te pusieron a ti.
> Juan.— Sí.
> Cosme.— Eso es bueno; así, el que la necesite, la compra y ya está.
> Juan.— El que la pague.
> Cosme.— Claro. ¿Y qué más?
> Brusco.— Mira, en este: "Buenos Aires. En el día de ayer han salido de este puerto tres buques cargados de trigo con destino a España, con un total de 17.057 toneladas".
> (Fernández, García Yagüe y Pallín 2019: 180–181)

Se trata de noticias publicadas por el diario *Informaciones* en 1947. Todo el tiempo de la obra gira en torno a ese año, aunque no hay datos concretos sobre la duración del tiempo de la diégesis, porque en la cultura campesina es más importante el paso de las estaciones que el año en que se vive. Son aquellos, en todo caso, los años del hambre, cuando las malas cosechas y la "pertinaz sequía" agravaron la pobreza secular del campo español: de ahí la importancia del trigo proveniente de la Argentina del general Perón, uno de los pocos apoyos internacionales del régimen de Franco. La España de mediados del siglo XX era todavía un país rural, que había retrocedido con el desastre económico y demográfico de la Guerra Civil. La política de los primeros años del franquismo, hasta la aprobación en 1959 del Plan de Estabilización, estuvo marcada por la autarquía, un intento de la dictadura por hacer de España un país autosuficiente en materia económica. Este sistema, básico en la ideología nacionalista imperante en los años de la inmediata posguerra, se reforzó por el aislamiento internacional al que los países vencedores de la Segunda Guerra Mundial sometieron al régimen franquista por sus simpatías hacia la Alemania nazi y la Italia fascista. Las consecuencias de esta política fueron devastadoras para la economía española:

> Entre las medidas adoptadas destacaron la intervención en los precios y en las cantidades a producir, la regulación estatal de los suministros, el control del comercio exterior, la inversión en sectores poco rentables y el mantenimiento de unos precios agrícolas bajos. Mostró lo absurdo de buscar el autoabastecimiento en un país pequeño, y sus consecuencias fueron desastrosas para la economía española con unas secuelas de hambre, racionamiento, mercado negro, dificultad de suministros en muchas actividades, descenso de la productividad y retroceso de la renta nacional, que hasta 1953 no recuperó los niveles anteriores a la guerra. (Ferrera 2005: 51)

Todo esto se ve reflejado en el mundo de *Las manos*. El hambre es una amenaza que constantemente se cierne sobre las cabezas de los jóvenes agricultores que protagonizan la obra. Se trata de campesinos sin tierra, que tienen que aceptar los trabajos que ofrece el terrateniente, siempre precarios y dependientes de la voluntad del señor y de la habilidad del capataz para negociar con él. La vida de los jóvenes está volcada en el trabajo, pero existen momentos de fiesta, las pequeñas alegrías de un mundo dominado por la Iglesia y una guerra de la que no se habla, pero que planea sobre la conciencia de todos. Los bailes, controlados y a menudo prohibidos por el cura, las canciones tradicionales, los cromos de artistas que trae el Portugués. En este mundo de precariedad precapitalista todo el mundo vive pendiente de la tierra, del agua y del cielo. Una helada a destiempo, como la que se muestra en la escena 40, puede suponer la pérdida de toda la cosecha y la ruina de los labradores:

> Juan.— A este pueblo se lo va a comer la miseria.
> Lidia.— Cállate.
> Juan.— Me callo.
> Berta.— Parece que se oye aire. Como si se fuera a levantar aire.
> Juan.— Es como si la tierra nos escupiera a los ojos. Estamos muertos.
> Paciano.— Muertos no. Pero nos estamos desangrando poco a poco. (Fernández, García Yagüe y Pallín 2019: 201)

En esta tierra áspera y dura -la acción se desarrolla en las llanuras cerealeras de Castilla- los animales tienen una enorme importancia para el campesino. No tanto por la ganadería como por su utilidad como fuerza de trabajo. El mulo Abelcrín comparte protagonismo con los jóvenes en varias escenas, especialmente la número 19, en que se narra su muerte, derrengado por el exceso de cargas que han echado los hombres sobre sus lomos. La desaparición del mulo tiene su correlato con la aparición de la máquina, símbolo de la mecanización del campo que va a hacer menos penosas las labores del campesinado, pero que va a expulsar a muchos de la tierra, cuando una sola máquina haga el trabajo de tantas manos:

> *Los hombres, de pie, en derredor de la máquina.*
> Cosme.— ¡Cómo brilla!
> Paciano.— Las mujeres, que la han limpiado como si fuera el San Pedro de la iglesia de arriba.
> Juan.— Ahora, con la máquina esta, sobramos la mitad.
> Cosme.— Seguiremos haciendo falta.
> Juan.— Cuando quiera el amo.
> Cosme.— Pues como siempre.
> Paciano.— Y se va a perder el grano, ya lo verás.
> Cosme.— Se perderá un poco, no te digo que no, pero esto es el progreso, la ciencia, para que la gente viva mejor. (Fernández, García Yagüe y Pallín 2019: 206)

Esta escena, la penúltima de la obra, supone una encrucijada. El mundo está cambiando y la vieja cultura campesina, la de los trabajadores pegados a la tierra, se está acabando. No queda otro remedio que emigrar a la ciudad, a buscar trabajo en la industria o en la construcción, a intentar salir del círculo vicioso del hambre, de la falta de trabajo, de las exigencias del amo. Si *Las manos* se abre con la llegada de Juan al pueblo después de hacer el servicio militar, se cierra con la marcha de Juan. Comienza el éxodo del campo a la ciudad que en pocos años vaciará los antiguos pueblos para crear barrios enteros en las grandes ciudades.

Imagina. Los barrios obreros

Entre 1950 y 1970 la población española dedicada a la agricultura pasó de un 47 % a un 20 %. El éxodo rural a las ciudades que explica la drástica reducción de trabajadores agrícolas se vio acompañada de un crecimiento de las ciudades donde se concentraba la naciente industria surgida a partir del Plan de Estabilización de 1959, por el que España pasaba a formar parte de las economías capitalistas:

> Los efectos del Plan, unidos a los ingresos procedentes del turismo, las remesas de los emigrantes y la inversión y demanda extranjera, permitieron un crecimiento sostenido en la década de 1960 que tuvo importantes consecuencias al implicar la expansión de la industria y los servicios en perjuicio de la agricultura tradicional. Socialmente, provocó un éxodo rural que impulsó el crecimiento espectacular de las ciudades. (Ferrera 2005: 175–176)

Imagina se desarrolla en esta época de desarrollo económico y falta de libertades que fueron los últimos años del franquismo. Sus protagonistas son los hijos de los emigrantes que, como Juan al final de *Las manos*, abandonaron el pueblo para instalarse en barrios obreros, sin apenas servicios, de muy precaria urbanización, alrededor de las zonas fabriles que surgieron en los arrabales de las ciudades. Aunque ya han pasado los años del hambre, estos jóvenes abandonan rápidamente sus estudios y entran en el mercado laboral, generalmente en la misma fábrica en la que han trabajado sus padres. La fábrica se convierte, con el barrio, en el espacio central de *Imagina*. Allí encuentran un espacio de socialización, se enfrentan a la dureza de un trabajo excesivo y sin apenas medidas de seguridad, pero entran también en contacto con la vida política a través de los sindicatos de clase, prohibidos por el régimen, pero que surgieron y crecieron de forma imparable durante aquellos años. Especial importancia tuvo Comisiones Obreras, apoyado por el Partido Comunista, que al final de la dictadura era la organización obrera más importante del país.

Todos estos aspectos aparecen en *Imagina*: la entrada de Fede y Manolo en la fábrica, los conflictos laborales, los accidentes de trabajo, el contacto con los compañeros sindicados en Comisiones Obreras, las manifestaciones contra la dictadura, etc. Sin embargo, tan importante como esta dimensión socio-laboral es el retrato de los usos y comportamientos que acompañaron a la industrialización y la modernización social de España. El primero, y el más importante porque tiene una función estructural en la construcción de *Imagina*, es la música. Si en *Las manos* eran las canciones tradicionales las que acompañaban el trabajo o las fiestas de los campesinos, en el ambiente urbano de los años 60 y 70 es la música pop difundida por la radio y la televisión la que forma parte inseparable de la vida de los jóvenes. En *Imagina* las secuencias se organizan alrededor de las canciones que emite un imaginario programa de radio dirigido por un locutor que responde al seudónimo de El Halcón Maltés. Como se puede esperar de un programa dirigido a los jóvenes de los años 60, no programa a Los Panchos, sino música *pop*, mayoritariamente anglosajona, aunque hay un breve espacio para la música francesa y un recuerdo para Víctor Jara, el cantautor comunista chileno asesinado por los militares:

1. *Le Temps de l'amour*, de Françoise Hardy. Escena 1.
2. *Did you ever have a dream*, de David Bowie. Escena 4.
3. *Himno a la juventud*, de los Coros del ejército ruso. Escena 9.
4. *Mercedes Benz*, de Janis Joplin. Escena 13.
5. *Piggies*, de los Beatles. Escena 18.
6. *The times they are changing*, de Bob Dylan. Escena 20.
7. *Penthouse Pauper*, de Creedence Clearwater Revival. Escena 29.
8. *Te recuerdo, Amanda*, de Víctor Jara. Escena 31.
9. *All you need is love*, de los Beatles. Escena 32.
10. *Angie*, de los Rolling Stones. Escena 35.
11. *I just want to make love to you*, de los Rolling Stones. Escena 39.
12. *Imagine*, de los Beatles. Escena final.

Todas estas canciones no solamente son un fondo musical, imprescindible para entender cómo sonaba el mundo de los jóvenes en la década de los Beatles, sino que sus letras son también una referencia de los pensamientos, expresados o no, de esos jóvenes que soñaban con un mundo distinto a la realidad gris del franquismo. La única canción francesa, la que aparece ya en la primera escena, es un buen ejemplo. La canta Françoise Hardy y nos muestra la explosión de los deseos adolescentes de los protagonistas:

> El Halcón Maltés.— El Halcón Maltés te habla una noche más. En esta noche de verano. ¿Te he hablado alguna vez de las noches de verano? Las noches de verano no son las noches de todos los veranos; las noches de verano son las noches del verano en que

cumples 17. Cuando el olor de la lluvia te sabe a besos, y los primeros cigarrillos te saben a besos, y el alcohol y el sueño te saben a besos. Eso solo te pasa cuando tienes 17. Así es como te lo cuenta Françoise Hardy:

> *Es el tiempo del amor,*
> *el tiempo de los amigos*
> *y de la aventura,*
> *cuando el tiempo va y viene.*
> *Porque el tiempo del amor*
> *es largo y es corto.*
> *Dura para siempre*
> *mientras lo recuerdas.* (Fernández, García Yagüe y Pallín 2019: 211)

24/7. La cultura de la precariedad

Los años finales del siglo XX fueron momentos de euforia económica y social y de integración de España en las instituciones internacionales, desde la OTAN, en 1982, hasta la Unión Europea en 1986. En 2002 comenzó a implantarse la moneda única, el euro. Entre tanto, España había tenido un éxito internacional el año 1992, en que se celebraron los Juegos Olímpicos de Barcelona, la Exposición Universal de Sevilla y la Capitalidad Europea de la Cultura en Madrid. Todo ello, sin embargo, no tenía un reflejo inmediato en una mejora de las condiciones de vida de los jóvenes.

En 1995 visitó España el sociólogo norteamericano James Petras, invitado por el Consejo Superior de Investigaciones Científicas para elaborar un informe sobre las condiciones laborales en el país. Su informe, nunca publicado por el CSIC, revelaba que se había producido una profunda escisión entre dos generaciones de trabajadores, la de los padres con trabajo fijo y los hijos que vivían una situación de precariedad:

> La clase trabajadora española está profundamente dividida entre una menguante minoría de trabajadores fijos y sindicados, con un salario llevadero y beneficios complementarios, y una masa creciente de trabajadores eventuales que trabajan por el mínimo (o por debajo del salario mínimo) con horarios irregulares (que oscilan de unas pocas horas a la semana a cincuenta o más), sin beneficios complementarios y totalmente sujetos a los dictados del empresario. Esta división social corresponde en gran parte a una diferencia generacional, que a su vez coincide con los cambios en las estrategias económicas globales. La mano de obra fija y mejor pagada son normalmente los "padres" o las "madres" que entraron en el mercado laboral a finales de los 60 y a principios de los 70, durante la estrategia de industrialización nacional del tardofranquismo. La mano de obra eventual son los "hijos" e "hijas" que entraron en el mercado laboral a finales de los 80 y principios de los 90, en plena aplicación a gran escala, por parte del régimen socialista, de una estrategia económica neoliberal. (Petras, sin fecha: 15)

El título es ya suficientemente expresivo del mundo laboral en que viven los jóvenes: en un mundo sin horarios, sin días de descanso, sin festivos, en que debes estar dispuesto a trabajar veinticuatro horas al día siete días a la semana. Eso sí, con contratos-basura sin garantías o como falsos autónomos que finalmente no tienen ninguna vinculación con la empresa. De hecho, toda la obra se organiza alrededor de una supuesta empresa, Target Master, que contrata a todos los protagonistas en distintos momentos y para distintas tareas, y que finalmente desaparece sin dar ninguna explicación, con un simple comunicado digital en que agradece a los trabajadores despedidos su "continuo apoyo y [...] dedicación a este proyecto que hemos construido entre todos" (Fernández, García Yagüe y Pallín 2019: 372).

La perplejidad de los jóvenes ante una situación laboral inédita aparece reflejada en numerosas ocasiones dentro de la obra. En una de las primeras escenas Jimy, uno de esos jóvenes universitarios con varias titulaciones y conocimientos de idiomas, se enfrenta a la dura realidad cuando, al comentar en una entrevista de trabajo que está a punto de terminar la carrera de ingeniero de telecomunicaciones, le preguntan: "¿Sabes algo de fontanería?" (Fernández, García Yagüe y Pallín 2019: 300). ¿Dónde está el futuro que me habían prometido?, es la pregunta que se hace Jimy y que planea sobre toda la función. Sin embargo, no es solamente el trabajo el que responde a la norma de 24/7. La vida misma de los jóvenes de los años 2000 está dominada por un mundo sin horarios, donde no se distingue el día de la noche, donde no existe un tiempo para el trabajo y un tiempo para la diversión: comercios que abren veinticuatro horas al día, discotecas sin hora de cierre y, muy especialmente, la conexión permanente a través de los dispositivos electrónicos. Esta es la situación de Paz, que inicia un proyecto universitario consistente en tener conectada las veinticuatro horas al día una cámara que transmite a su página web su vida entera:

> Fede.— ¿Qué está pasando aquí? Si puede saberse.
> Paz.— Puede, papá. ¿Ves eso? Eso es una cámara *web*. Mira la pantalla. Esta es mi página *web*. Lo que ve la cámara aparece en mi página *web*. Cualquiera puede conectarse a Internet, entrar en mi página y verme. Es un proyecto de la Universidad.
> Mi padre ni siquiera se atrevió a decirlo, pero sé lo que pensó.
> Fede.— ¿Entonces cualquiera puede verte en tu habitación cuando le dé la gana? ¿Yo desde el ordenador de Olmo? ¿Mis empelados desde la oficina? ¿Cualquier loco, cualquier degenerado puede ver a mi hija cuando le dé la gana?
> Paz.— Eso se llama distorsión cognitiva. Sé lo que estás pensando. No te parece decente.
> Fede.— Depende de lo que hagas.
> Paz.— Nada especial. Estudiar. Leer. Oír música.
> Fede.— ¿Y cuando te vas a la cama?
> Paz.— Duermo.
> Fede.— ¿Y cuando te pones el pijama? ¿Y cuando te cambias de ropa?
> Paz.— ¿Eso es lo único que te importa? (Fernández, García Yagüe y Pallín 2019: 314–315)

Hay que resaltar que, en el año 2002, cuando se estrena *24/7*, la tecnología informática aún no había alcanzado el nivel al que llegaría en las décadas siguientes y, en todo caso, el uso del teléfono móvil estaba reducido a una pequeña minoría. No obstante, la obra refleja ya el camino que seguiría la comunicación en el siglo XXI, una comunicación sin restricciones, pero siempre a través de pantallas. De ahí que la obra, a pesar del tiempo transcurrido, conserve una extraña actualidad.

Una familia, todas las familias

Toda la *Trilogía de la juventud* está creada de acuerdo con el esquema de protagonismo colectivo. Son siempre seis jóvenes protagonistas, tres hombres y tres mujeres, alrededor de los cuales gira una gran cantidad de personajes secundarios, padres, madres, curas, dueños de las tierras, jefes de personal, compañeros de trabajo, abogados, psicólogos, funcionarios, etc. Incluso, en *Las manos*, dos animales, el mulo Abelcrín y la vaca Lucera[1], participan en la acción junto con los seres humanos. En *Imagina*, por ejemplo, junto con los seis protagonistas, Fede, Manolo, Richi, Irene, Mari Carmen y Tina, aparecen El Halcón Maltés, Antonio, el Encargado, la Madre de Tina, el Hermano 1 de Tina, el Hermano 2 de Tina, el Padre de Tina, Juan, la Madre de Mari Carmen, la Enfermera, el Obrero 1, el Obrero 2, Aurelia, Luisa, Fernando, un Padre, una Madre, y el Padre de Fede. Todos ellos interpretados por los mismos seis actores que hacen los protagonistas, lo que permite un juego distanciador entre el actor y el personaje que debe mucho a la poética de Bertolt Brecht (2004).

Si contamos todos los personajes que aparecen en las tres obras, veremos que son veintidós en *Las manos*, veinticuatro en *Imagina* y cuarenta y siete en *24/7*. Teniendo en cuenta que hay un solo personaje, Juan, que aparece en las tres y otros dos, Irene y Fede, que aparecen en *Imagina* y *24/7*, el cómputo global de personajes de la trilogía es de ochenta y nueve. Esta cantidad da idea de la voluntad por parte de los autores de trazar un ambicioso fresco social que incluya distintas generaciones y diversas clases sociales, siempre alrededor de los problemas de los jóvenes obreros. Sin embargo, hay un hilo conductor que pasa por entre estos colectivos y que da unidad, de una manera sutil, a toda la trilogía. Ese hilo es la historia de una familia a lo largo de tres generaciones, la familia de Juan.

En *Las manos* Juan tiene un mayor protagonismo que el resto de los mozos: es él quien abre la obra cuando vuelve al pueblo después de hacer el servicio militar (Escena 1) y quien la cierra cuando decide abandonarlo para probar fortuna en

1 Esta última no apareció en la versión escénica estrenada en la sala Cuarta Pared (Fernández, García Yagüe y Pallín 2019: 377–381).

la ciudad (Escena 45). Junto a él participan en la acción su hermana Lidia, algo mayor que él, y Nique, el hermano pequeño. Aunque no aparecen sus padres, por las pocas alusiones que se hacen en el texto sabemos que el padre fue asesinado después de estar en la cárcel poco después de la Guerra Civil (Fernández, García Yagüe y Pallín 2019: 171). La familia de Juan, familia de labradores pobres sin tierra, está marcada como enemigos del régimen y mal vista por los poderosos, como el señorito Ernesto. Eran anarquistas. Juan juraba por San Buenaventura, forma elíptica de hablar de Buenaventura Durruti, el líder de la FAI muerto durante la guerra. La tradición libertaria familiar explica que los tres hermanos tengan nombres que no siguen la norma del pueblo, de imponer a los niños el santo del día. Ellos tienen nombres relacionados con el toreo, al que el padre era un gran aficionado: Juan se llama así por Juan Belmonte, Nique (Nicanor) por Nicanor Villalta, y Lidia por el nombre mismo del toreo, la "lidia".

En *Imagina* vuelve a aparecer Juan más de veinte años después. Es un obrero de la fábrica de vehículos pesados que da trabajo a todo el barrio. Tiene una hija, Irene, una de las jóvenes protagonistas de la obra. No sabemos nada de la madre, pero es probable que Irene no llegara a conocerla –nunca habla de ella–, quizás porque murió en el parto debido a las precarias condiciones sanitarias. Irene, como antes su tía Lidia en el pueblo, se encarga de la casa, pero también estudia, porque su padre quiere que salga del triste ambiente del barrio. Estos planes se frustran cuando Juan sufre un accidente laboral y queda inútil a causa de los vapores tóxicos en medio de los que trabaja sin protección suficiente (Escena 12). Irene tiene que dejar de estudiar y empieza a trabajar en la fábrica por un sueldo mísero. Se convierte en una obrera concienciada: se afilia a Comisiones Obreras y al Partido Comunista y se refuerza su relación con Fede, el otro joven que adquiere conciencia de clase. Algunas tardes van al cine. Juan, entre tanto, pasea, se sienta en un banco y mira las nubes. "Mata el tiempo echándole pan a los gorriones. Es como si hablase con ellos. Le cuentan cosas de su pueblo" (Fernández, García Yagüe y Pallín 2019: 238). Juan aparece también como personaje en *24/7*. Vive con su hija Irene, su yerno Fede y los hijos de estos, Olmo y Paz. Es una familia próspera, burguesa, con un buen nivel económico, que ha abandonado el barrio y vive en una zona de chalets. El nombre del nieto de Juan, completamente desusado en España, es muy significativo: en una de las sesiones de cine de los jóvenes obreros comunistas Fede e Irene sin duda tuvieron ocasión de ver *Novecento*, la película de Bernardo Bertolucci estrenada en 1976 y decidieron darle el nombre del protagonista, Olmo, a su primer hijo. En lugar del nombre del santo del día, el del héroe comunista de la liberación italiana. Pero Fede e Irene abandonaron hace tiempo el partido y sus ideales de juventud. Fede es ahora, en 2002, un pequeño empresario que contrata a un joven experto en informática para espiar a sus trabajadores, e

Irene está sumida en la depresión (Escena 25). La familia está deshecha. Irene y Fede están en trámites de separación, Paz se ha ido de casa después de que su padre le pegase y le prohibiese seguir con su proyecto. Olmo roba a sus padres. En cuanto a Juan, está sumido en la inconsciencia de una demencia senil de la que solamente sale para acordarse de su pueblo, para pensar que no tendría que haberse ido. La historia de la familia de Juan es representativa de la evolución de muchas familias de clase obrera en los años que retrata la trilogía. Pero es una más entre las familias retratadas en la misma. El panorama social que se presenta en las tres obras permite descubrir cómo ha cambiado la estructura familiar en España. La familia campesina retratada en *Las manos* combina la familia nuclear propia de toda Europa en el mundo contemporáneo con la familia extensa típica de los ambientes rurales: todos en el pueblo están de alguna manera relacionados con lazos familiares más o menos cercanos. Aunque en la familia de Juan, por las circunstancias de la Guerra Civil, faltan el padre y la madre, siempre hay una tía a la que acudir en caso de necesidad.

Esta situación ha cambiado en *Imagina*, aunque la solidaridad vecinal suple la de la familia del pueblo. Sin embargo, lo más importante en la segunda obra de la trilogía es el papel cada vez más independiente que va tomando la mujer. Todas las jóvenes trabajan, y en el caso de Irene, es casi el único sostén de la casa después del accidente de su padre. Pero la mujer sigue estando sometida en el ámbito doméstico: la relación de Mari Carmen con su madre es sintomática. "A quien más quiero es a mi madre. Pero si hay algo que tengo claro es que no me voy a pasar la vida de rodillas, como ella" (Fernández, García Yagüe y Pallín 2019: 248).

Como canta Bob Dylan, "Los tiempos están cambiando" (Fernández, García Yagüe y Pallín 2019: 250). El descubrimiento de la píldora anticonceptiva (Escena 22) es el símbolo de la libertad sexual que muy poco a poco fue imponiéndose en la pacata moral del nacionalcatolicismo franquista. De todas formas, el gran cambio se produce en *24/7*. La ruptura de los esquemas tradicionales de familia está presente en casi todas las historias de los jóvenes. Sin duda, la escena más clara en este sentido es la número 4, titulada con toda intención "Jimy y familia". En ella Jimy, que vive con su padre separado, va a ver al marido de su madre para pedirle un favor. En la casa se encuentra con sus hermanos:

> Hermana lejana.— ¿Hola? ¿Hola? *(A Jimy.)* Hola. ¿Hola?
> Hermana.— Jimy, ¡qué guapo estás! Si no fueras mi hermano…
> Hermana lejana.— ¿Es tu hermano?
> Hermana.— Para el caso es lo mismo. Es el hijo de la mujer de mi padre. Prohibido el paso. *(A Jimy.)* Es mi hermana, pero no te toca nada. Es hija de mi madre y de su marido de ahora. ¿No habéis coincidido ningún finde?
> Jimy.— No.

> Hermana.— *(Baila.)* ¿Qué tal lo hago? ¿Te parece que hago el ridículo?
> Jimy.— Para nada.
> Hermana.— ¿Qué haces aquí? No irás a quedarte a dormir en el sofá. Después de la Fiesta Latina volvemos para ver el video.
> Jimy.— He venido para ver a tu padre.
> Hermana.— ¿A mi padre? Vámonos, no quiero que me salten chispas. *(Entra el Hermano pequeño, como buscando algo.)*
> Hermano.— ¿Está mamá?
> Jimy.— No.
> Hermana lejana.— ¿Y este también es tu hermano?
> Hermana.— Si a este le conoces.
> Hermano.— Ten cuidado.
> Jimy.— ¿Por qué?
> Hermana lejana.— No le recuerdo.
> Hermana.— Le conoces: es hijo de la madre de Jimy y de mi padre.
> Hermana lejana.— Ah, claro. Es que la última vez que le vi ni andaba. O sea, que ellos dos son hermanos por parte de madre, pero este es hermano tuyo por parte de padre… Y a mí ¿qué me toca?
> Hermana.— Si quieres, te hago un dibujo. (Fernández, García Yagüe y Pallín 2019: 304–305)

En 1981 se había aprobado la Ley de Divorcio en España, a pesar de las protestas de la derecha. A partir de ese momento la estructura familiar tradicional ha ido sufriendo embates que han minado su predominio exclusivo. *24/7* da cuenta del comienzo de este proceso al retratar las nuevas familias surgidas tras el divorcio, la aparición sin complejos de la homosexualidad, como es el caso de Olmo, la relación de pareja abierta que tienen la mayoría de los jóvenes, la ruptura de la relación padres/hijos, etc.

Conclusión

En 2012 el dramaturgo y crítico Ignacio García May se hacía varias preguntas acerca del éxito cosechado por *Trilogía de la juventud*:

> ¿Cuál es el secreto de la *Trilogía de la juventud*? ¿Cómo es posible en un teatro como el nuestro, tan afecto a las grandes producciones y al papanatismo festivalero pero tan reacio a defender la pequeña producción propia, que un proyecto surgido de una sala alternativa madrileña y basado en textos de autores contemporáneos llegara convertirse en un auténtico fenómeno con 300.000 espectadores repartidos en más de 500 funciones y cincuenta ciudades, y premiado hasta en ocho ocasiones? […]
>
> Estamos aquí, y este es el primero de los detalles que quisiera resaltar, ante una voluntad de crónica, más social que estrictamente histórica, extraordinariamente escasa en el drama español contemporáneo. ¿Cuántas veces hemos visto esas películas o esos melodramas teatrales norteamericanos sobre las dificultades de crecer en California o en

> Brooklyn en los años cincuenta o sesenta? Y sin embargo, ¿quién, en el teatro reciente, nos había contado antes, y además sin sermonearnos, la juventud cotidiana de nuestros abuelos o nuestros padres? (García May 2012: 193–194)

García May, en su análisis, alcanzó a señalar el extraordinario valor que tiene la trilogía como documento social, un documento que se detenía –"y además sin sermonearnos"– en infinidad de aspectos de la vida cotidiana, desde los nombres de los protagonistas (Juan, Paciano en *Las manos*; Jimy, Nadia en *24/7*) hasta su relación con la comida (el hambre en *Las manos;* la anorexia en *24/7*). Todo ello con el propósito de dar cuenta con la mayor objetividad, y a la vez con un agudo sentido crítico, del cambio social que se ha producido en España y en gran parte del mundo a lo largo del siglo XX. La *Trilogía de la juventud* es una obra compleja, llena de emoción y de una extraordinaria capacidad de conectar con el público, pero es también un documento histórico que retrata con absoluta precisión la sociedad española de la segunda mitad del siglo XX. Como ya escribí en 2016, "cuando se quiera conocer dentro de unos años lo que ha sido la juventud en el paso del siglo XX al XXI se tendrá que acudir a la obra de Fernández, Pallín y Yagüe" (Doménech 2016: 83).

Bibliografía

Brecht, Bertolt (2004). *Escritos sobre teatro*. Traducción, selección y prólogo de Genoveva Dietrich. Barcelona: Alba.

Doménech Rico, Fernando (2016). "*Trilogía de la juventud*, de José Ramón Fernández, Yolanda Pallín y Javier García Yagüe", in Béatrice Bottin (coord.), *Nuevos asedios al teatro contemporáneo. Creación, experimentación y difusión en los siglos XX y XXI (España-Francia-América)*. Madrid, Fundamentos, pp. 71–84.

Fernández, José Ramón, García Yagüe, Javier, y Pallín, Yolanda (2019). *Trilogía de la juventud. Las manos. Imagina. 24 / 7. Veinticuatro horas al día siete días a la semana*. Edición de Fernando Doménech Rico. Madrid: Cátedra.

Ferrera Cuesta, Carlos (2005). *Diccionario de historia de España*. Madrid: Alianza Editorial.

García May, Ignacio (2012). "El lugar del que procedemos: *Trilogía de la juventud*", *Acotaciones*, 28, pp. 193–195.

Petras, James (sin fecha). *El informe Petras. Padres-hijos. Dos generaciones de trabajadores españoles*. Edición digital. Disponible en: https://www.inventati.org/ingobernables/textos/anarquistas/informe-petras.pdf [Consultado el 27/02/2024].

Vallejo, Javier (24/04/2004). "La era, la fábrica, el limbo", *El País*, p. 21.

Émilie Lumière*

Ausencia y omnipresencia de la familia en el teatro de la memoria de las presas del franquismo: *Solo son mujeres* de Carmen Domingo

Resumen: Desde principios del siglo XXI se han estrenado varias obras teatrales enfocadas en la recuperación de la memoria de las presas del franquismo, e inspiradas en testimonios de reclusas publicados después de la dictadura. En lo que podría denominarse como 'teatro de la memoria de las presas del franquismo', los personajes de las reclusas se distinguen por su condición familiar y su significado histórico. La familia, dislocada, rota o superviviente, está omnipresente. El texto teatral *Solo son mujeres* (2016) de la novelista, dramaturga y periodista Carmen Domingo es buen ejemplo de ello, dando a la figura de la familia un lugar central, en su función dramática y su alcance histórico. En la obra, la familia destrozada aparece como un triste testimonio de la brutalidad de la represión franquista; la familia redefinida en oposición al orden patriarcal emerge como un modelo de resistencia femenina; mientras que la familia recompuesta se erige como un emblema de supervivencia y del clamor de las contramemorias.

Palabras clave: Teatro de la memoria; presas del franquismo; familia; *Solo son mujeres*; Carmen Domingo

Desde principios del siglo XXI, y con mayor énfasis en la última década, han surgido diversas obras teatrales dedicadas a la memoria de las presas del franquismo, e inspiradas en testimonios de reclusas publicados tras finalizar la dictadura. Se pueden citar por ejemplo *Presas* (2005) de Ignacio del Moral y Verónica Fernández, *Cautivas* (2015) de Juana Escabias, *Solo son mujeres* (2016) de Carmen Domingo, *Memoria* (2017) de Virginia Rodero, *Presas de papel* (2018) de Oli-Olé Teatro, o *¡Agua!* (2020) de la compañía SaludArte. En lo que podría calificarse como un teatro de la memoria de las presas del franquismo, los personajes de las reclusas se distinguen por su condición familiar y su significado histórico. Son madres a las que les han robado sus hijos, novias de guerrilleros, hijas de padres desaparecidos, o nietas de abuelas cuyos restos fueron hallados en una fosa común. Son republicanas emancipadas, maestras, militantes, aunque también son víctimas de la represión de la dictadura, del patriarcado y de una sociedad

* Universidad Toulouse – Jean Jaurès (LLA-Créatis)

ideológicamente dividida. Algunas presas han sido delatadas por los suyos. En estas obras, la familia, dislocada, rota o superviviente, está omnipresente.

Este artículo se propone analizar la figura de la familia en el texto teatral *Solo son mujeres* de la escritora, novelista, dramaturga y periodista Carmen Domingo[1] (Barcelona, 1970). Estrenada en 2015 en su versión catalana bajo el título *Només són dones* y en 2016 en su versión castellana, publicada en 2018, *Solo son mujeres* fue finalista a la Mejor Autoría Teatral en los XX Premios Max de las Artes Escénicas. La trama se centra en la historia de cinco protagonistas femeninas cuyas familias fueron destrozadas por la represión franquista. En este análisis, se abordarán la función dramática y el alcance histórico de las relaciones familiares presentadas en el texto, las cuales parecen ser constitutivas de las experiencias de las mujeres víctimas del franquismo. Se explorará hasta qué punto, en este ejemplo del teatro de la memoria de las presas del franquismo, la familia aparece como un espacio de recuperación del pasado y de resistencia.

La familia destrozada como consecuencia de la brutalidad de la represión franquista

En la edición de su tesis doctoral *Hacia un nuevo modelo de derecho de familia: análisis de las figuras y herramientas emergentes* (2021), María del Pilar Vilella Llop subraya el carácter inestable y relativo del concepto de familia, señalando que el derecho español no lo define de manera unívoca (2021: 23). Para la jurista, "resulta complicado conceptualizar el término familia por el hecho de configurarse como un elemento social cambiante y variable, que no presenta forma homogénea ni puede ser extrapolable a cualquier tiempo y lugar" (Vilella Llop 2021: 24). No obstante, Vilella Llop destaca dos elementos constitutivos de la familia, sea cual sea la definición adoptada: "la alianza entre la pareja" y "la filiación, tanto biológica como por adopción" (2021: 25).

En *Solo son mujeres*, la dramaturga Carmen Domingo pone en escena a cinco personajes femeninos que recuerdan, en cinco monólogos sucesivos, su experiencia o la de su madre o abuela. Las tres primeras mujeres son reclusas, encerradas en las cárceles de la dictadura. La cuarta mujer es una hija de la guerra civil, evacuada junto a otros niños durante el conflicto. La última es la nieta de una mujer desaparecida, represaliada por las tropas franquistas. La obra se caracteriza por una estética que podría designarse como estética de la ausencia: la forma monologal y la escenografía despojada recalcan el aislamiento de las protagonistas, tres

1 Se encuentran detallados datos biográficos sobre la autora en su página web https://www.carmendomingo.com/.

de las cuales dirigen sus discursos a familiares ausentes (marido, hija o madre). Además, la yuxtaposición de monólogos distintos refuerza la idea de inconexión, de fragmentación. Esta estética de la ausencia atrae la atención del público en el contenido de los relatos, unos relatos de alcance documental inspirados en la historia personal de Matilde Landa, Amparo Barayón y Tomasa Cuevas, tres víctimas de la represión franquista[2].

Los monólogos destacan la figura de la familia como primera víctima de la represión franquista, una represión que, según recuerda la historiadora Vicenta Verdugo Martí, "adquirió unas características específicas de género, con un repertorio de prácticas y acciones represivas dirigidas contra las vencidas [...]. En muchos casos, ser madre, esposa o hija de un antifranquista bastaba para ser detenida" (2008: 165). Esta represión de género, Carmen Domingo buscó visibilizarla en su obra, según explicó la autora[3]. Es por ejemplo el caso de la Segunda mujer quien fue detenida, torturada, y asesinada, por intentar contactar con su esposo que se encontraba en el territorio republicano (Domingo 2018: 23). Además, *Solo son mujeres* pone de realce la represión familiar ejercida por el régimen en sus opositores: una represión dirigida hacia varios miembros de una misma familia o hacia varias generaciones (Hernández Holgado 2011: 215). En su monólogo, la Segunda mujer recuerda el interrogatorio que le hizo un coronel cuando la detuvieron (Domingo 2018: 27):

> Segunda mujer.— Nada tenía que ocultar. Mientras me escuchaba, daba golpecitos con el lápiz sobre el papel y sonreía.
> "¿Tiene usted pruebas de lo que dice?"
> "Llame a mi familia", respondí sin dudarlo.
> Y llamaron.
> Habían detenido a mi hermano.
> "¿A mi hermano?, ¿por qué?"
> "Estamos en guerra. O se está con nosotros o contra nosotros".

2 "La función, que está dirigida por Carme Portaceli y se representa en La Abadía hasta el 17 de abril, se centra en tres casos reales, los de Matilde Landa, Amparo Barayón y Tomasa Cuevas. 'Partí de ellas porque me era cómodo construir una ficción a partir de lo que conocía', explica la escritora". (Álvarez 30/03/2016)

3 Carmen Domingo explicó: "En la Guerra Civil [...] las metían en la cárcel por haber participado en el frente, pero también porque sus maridos hubieran participado y las usaban a ellas para encontrarlos... En la obra me interesaba visibilizar eso. Algunas participaron en el conflicto, pero otras estaban en sus casas y cuando iban a buscarlas no sabían ni de qué las estaban hablando" (Álvarez 30/03/2016).

La represión familiar se manifiesta en los parentescos de línea colateral (hermano, esposa, etc.), como de línea recta (hijo, etc.). De este modo, la Primera, la Segunda y la Tercera mujer hacen referencia a la presencia en la cárcel de criaturas, hijos de las reclusas, muchos de los cuales murieron por falta de comida e higiene. La Mujer 1 les grita a las monjas carceleras:

> Mujer 1.— ¡En mi hija y en el infierno! "Qué ironía", me decía. "Vosotras que me habéis separado de ella, vosotras que me habéis encerrado meses sin ver la luz del sol, vosotras que me habéis hecho testigo de cómo desaparecen mis compañeras, vosotras que me habéis hecho escuchar las sacas y las torturas a diario, vosotras que le negáis la leche a los niños para convencerme de que es mejor estar bautizada… ¿Yo tengo que pensar en el infierno?" (Domingo 2018: 20)

El segundo monólogo evoca el caso de los niños arrancados de sus madres (Domingo 2018: 22), lo que recuerda el rapto por el régimen de hijos de republicanas encarceladas. Como explican las historiadoras Ana M. Aguado y Vicenta Verdugo Martí:

> La represión carcelaria comportó la desaparición forzosa de muchos niños y niñas, hijos e hijas de republicanas encarceladas, que pasaron a la tutela del Estado, a escuelas religiosas y establecimientos públicos, y que posteriormente fueron "dados" en adopción a familias franquistas. Son, efectivamente, los niños desaparecidos, los "niños perdidos del franquismo", como ha señalado perfectamente Ricard Vinyes […]. Esta separación y reeducación de los niños fue otra consecuencia específica de la represión, particularmente dirigida a las mujeres encarceladas, puesto que aumentaba la capacidad de dominio y de control sobre las presas a través del chantaje, de forma que la función maternal fue utilizada como forma específica de represión y de castigo "de género" sobre las mujeres presas. Los niños que ingresaban con sus madres en las prisiones no constaban documentalmente, y este vacío impide conocer exactamente el verdadero alcance de este drama, de tal forma que las cárceles de mujeres eran, efectivamente, "zona de riesgo de pérdida familiar", porque fue una práctica habitual la desaparición de los hijos de las reclusas en el momento del parto o en los meses posteriores a él[4]. (Aguado y Verdugo Martí 2011: 72)

En *Solo son mujeres*, los monólogos abordan la ruptura de lazos familiares como resultado de la opresión ejercida por el franquismo. La Primera mujer, encarcelada, tuvo que abandonar a su hija. A la Segunda mujer le quitaron sus hijos –dice en su carta dirigida a su esposo: "no perdones a mis asesinos, que me han robado la carita de este niño que nunca conoceré, que me han separado de la niña, que

4 Las referencias que aparecen en la cita son Vinyes, Ricard *et al.* (2003), *Los niños perdidos del franquismo*, Barcelona: Random House Mondadori, pp. 59–60; y Vinyes, Ricard (2002). *Irredentas: Las presas políticas y sus hijos en las cárceles de Franco*. Madrid: Temas de Hoy, pp. 71–101.

me han dejado sin mi niño…" (Domingo 2018: 27)–. La Tercera mujer es víctima de represión familiar. Cuarenta años después de la Guerra Civil, la Cuarta mujer regresa a España, el país del cual fue exiliada junto con otros niños durante la contienda. Concluye su monólogo de esta manera: "Hoy me siento y lloro. Lloro de rabia, a la sombra de un padre fallecido en la guerra a quien apenas conocí, de una madre que me mandó lejos con seis años y a la que no volví a ver, y de una patria de la que me alejaron hace más de cuarenta años y que ni siquiera siento como mía" (Domingo 2018: 39). Para terminar, la Quinta mujer es la hija de una mujer huérfana cuya madre había desaparecido tras el fin de la guerra y cuyos restos fueron hallados en una cuneta alrededor de la década de 2010. La experiencia de la Quinta mujer y la de su madre y su abuela simbolizan la rotura de parentescos intergeneracionales como consecuencia de la dictadura.

Redefinición de la familia: lazos de sororidad para resistir

Ante la desintegración de los vínculos familiares que acabamos de mencionar, las presas en *Solo son mujeres* forjan otros lazos como forma de resistencia. Son relaciones de apoyo mutuo, documentadas por los historiadores (Hernández Holgado 2011: 230–231). Estos lazos los podemos calificar de sororidad, entiendo esta palabra como la "relación de solidaridad entre las mujeres, especialmente en la lucha por su empoderamiento" (*Diccionario de la lengua española*). De hecho, la Primera mujer recuerda: "Entre todas intentamos ayudarnos. Crear una red" (Domingo 2018: 19). Los monólogos de las primeras tres mujeres ponen de realce la solidaridad entre las reclusas. Al fin y al cabo, si pensamos en la estructura de la obra, la sucesión de monólogos que a primera vista puede parecer fragmentaria, en realidad configura una obra coral. De este modo, en *Solo son mujeres*, la desintegración de los vínculos familiares da paso a nuevas ataduras cuyos nudos son las resistencias femeninas. Todas las protagonistas son mujeres y, ante todo, mujeres fuertes y valientes. De esta manera, la obra parece proponer una redefinición de la familia, distanciándose del modelo patriarcal que se fundamenta, según explica Mercedes Vázquez de Prada, "en el matrimonio y con una nítida separación de papeles sexuales" donde los hombres, como "titular[es] de la patria potestad sostiene[n] económicamente a la familia y la representa en el espacio público", mientras que las mujeres "tiene[n] dominio sobre la educación de los hijos y sobre la vida patrimonial doméstica" (2005: 122). La resistencia es el *leitmotiv* de los discursos de los primeros tres personajes de *Solo son mujeres* –"¡Tengo que resistir!" grita la Primera mujer (Domingo 2018: 18)–, un *leitmotiv* emblemático de lo que de verdad ocurría en las cárceles femeninas bajo la dictadura. Como explica Vicenta Verdugo Martí: "En el interior de las cárceles represión y resistencia aparecen como fenómenos interrelacionados, de tal modo que la cárcel se convirtió en una escuela para la resistencia" (2008: 155). Después de narrar una escena de tortura que le infligieron en la cárcel para obligarla a delatar a sus compañeros, la Tercera mujer recuerda: "Yo pensé que era el último día de mi vida, pero me sentía orgullosa de que no pudieran sacar nada de mí. Me daba igual dejar mi vida en esos calabozos en manos de aquellos asesinos, pero aguanté" (Domingo 2018: 33).

En la obra, las mujeres son las que cuidan las unas de las otras. Las presas se socorren y protegen. Las madres –cuando pueden– confían sus hijos a sus hermanas o vecinas. La nieta se hace cargo de los restos de la abuela. Los lazos femeninos son fundamentales. A la vez, *Solo son mujeres* participa en la recuperación de la memoria de la militancia femenina, una militancia infravalorada según la historiadora Mercedes Yusta. Yusta recalca que "la presencia real de mujeres militantes en los grupos de guerrilla ha sido minimizada en la memoria colectiva de la guerrilla antifranquista y, lo que es más grave, también en su relato historiográfico" (2018: 296). De hecho, la Primera mujer, antigua maestra y militante política, fue enfermera voluntaria durante la Guerra Civil y contribuyó a la evacuación de niños (Domingo 2018: 17–18); la Segunda mujer escribió en un periódico y fue miembro del Ateneo (Domingo 2018: 25); mientras que la Tercera mujer participó en la militancia republicana (Domingo 2018: 33). La ficción, al evocar las actividades de militancia y resistencia de mujeres con relevancia histórica, contribuye al empoderamiento femenino en el ámbito de las representaciones colectivas del pasado.

Transmisiones familiares para recomponer memorias e identidades

Si bien la estética de *Solo son mujeres* se caracteriza por su fragmentación, los monólogos, en su contenido, establecen conexiones. Están interrelacionados no solo por la naturaleza coral de la obra, que se ha evocado, sino también por relaciones específicas: relaciones de analogía entre los primeros tres monólogos, que presentan a tres presas políticas en las cárceles franquistas, y relaciones de continuidad en los últimos dos monólogos. De hecho, al escuchar a la Cuarta y a la Quinta mujer, el receptor comprende que la Cuarta mujer podría ser la hija de la Primera mujer, y la Quinta mujer, la nieta de la Segunda mujer. De este modo, el contenido del discurso entrelaza los monólogos, recomponiendo vínculos familiares que la dictadura había destruido. Por medio de una estética de lo íntimo y lo privado, se reconstruyen historias familiares. Por medio del teatro, se recompone una historia colectiva. *Solo son mujeres* pone de realce la función social de la familia como un espacio de resistencia y de recuperación de memorias e identidades, tanto individuales como colectivas. Como señala Mercedes Yusta:

> [...] varios militantes por la memoria han dejado constancia del efecto curativo y liberador de dar un sentido a la tragedia familiar, de restituir la dignidad de sus familiares, en sus propias trayectorias individuales y en la reconstrucción de su propia identidad, tanto individual como colectiva. [...] La "recuperación de la memoria histórica" aparece así en una dimensión que pone de relieve su importancia como discurso sobre el cual edificar una identidad a la vez individual y colectiva: la de hijos y nietos de desaparecidos, en busca de las palabras y de los actos capaces de exhumar el pasado (en sentido real y figurado) y de curar la psicopatología individual, colectiva y nacional construida sobre el trauma de las desapariciones. (Yusta 2014: 38)

Las historias individuales y familiares de las protagonistas anónimas de *Solo son mujeres* poseen un valor colectivo. Sus relatos, basados en testimonios y realidades históricas, adquieren una dimensión documental, pero también tienen un carácter universal por sus indefiniciones y el anonimato de las narradoras. De esta manera, las historias de las cinco mujeres se presentan como metáforas de lo que, a pesar del trabajo temprano de la historiografía, sigue siendo un rincón oscuro o polémico de la historia española: los horrores de la represión franquista. *Solo son mujeres* contribuye a la recuperación de la memoria colectiva sobre esta parte del pasado nacional. Además, en la obra, la familia aparece como el espacio de transmisión de contramemorias opuestas al relato oficial de la dictadura. Estas contramemorias, personificadas por las mujeres represaliadas, se difunden a través de las cartas que las presas envían a sus familiares (cartas escenificadas o mencionadas en los primeros cuatro monólogos), o se recuperan mediante las investigaciones llevadas a cabo por los hijos y nietos de los desaparecidos (último monólogo). Es más, la ficción materializa estas memorias mediante una estética testimonial, inherente al género del teatro de la memoria (Lumière 2019 y 2023). Como es característico de esta estética, en la obra de Carmen Domingo la oralidad predomina y se privilegia la evocación sobre la representación. Las acotaciones son breves y proporcionan pinceladas escenográficas que el receptor debe completar. Los recuerdos se deslizan a través de un discurso narrativo y visualmente evocador que apela a la imaginación y, con ello, a la participación del receptor, como por ejemplo en el último monólogo cuando la Quinta mujer, dirigiéndose al público, describe la fotografía de su abuela que su madre le enseñó:

> Quinta mujer.— Entonces mi madre saca de un cajón una de las pocas fotografías que conserva de mi abuela. Es una fotografía en blanco y negro.
> ¿Os la imagináis?
> Seguro que sí, todos tenemos alguna foto de esas en nuestra casa. Una imagen sobre un papel grueso y rugoso, con los bordes como mordidos, y en la esquina una rúbrica, la del

> fotógrafo. Y el reverso impreso como si fuera una postal, dividido en dos, con un trozo en blanco para escribir y unas letras a la izquierda y, a la derecha, un recuadro para el sello y mucho espacio para la dirección de envío.
> ¿Sabéis las fotografías a las que me refiero?
> Mi abuela está de pie, apoyada en una silla. *(Reproduce el gesto)*
> Mira al frente, con la cabeza alta, un moño bajo y una sonrisa que ilumina todo alrededor. Con su vestido de flores y su crucifijo colgando del cuello. Tiene una mano justo debajo de la tripa, aquí, justo aquí. A su lado, de pie, muy formal, mi tío, vestido con un traje que le hacía parecer mayor a pesar de ser un crío, y en la silla, jugando con un trapo, un bebé, que será mi madre, participando en una fotografía que ni se imaginan va a ser la última de mi abuela. (Domingo 2018: 42)

El receptor está invitado a visualizar mentalmente la fotografía que la protagonista detalla y reproduce escénicamente. Los comentarios inclusivos del personaje como "¿Sabéis las fotografías a las que me refiero?", lo animan a proyectarse en el recuerdo de la protagonista, actualizado mediante el uso del presente, y a apropiarse de este recuerdo, es decir a vincular su propia historia familiar con la historia que se le está contando. Igualmente, la estética testimonial de la obra le da toda su importancia a la experiencia, con abundantes referencias al cuerpo y expresiones de los sentidos, lo que resulta particularmente impactante en las descripciones de las escenas de tortura en el monólogo de la Tercera mujer. Si bien el texto de Carmen Domingo tiene una fuerte dimensión documental por su referencialidad histórica, también deja espacio para la ficción y la fantasía que pueden aparecer como el hilo que recompone relaciones familiares quebrantadas por la dictadura franquista.

Conclusiones

En conclusión, la figura de la familia ocupa un lugar central en el teatro de la memoria de las presas del franquismo. Si consideramos que en la historia de las mujeres "lo personal es político" (Yusta 2015: 10), podemos afirmar que *Solo son mujeres* confiere a la familia un carácter profundamente político. En la obra, la familia se presenta como un espacio marcado por la ausencia y la pérdida, pero también como una dinámica de aspiraciones, resistencias y reconfiguraciones. La familia desempeña un papel crucial en la recuperación de la memoria de las presas del franquismo, así como en la denuncia y condena de las atrocidades de la dictadura, aportando así a la lucha contra el olvido. En el texto de Carmen Domingo, la imagen de la familia destrozada constituye un triste testimonio de la brutalidad de la represión franquista, una represión de género y familiar que dejó secuelas en las generaciones futuras. La familia redefinida en oposición al orden patriarcal emerge como un modelo de resistencia femenina, contribuyendo al empoderamiento de las mujeres en el espacio de la memoria colectiva. Finalmente, la familia recompuesta se erige como un emblema de la supervivencia y del clamor de contramemorias, unas contramemorias que la ficción teatral hace presentes, vivas, a través de la experiencia sensible.

Bibliografía

Aguado, Ana M. y Verdugo Martí, Vicenta (2011). "Las cárceles franquistas de mujeres en Valencia. Castigar, purificar y reeducar", *Studia Historica. Historia contemporánea*, 29, pp. 55–85.

Álvarez, Alfonso (30/03/2016). "Tres mujeres para retratar una Guerra Civil que lastra el presente", *Público*. Disponible en: https://www.publico.es/culturas/tres-mujeres-retratar-guerra-civil.html [Consultado el 19/01/24].

Domingo, Carmen (2018). *Solo son mujeres / Només són dones*. Madrid: Fundación SGAE.

Hernández Holgado, Fernando (2011). "La prisión militante. Ventas (Madrid) y Les Corts (Barcelona)", *Studia Historica. Historia Contemporánea*, 29, pp. 195–236.

Lumière, Émilie (2023). "Enfoque biográfico y coralidad. Mujeres republicanas en el teatro de la memoria español", in Béatrice Bottin (ed.), *Las artes escénicas como patrimonio del ámbito hispánico. Siglo XXI*. Berlín / Bruselas / Chennai / Lausana / Nueva York / Oxford: Peter Lang, pp. 129–141.

——— (2019). "Teatro e historia en el siglo XXI, nuevas perspectivas: teatro de la memoria, teatro del presente, teatro metahistórico, juegos intermediáticos", in Mónica Molanes Rial e Isabelle Reck (eds.), *Teatro hispánico en los inicios del siglo XXI: hibrideces, transgresiones, compromiso y disenso*. Madrid: Visor, pp. 137–151.

Vázquez de Prada, Mercedes (2005). "Para una historia de la familia española en el siglo XX", *Memoria y Civilización* (M&C), pp. 115–170.

Verdugo Martí, Vicenta (2008). "Franquismo y represión penitenciaria femenina: las presas de Franco en Valencia", *ARENAL*, 15/1, pp. 151–176.

Vilella Llop, María del Pilar (2021). *Hacia un nuevo modelo de derecho de familia: análisis de las figuras y herramientas emergentes*. Madrid: Dykinson, S.L.

Yusta, Mercedes (2014). "El pasado como trauma. Historia, memoria y 'recuperación de la memoria histórica' en la España actual", *Pandora*, 12, pp. 23–41.

——— (2015). "Introducción: género, poder y resistencias en España", in Mercedes Yusta e Ignacio Peiró (eds.): *Heterodoxas, guerrilleras y ciudadanas. Resistencias femeninas en la España moderna y contemporánea*. Zaragoza: Institución Fernando el Católico, pp. 7–13.

——— (2018). "Hombres armados y mujeres invisibles. Género y sexualidad en la guerrilla antifranquista (1936–1952)", *Ayer*, 110, pp. 285–310.

Stéphanie Urdician*

Nacer en tiempos de dictadura. Genealogías personales, memoria histórica familiar en el teatro de Lola Arias

Resumen: En "sus experimentos sociales" y proyectos documentales pluridisciplinares, la teatrista y cantautora argentina Lola Arias excava en las biografías personales de la "generación hija" para reconstruir la memoria histórica colectiva e individual. El presente artículo pretende examinar la trilogía conformada por *Mi vida después* (2009) –estrenada en el marco del ciclo Biodrama dirigido por Vivi Tellas–, *El año en que nací* (2012) y *Melancolía y manifestaciones* (2016) para poner de relieve las estrategias de reconstrucción de genealogías familiares que entroncan con las historias nacionales argentinas y chilenas marcadas por las últimas dictaduras militares. En estas obras, Lola Arias orquesta los testimonios personales de sus elencos en espectáculos intermediales que cuestionan la compleja elaboración de la memoria mediante un ingenioso entramado de niveles performáticos. Practica *el reenactment* característico del teatro contemporáneo y del teatro argentino posdictatorial a través de *performances* que recopilan archivos convertidos en objetos dramatúrgicos que develan secretos de familia y lagunas de la historia.

Palabras clave: Lola Arias; biodrama; *reenactment*; posmemoria familiar; *Mi vida después*; *El año en que nací*; *Melancolía y manifestaciones*

El teatro argentino posdictatorial indaga en la historia reciente adoptando varias estrategias de teatralización de la historia nacional, con vistas a recuperar la memoria colectiva y personal a través del llamado "auge de lo micro" (Dubatti 2011: 73). La creadora pluridisciplinar argentina Lola Arias –dramaturga, directora, actriz–, videasta y artista pluridisciplinar[1] pretende escenificar la historia argentina a partir de las historias personales de sus elencos. En sus procesos de creación, el testimonio y el archivo constituyen una materia prima modelada por la escritura escénica. En este artículo, propongo examinar la trilogía conformada por *Mi vida después* (2009), *El año en que nací* (2012) y *Melancolía y manifestaciones* (2016). Estas tres obras parten de un mismo concepto y protocolo:

* Université Clermont Auvergne (Centre de Recherches sur les Littératures et la Sociopoétique)

1 Fundó la compañía Postnuclear, colectivo de artistas argentinos que crean proyectos interdisciplinarios (teatro, música, artes visuales).

la reconstrucción o *re-enactment* (Bénichou 2018) de las décadas del 70 y del 80 a partir de genealogías familiares por la generación nacida durante las últimas dictaduras militares en Argentina y Chile. Todas ponen en escena la posmemoria familiar (Hirsch 2012) exhibiendo las modalidades de transmisión de vivencias traumáticas a través de relatos, imágenes y objetos.

A modo de radiografía de la sociedad argentina de la época, en *Mi vida después*, Carla, Vanina, Blas, Mariano, Pablo y Liza reconstruyen la vida de sus padres que eran respectivamente guerrillero del ERP, oficial de inteligencia, cura, militante peronista y montoneros exiliados. En *El año en que nací*, son once los jóvenes chilenos que indagan en la identidad de sus padres y, por ende, en la sociedad chilena quebrantada por la dictadura. La última obra de este "ciclo de los hijos", *Melancolía y manifestaciones* es el diario de una hija, la propia dramaturga y directora, sobre la melancolía de su madre que enfermó en 1976, año de su nacimiento y del golpe militar. Entre realidad documental reconstituida a través de cartas, fotos, recuerdos y ficción, la segunda generación se convierte en "doble de riesgo" (Arias 2016b: 9) de sus padres, en *remakes* de las biografías familiares que se enmarcan en el pasado colectivo, en la historia nacional para comprenderlos y cuestionar la memoria. La estética intermedial y los diferentes niveles performáticos –testimoniar, representar, presentar– problematizan el mundo que documentan estos "experimentos sociales" (Arias 2016b) procedentes de crisis históricas y memoriales.

La familia en el teatro argentino

Existe una tradición teatral argentina en la cual la familia se impone como detonante de conflictos dramáticos que desentrañan episodios históricos nacionales. Esta tendencia se observa tanto en los grotescos criollos de Armando Discépolo (*Mateo* de 1923 y *Stéfano* de 1926) que inauguran, en las primeras décadas del siglo XX, la representación de la disolución de la familia como en el teatro de los 60 y 70 caracterizado por la polémica entre realistas y neovanguardistas (absurdistas) –entre ellos, Roberto Cossa[2], que idea una familia carcomida por la gula insaciable en *La nona* (1977), Eduardo Pavlovsky, que explora la violencia de las relaciones familiares en *Telarañas* (1974), verdadero alegato en contra de la dictadura, así como Griselda Gambaro en obras ya clásicas del repertorio argentino

---

2 En *Gris de ausencia* (1981), Roberto Cossa retrata a la típica familia argentina de ascendencia italiana, heredera de la representación de la familia de emigrantes que protagonizan los grotescos criollos (Urdician 2011).

como *El desatino* (1965), *Los siameses* (1965) o *Las paredes* (1966) que no dejan de delatar los estragos del sistema fascista a través de argumentos domésticos–. En este rápido panorama[3], es necesario citar dos ciclos teatrales imprescindibles para entender la conexión entre historias personales e historia nacional: Teatro Abierto (1981–1985), movimiento teatral en contra de la dictadura militar, y Teatroxlaidentidad, uno de los brazos artísticos de Abuelas de Plaza de Mayo que desde el 2000 apoya su búsqueda de identidades cambiadas a raíz del robo de bebés y niños durante la dictadura. Es de recordar también la inmensa repercusión de *La omisión de la familia Coleman* de Claudio Tolcachir, estrenada en Buenos Aires en 2005 por Timbre 4, que lleva más de una década en cartel, con gira internacional. Esta historia de una familia "al límite de la disolución" (Sin autor 2005) se convirtió, pese a la intención de su autor, en "epifanía de la disfunción familiar" (Sanchez 2019: 50). Estos movimientos y obras teatrales vinculan familia y nación, familia y sociedad adoptando diferentes estrategias dramatúrgicas y escénicas.

En los umbrales del siglo XXI, irrumpe otra tendencia teatral relevante, otro ciclo titulado *Biodrama: sobre la vida de las personas*, nuevo teatro documental concebido y coordinado por la artista argentina Vivi Tellas (2001–2009). La entonces directora de la Sala Sarmiento del Complejo Teatral de Buenos Aires presenta el "ciclo/concepto" Biodrama en este texto-manifiesto del proyecto:

> Biodrama se inscribe en torno a lo que se podría llamar el 'retorno de lo real' en el campo de la representación. Después de casi dos décadas de simulaciones y simulacros, lo que vuelve –en parte como oposición, en parte como reverso– es la idea de que todavía hay experiencia, y de que el arte debe inventar alguna forma nueva de entrar en relación con ella. La tendencia, que es mundial, comprende desde fenómenos de cultura de masas, como los reality shows, hasta las expresiones más avanzadas del arte contemporáneo, pasando por la resurrección de géneros hasta ahora "menores", como el documental, el testimonio o la autobiografía. El retorno de la experiencia –lo que en Biodrama se llama "vida"– es también el retorno de Lo Personal. Vuelve el Yo, sí, pero es un Yo inmediatamente cultural, social, incluso político. (Tellas *et al.* 2017: 13–14)

En los biodramas que la directora prefiere llamar "archivos" (Tellas 2017: 273) y no obras, actores y actrices performan su propia historia. Son a la vez sujeto y objeto de la *performance*. Testigo y documento a la vez, como en las dramaturgias de lo real (Urraco Crespo 2016) que proponen experiencias de intimidad como materia escénica, microhistorias que se comparten colectivamente para alcanzar

3 Para completar este panorama, véase la tesis de doctorado de Joana Sanchez (2019).

la macrohistoria. *Mi vida después* de Lola Arias es uno de los últimos estrenos del primer ciclo Biodrama[4] que propone documentar lo cotidiano.

Mi vida después (2009)

El 26 de marzo de 2009 se estrena *Mi vida después* en el Teatro Sarmiento de Buenos Aires. Seis actores *performers* nacidos entre 1972 y 1983 reconstruyen la historia de sus padres a partir de archivos, documentos, objetos testimoniales –ropa, fotos, videos, cartas, relatos y recuerdos– pertenecientes a la generación anterior como para retratarla. Pero en realidad lo que Lola Arias pretende retratar es su propia generación, nacida bajo la última dictadura argentina como lo expresa en "Doble de riesgo":

> *Mi vida después* es un retrato de mi generación. Una generación nacida bajo la nube de la dictadura militar, cuyos padres lucharon, se exiliaron, desaparecieron, fueron torturados o fueron indiferentes a la política. Una generación marcada por los relatos –a veces épicos, a veces poblados de secretos– de lo que hicieron nuestros padres en ese tiempo del que casi no tenemos recuerdos. (Arias 2016b: 10)

La teatrista documentalista elabora un protocolo de investigación previo a la creación escénica que se fundamenta en una ineludible dimensión autobiográfica. La primera fase de este proceso radica en el *casting* de actores y actrices: "Encontrar a los protagonistas de la obra fue muy difícil. Yo buscaba un grupo de actores cuyas historias contrastaran entre sí y armaran el álbum de una época" (Arias 2016b: 10). El elenco reúne a Mariano Speratti, hijo de un periodista automovilístico que militaba en la Juventud Peronista, Vanina Falco, nieta del guardaespaldas de Perón e hija de un policía de inteligencia, Blas Arrese Igor, hijo de un cura, Carla Crespo hija de un guerrillero del Ejército Revolucionario del Pueblo, Liza Casullo, hija de periodistas perseguidos por la Triple A, y Pablo Lugones, hijo de un empleado de banco al que no le interesaba la política. Los padres representaban "figuras arquetípicas de la época: el exiliado, el militante muerto en el combate, el apolítico, el cura, el desaparecido, el policía encubierto" (Arias 2016b: 10).

A raíz de la constitución de este panel, la labor consistió en buscar material escénico en las biografías personales en las que resonaba la historia nacional de la última dictadura. Para facilitar la comprensión del contexto político, Lola Arias proporciona en el texto publicado notas paratextuales que recopilan las referencias a acontecimientos históricos, partidos y organizaciones guerrilleras de la época (Arias 2016a: 191). En el proceso de reconstrucción y reactivación del pasado de

---

4 Vivi Tellas sigue desarrollando este "macro-proyecto artístico" (Tellas *et al.* 2017a: 12) en la actualidad: véase el sitio https://vivitellas.com/biodrama/.

la generación anterior, los hijos-actores se valen de una variedad de estrategias para hacer *remakes* de episodios de la juventud de sus padres. El término *remake* lo elige la directora para nombrar el proceso que consiste en recrear en el escenario un episodio que sucedió (Brownell 2009: 3): "No se trata solo de contar, de hablar sino de actuar estas memorias", como puntualiza la propia directora en una entrevista en línea (Directores AV 2018) a propósito de su película *Teatro de guerra*. Pamela Brownell identifica los niveles "performáticos" siguientes que permiten categorizar las diferentes modalidades de tratar el archivo y transmitir el testimonio con mayor o menor grado de referencialidad y ficción:

> testimonio (cuando se habla de lo propio en primera persona); *remake* (cuando los hijos toman el lugar de los padres, rehaciendo sus circunstancias en primera persona); representación (cuando se encarnan los personajes de la historia del otro) y acción (cuando lo que se hace no está en función de narrar o recrear esas historias, sino de construir momentos de pura *performance*). (2009: 5)

A esta tipología podemos añadir el concepto de *re-enactment* que Cecilia González adopta para analizar los "proyectos documentales de Lola Arias" (2020: 150). Este anglicismo puede abarcar una gran variedad de prácticas performativas contemporáneas de reapropiación, reconstitución y activación de archivos del pasado, como lo evidenció el coloquio de Cerisy de 2018, *Reenactment/Reconstitution : refaire ou déjouer l'Histoire*. En esta obra, el escenario se convierte en laboratorio *in situ* donde el elenco documenta y re-crea la memoria familiar, experimenta varios vínculos entre el archivo objetivo y el cuerpo viviente, entre el documento y la memoria directa (oral), entablando una "dialectique complexe de l'archive et du vivant, du direct et du médiatisé, de la normativité et de l'agentivité[5]" propia del proceso de *re-enactment* según Anne Bénichou (2018). Cuando el archivo se transforma en acto, la *performance* proporciona nuevas prácticas de documentación y transmisión de la memoria y fomenta la negociación con el relato histórico y las representaciones familiares.

Proponemos comentar algunos de los recursos escénicos utilizados para integrar el testimonio y transformar el archivo en acto. La imagen escénica inicial expone el dispositivo escénico que fundamenta la obra, a saber el protagonismo de los objetos cotidianos convertidos en accesorios dramatúrgicos. La ropa que cae del techo sobre el escenario y acompaña la caída de Liza que "queda cubierta por la montaña de ropa" (Arias 2016a: 21) lo confirma. Es a la vez la ropa de los padres usada como objeto del pasado que conecta dos generaciones y vestuario

5 Traducimos: "Una compleja dialéctica de los archivos y de lo vivo, lo directo y lo mediado, la normatividad y la agentividad".

con una función dramatúrgica como en este parto simbólico que abre la obra. Esta segunda piel de los padres posibilita el viaje al pasado, la búsqueda de identidades prestadas, transmitidas, contadas y encarnadas a lo largo de la obra. Las botas de Pablo corroboran esta función del objeto del antepasado en el encuentro intergeneracional:

> Pablo.— Mi abuelo, mi padre y yo tuvimos vidas muy diferentes.
> Mi abuelo cuidaba caballos de carrera.
> Mi padre trabajó toda su vida en un banco.
> Y yo soy bailarín.
> Pero hay algo que tenemos en común: a los tres nos gusta bailar malambo. Estas eran las botas que usaba mi abuelo. Después de él las tuvo mi padre y ahora las tengo yo. Cuando me pongo sus botas para bailar es como si el tiempo no hubiera pasado y mi abuelo, mi padre y yo nos encontráramos en el mismo tiempo.
> *Pablo baila malambo entre las ropas.* (Arias 2016a: 48)

El capítulo 3, titulado "Lo que me queda" introduce otra serie de objetos legados que vertebran las narraciones personales que siguen y retoman cada objeto a modo de título:

> Mariano.— Este es el grabador de cinta abierta de mi padre.
> Vanina.— Este es el expediente del juicio contra mi padre.
> Carla.— Esta es la última carta de mi papá.
> Blas.— Esta tortuga la heredé de mi papá.
> Liza.— Estos son todos los libros que escribió mi papá.
> Pablo.— Este es el súper 8 que filmó mi padre. (Arias 2016a: 53)

El monólogo de los *performers*, con o sin micrófono, para modular la intensidad y la presencia vocal constituye un dispositivo tan apropiado como frecuente de transmisión directa y frontal del relato. Una serie de personas –ya no son personajes en estas *performances* de su propia vida– paradas frente al público se disponen a compartir su historia personal. Ahora bien, el artificio teatral se plasma en la interpretación de los *performers* cuyo tono neutro induce un distanciamiento que contrasta con el contenido íntimo a la vez que neutraliza la posible carga patética.

Del mismo modo, el uso de la cámara crea a la vez proximidad, a modo de cámara subjetiva, y distancia con respecto al objeto (foto, carta, ropa) asociado al relato en vivo, proyectado en primer plano –en diferentes soportes como pantallas, objetos o cuerpos a modo de *mapping* escénico– manipulado y comentado visualmente. Las fotos de la familia de policías del álbum de infancia de Vanina representan un ejemplo paradigmático de esta técnica: los demás *performers*, por turnos técnicos, van tachando o borrando las fotos conforme va avanzando el microrrelato de Vanina.

En el cuadro "Fotos de juventud", Vanina filma las fotos que Liza está comentando y que se proyectan en la pantalla (Arias 2016a: 32), antes de que Liza interprete a su madre como conductora de noticiero, cuya foto se proyecta sobre la cara de Liza. Este recurso técnico del video no solo subraya el cambio de modalidad dramatúrgica, de la narración a la representación, sino también y sobre todo concreta la fragmentación de la reconstrucción y de la memoria familiar polifacética en el proceso de transmisión generacional.

Cada testimonio dialoga con los demás en la sucesión, yuxtaposición o simultaneidad cuando los demás *performers* acompañan el relato individual actuándolo o coreografiándolo en escenas gestuales. En "El exilio" (Arias 2016a: 41–43), Liza lee el guion de la vida de su padre, como si fuera una película que los demás actores interpretan, filman y proyectan en vivo. En "El árbol genealógico", mientras Pablo Lugones indaga en la historia de su apellido, que cuenta con ilustres representantes en Argentina, leyendo una retahíla de nombres, "Blas, Mariano y Carla hacen una coreografía que copia la forma de un árbol genealógico" (Arias 2016a: 30).

La polifonía creada y la heterogeneidad del material archivístico están al servicio del retrato de dos generaciones: la de los padres a través del prisma de la de los hijos. La intermedialidad, recurso privilegiado en las dramaturgias de lo real que practican el *re-enactment* de la historia (Bénichou 2016), remata el encuentro entre dos épocas, entre pasado y presente. Teatro, música, video, coreografía interactúan en la composición de una partitura colectiva que se ubica en la frontera entre presentación y representación (Diago 2012), entre realidad y ficción cuando, por ejemplo, Liza sueña con un episodio de la juventud de sus padres en el capítulo titulado "Ciencia ficción". La puesta en escena ostenta los artificios teatrales de construcción de relatos a partir de la manipulación de objetos cotidianos y documentos personales revelándolos en clave teatral.

El escenario se convierte en espacio íntimo que no deja de abarcar lo macro desde lo micro (Urraco Crespo 2016). Se observa este vaivén entre las dos escalas en la dramaturgia que teje los testimonios individuales gracias a la participación de todo el elenco. A modo de ejemplo de la articulación entre historia personal e historia nacional, el capítulo "*Fast forward*/Autobiografías" crea una red de ecos significativos:

> Mariano.— 1982. Guerra de Malvinas. La maestra nos hace escribirles cartitas a los soldados.
> Blas.— 1989: Hiperinflación. Cae Alfonsín. Menem presidente. Casi me ahogo en el mar y me enamoro del guardavida.
> Carla.— 1997. Un peso, un dólar. Viajo tres meses de mochileras a Europa.
> Pablo.— 2001. Corralito. El presidente se escapa en helicóptero. Yo me caigo de un caballo y me rompo una pierna. (Arias 2016a: 63)

La temporalidad escenificada mezcla pasado, presente y futuro mediante dos principios opuestos: condensación –veinte años resumidos en diez réplicas lacónicas– y dilatación –episodio de la moto o del beso de los padres de Liza–. Ahora bien, la composición interna, esto es el orden de los cuadros llamados "capítulos" en el texto dramático publicado, respeta la cronología de una vida: arrancan los monólogos en el capítulo 1 titulado "El día en que nací" –concretado por "una línea histórica en el piso del escenario" (Arias 2016a: 23)– y se cierra la obra con la narración de sus muertes inventadas. Este futuro que cierra la obra rompe con la verosimilitud de las narraciones anteriores arraigadas al pasado gracias al humor. Mientras los *performers* van narrando sus muertes ficcionales –entre agosto de 2020 y el 9 de febrero de 2060–, "Moreno les dispara en la cara con una pistola de agua" (Arias 2016a: 64). La puesta en escena exacerba los efectos de distanciamiento hasta el final paroxístico, entre música en vivo a todo volumen, gritos de Vanina en un megáfono mientras los demás corren por el escenario resbalando entre las ropas. En esta escenificación de biografías personales, los testimonios objetivos dialogan con historias inventadas, ficciones creadas por la imaginación de la "generación hija".

El año en que nací (2012)

La crítica y la propia artista presentan esta creación como una obra gemela de la anterior, como trasposición del protocolo "formato" de *Mi vida después* al contexto chileno posdictatorial. La intención inicial no era montar un espectáculo sino llevar a cabo un taller con jóvenes chilenos sobre la historia reciente del país. Pero la experiencia y el experimento desembocaron en retratos de familias que fueron reconstruyendo la historia de Chile desde el golpe de Estado del 11 de septiembre de 1973. Los mismos ingredientes componen la *performance*, a saber, hijos e hijas que cuentan la historia de los padres, reconstruyendo episodios del pasado mediante documentos personales y archivos históricos, filmados y manipulados en vivo. El decorado concreta la dimensión archivística del espectáculo con una "estantería" que reúne los diferentes documentos (mapas, fotos, cartas…). Otra semejanza notable se plasma en la apertura de la obra que pone en escena una línea de tiempo mediante una "hilera de más de veinte lockers con fechas escritas a mano" y "carteles en las espaldas de los actores que llevan escrito el año de su nacimiento" (Arias 2016a: 72). El prólogo repite el eco entre autobiografía e historia nacional que estructuraba *Mi vida después*, en las primeras réplicas, que constan de listas de fechas y comentarios biográfico-históricos que cubren el periodo 1971–1989. En ambas obras, el mismo esquema enfatiza la dimensión experimental y el protocolo implementado en la presentación de los *performers* como sujetos históricos (*Mi vida después* en la primera cita y *El año en que nací* en la segunda):

> Vanina.— 1974. Muere Perón y nazco yo, después de un parto de catorce horas. Soy un bebé en miniatura con unos ojos enormes. Mi abuelo era guardaespaldas de Perón y mi padre policía de inteligencia.
> Carla.— 1976. Se declara el golpe militar y un mes después nazco yo. Soy un bebé muy rebelde. Mi mamá me pone Carla por Carlos, mi papá, que era sargento del Ejército Revolucionario del Pueblo. (Arias 2016a: 24)

> Alejandro.— 1971. Allende nacionaliza el cobre y nazco yo. Soy hijo de Pepe Gómez López, director del diario *Puro Chile*, el diario de la Unidad Popular.
> Jorge.— 1974: Se crea la DINA y nazco yo. Mi padre es un comerciante pinochetista y mi madre una peluquera allendista.
> Alexandra.— 1976. Se crea la Vicaría de la Solidaridad y nazco yo en Suecia. Mis padres son del MIR y desde Cuba preparan la Operación Retorno. (Arias 2016a: 72–73)

Once personas cuentan, actúan, reconstruyen la vida de sus padres y la historia reciente de Chile: Alejandro, "hijo de Pepe Gómez López, director del diario *Puro Chile*, el diario de la Unidad Popular" (Arias 2016a: 72); Jorge, cuyos padres son "un comerciante pinochetista" y "una peluquera allendista" (Arias 2016a: 73); Alexandra, hija de militantes del MIR (Movimiento de Izquierda Revolucionaria); Leopoldo, hijo de policía; Nicole, hija de estudiantes para quienes "hablar de política es de mal gusto" (Arias 2016a: 73); Pablo, hijo de uno de los líderes del Frente Nacionalista Patria y Libertad y ahijado de Pablo Rodríguez el abogado de Pinochet; Soledad, hija de miembros del MAPU (Movimiento de Acción Popular Unitaria) exiliados a México; Ana, hija de una militante del MIR; Ítalo, hijo de marino; Viviana, hija de una enfermera del hospital militar y un carabinero ausente; y Fernanda, hija de militantes del Frente Patriótico Manuel Rodríguez[6]. Tal elenco hizo de la obra un "objeto polémico" dado que se confrontan los relatos de la izquierda y de la derecha chilenas y los *performers* no dejan de discutir las versiones sin encontrar nunca una "versión común" y debatir de las consecuencias de la dictadura en las vidas de sus padres y sus descendientes. Los cuadros que mejor lo manifiestan son los que confrontan –en momentos sucesivos– a

6 "*FPMR*. Frente Patriótico Manuel Rodríguez. Agrupación de ideología marxista-leninista, brazo armado del Partido Comunista chileno, aunque con actuación autónoma. Empezó a operar a fines de 1983 y alcanzó notoriedad en septiembre de 1986 con el atentado que casi cobra la vida del presidente Augusto Pinochet. Al año siguiente abandonó las acciones armadas y se volcó a la actividad política, salvo una fracción, que siguió actuando hasta 1996. Desde entonces no volvió a realizar acciones armadas" (Arias 2016a: 192–193).

Alejandro y Pablo, hijos respectivos de periodistas de ideologías opuestas. El cuadro titulado "Discusión izquierda derecha" remata esta confrontación transmitida de una generación a otra que se concreta escénicamente en una línea en la cual han de ubicarse los actores según la adhesión ideológica de los padres, de extrema derecha a extrema izquierda, y "pone en escena el desacuerdo, el conflicto, la imposibilidad de un relato único y, al mismo tiempo, la posibilidad de convivir en ese desacuerdo" (Arias 2016b: 15).

Este "experimento social" determina un "resultado" diferente de la obra anterior a pesar de valerse del mismo protocolo. La creación colectiva en los ensayos generó elementos ausentes del experimento argentino: reconstruir la historia del país, a partir del día del golpe reconstituido a modo de caleidoscopio mediante los recuerdos de los padres. Otra diferencia y efecto inédito de esta obra radica en el proceso de investigación, un "mecanismo abierto, un juego de cartas que se mantiene vivo" (Arias 2016b: 15) en el que colaboran actores y espectadores. Así fue como una de las actrices pudo encontrar a su padre gracias al estreno de la obra:

> *El año en que nací* se fue reescribiendo a lo largo de los años. Quizás el ejemplo más extremo sea el de Viviana, que en enero de 2011, cuando hicimos la muestra del taller, decía en una escena que lo único que tenía de su padre era una foto con parte de su nombre escrito al dorso: "S. Hernández". Y pedía al público que la contactaran si alguien sabía algo de él. En enero de 2012, en el estreno de la obra, Viviana contaba cómo había descubierto que su padre era carabinero y estaba preso en el sur de Chile por el asesinato de dos militantes del MAPU. La obra había puesto en marcha una investigación sobre la identidad de su padre, y el haber hecho pública su historia le había dado las pistas para encontrarlo. Una vez más, la ficción intervenía en la vida de los actores. (Arias 2016b: 15)

La mutua influencia de la realidad y de la ficción enfatiza el lento proceso de elaboración de la memoria individual y colectiva. El laboratorio *in situ* que Lola Arias propone es una suerte de campo de investigación abierto que cuestiona los archivos recopilados en el proceso previo a la creación. La indagación y la experimentación escénica excavan las repercusiones íntimas, políticas y éticas del proceso de teatralización de la memoria familiar y nacional.

Melancolía y manifestaciones (2016)

La tercera y última obra del ciclo se titula *Melancolía y manifestaciones*. Si bien adopta el mismo protocolo y dispositivo escénico, la máxima diferencia radica en la elección de un material autobiográfico de la propia historia familiar de Lola Arias. Después de estrenar y reconstruir vidas ajenas en *Mi vida después* y *El año en que nací*, la artista se adentra en el examen íntimo de la enfermedad de su madre, convirtiéndose en "sujeto y objeto de su propio método" (Arias 2016b: 16).

El germen de esta última obra de la trilogía se encuentra en el proceso de creación de *El año en que nací*, como revela Lola Arias en un epílogo titulado "Casete-carta" (Arias 2016a: 137–141) que acompaña la versión publicada de las tres obras. La directora cuenta cómo la historia personal de Macarena Teké que participó en los primeros ensayos del taller chileno, basada en el suicidio de su padre profesor titular de la Universidad Católica, "se convirtió en la matriz de *Melancolía y Manifestaciones*" (Arias 2016a: 141).

En esta obra, Lola Arias narradora en escena colabora con un músico, Fernando Pereyra, que toca en vivo la guitarra eléctrica, una actriz –Elvira Onetto– "en el lugar de" la madre, y actores de más de 70 años. Se abre con un prólogo metadramático que expone, mediante un texto proyectado en la pantalla del escenario, la génesis de la obra:

> Esta es una obra sobre una hija que quiere entender la depresión de su madre.
> La hija no sabe cómo hacer una obra sobre une enfermedad psiquiátrica.
> Entonces la hija va a ver al psiquiatra de su madre.
> El psiquiatra dice que la obra es peligrosa para la madre.
> Entonces la hija ya no quiere hacer la obra.
> Pero después piensa que sí tiene que ser posible.
> La hija le pide a su madre que haga la obra con ella.
> La madre le dice que la va a ayudar pero no quiere actuar en una obra de la hija.
> La hija persigue a su madre con un cuaderno y una cámara.
> La hija quiere saber todo sobre su madre con urgencia, como si temiera su muerte antes de tiempo.
> La hija escribe todas las cosas que recuerda sobre la enfermedad de su madre.
> La obra se llama *Melancolía y manifestaciones*. (Arias 2016a: 144)

La escenografía enfatiza la dimensión metateatral de la obra que pone en escena los episodios de la vida de la madre dentro de "una caja de madera de cuatro metros de ancho y tres de alto cuyo frente es una cortina que sirve a su vez de pantalla" (Arias 2016a: 144), a modo de escenario dentro del escenario principal. Asimismo, esta especularidad determina el retrato de la madre esbozado en clave teatral en el cuadro titulado "Las dos caras de mi madre": "Hija.— Durante mi vida yo tuve dos madres, una triste y una eufórica, que se iban turnando como una actriz que hace dos roles en una misma obra. A veces llegué a pensar que mi madre tiene las dos caras del teatro: una cara que ríe y otra cara que llora" (Arias 2016a: 146). Desde las primeras palabras de la "Hija", Lola Arias directora, intérprete y *performer*, plantea la relación entre vida personal e historia nacional:

> Hija.— Cuando yo nací, el ovario de mi madre explotó y todo se cubrió de sangre: la cama, el piso del hospital, la ropa de las enfermeras. Era 1976 y el país también había explotado bajo un golpe militar. Por suerte, mi madre y yo sobrevivimos a la explosión. (Arias 2016a: 146)

Si la obra parece reforzar la dimensión íntima, es la enfermedad psiquiátrica de la madre, no deja de hablar de la historia nacional desde esta escena inaugural que entabla la analogía y coincidencia entre el parto y el golpe[7] hasta la referencia a las manifestaciones de Plaza de Mayo al final de la obra, como un posible remedio para curar la enfermedad de la madre (Arias 2016a: 185). De ahí la pregunta abierta que vertebra toda la *performance*: ¿tendrá alguna causa política la depresión de la madre? Los cuadros que se suceden, en dos niveles de ficción, van rearmando los episodios de la enfermedad de esta "profesora de literatura con estrafalarias ideas de izquierda pero no practicante", a partir del momento en que "la cátedra de literatura donde [ella] enseñaba se cerró y empezó a dar clases en un colegio secundario donde los alumnos desaparecían" (Arias 2016a:176).

En este dispositivo escénico, se mezclan ficción y no ficción, representación y presentación como elementos constitutivos de un acontecimiento teatral que supera la mera modalidad documental y testimonial. La superposición de cuerpos escénicos, imágenes y sonidos originales (auténticos) se repite en esta creación, con un recurso tan impactante como significativo que radica en el *playback* o sincronización labial de la actriz (y a veces de la hija) y de la voz en *off* de la madre de Lola Arias. En el monólogo de la hija domina la modalidad discursiva, pero da paso a diálogos interpretados por un anciano que hace de marido de la madre y por Elvira, la actriz protagónica. En otras ocasiones estos intérpretes solo actúan gestualmente las escenas narradas por la hija. Por ejemplo, los miembros del elenco representan una clase de gimnasia o conforman un coro que duplica "la filmación del coro original al que va la madre" (Arias 2016a: 168), como puntualizan las didascalias. Todos los artefactos teatrales son visibles y comentados al público invitado a adentrarse en el proceso escénico.

Como en las obras anteriores, la narración de la hija se entrecruza con proyecciones, textos y recuerdos de la madre, canciones para indagar en la historia de la familia, en particular la relación hija/madre y en la historia del país. El escenario crea "espacios de subjetivación que delimitan nuevos modos de organizar la realidad y por tanto de transformarla" (Urraco Crespo 2016: 125). La función heurística y catártica del proceso creativo propio de las tres obras alcanza, en esta última, una dimensión terapéutica al descifrar los traumas y heridas abiertas e intentar conjurar el posible legado de la depresión –"Hija.— Dicen que la enfermedad maniacodepresiva es hereditaria"–, "esta joya maldita que se lleva en la sangre y está siempre al acecho, esperando el momento indicado para tomarte de sorpresa" (Arias 2016a: 187).

7 El golpe de Estado del 24 de marzo de 1976 instauró una dictadura presidida por una junta militar y Jorge Rafael Videla como presidente *de facto*.

Conclusiones

La célula madre que es la familia refleja los rasgos y estragos que conforman una sociedad y una nación en un momento histórico dado, así como su impacto, en diacronía, en el legado transmitido a las generaciones futuras. La reapropiación de la historia de los padres cuestiona la versión oficial de la historia al revelar secretos de familia que pueden ser secretos nacionales, delitos de Estado como el robo de los niños de los opositores a la dictadura o la instrumentalización del mundial de fútbol de 1978 para "producir mayores niveles de equilibrio social y consenso político" (Roldán 2019: 15), enmascarando el terrorismo de Estado.

La trilogía de corte biodramático de Lola Arias excava, en un original entramado pluridisciplinar e intermedial, las memorias de generaciones nacidas en tiempos de dictadura que tejen hilos visibles e invisibles entre su generación y la de los padres. "El día en que nací" (Arias 2016a: 23), primer cuadro de la obra que inaugura la trilogía, constituye el primer eslabón escénico de esta larga cadena memorial que resuena en el título de la segunda *El año en que nací* y la primera frase de la tercera "Cuando yo nací" (Arias 2016a: 146). En estos "espacios de resistencia, resiliencia y transformación" (Dubatti 2011: 74), estos yoes van reconstruyendo su historia personal, familiar y nacional mediante un relato coral y una presencia grupal que se ubican en una línea de tiempo caleidoscópico, observado, documentado y vivido desde fuera –como dobles de riesgo– y desde dentro –cuando el archivo se hace carne y acto–.

Bibliografía

Arias, Lola (2016a). *Mi vida después y otros textos*. Buenos Aires: Penguin Random House Grupo Editorial.

——— (2016b). "Doble de riesgo", in Lola Arias, *Mi vida después y otros textos*. Buenos Aires: Penguin Random House Grupo Editorial, pp. 9–17.

Bénichou, Anne (2016). "Introduction. Le reenactment ou le répertoire en régime intermédial", *Intermédialités*, pp. 28–29. Disponible en: https://www.erudit.org/fr/revues/im/2016-n28-29-im03201/1041075ar/ [Consultado el 10/05/2023].

——— (2018). "Disputer son rôle dans l'histoire : le reenactment dans les pratiques et les institutions de l'art contemporain", in Estelle Doudet y Martial Poirson (dir.), *Reenactement / reconstitution : refaire ou déjouer l'Histoire ?* Coloquio de Cerisy, 22–29 de septiembre de 2018. Audio disponible en: https://www.radiofrance.fr/franceculture/disputer-son-role-dans-l-histoire-le-reenactment-dans-les-pratiques-et-les-institutions-de-l-art-contemporain-5080046 [Consultado el 10/05/2023].

Brownell, Pamela (2009). “El teatro antes del futuro: sobre *Mi vida después* de Lola Arias”. *Telón de fondo. Revista de teoría y crítica teatral*, 10, pp. 1–13. Disponible en: http://revistascientificas.filo.uba.ar/index.php/telondefondo/article/view/9333/8095 [Consultado el 08/05/2023]

Diago, Nel (2012). “Presentación, representación: cuando la realidad se inmiscuye en el teatro”, in Roger Mirza (ed.), *Territorios y fronteras en la escena iberoamericana*. Montevideo: Universidad de la República, pp. 205–215.

Dubatti, Jorge (2011). “El teatro argentino en la Postdictadura (1983–2010): época de oro, destotalización y subjetividad”, *Stichomythia*, 11–12, pp. 71–80. Disponible en: https://parnaseo.uv.es/Ars/stichomythia/stichomythia11-12/pdf/estudio_7.pdf [Consultado el 28/04/2023].

Directores AV (2018). “Entrevista a Lola Arias”. Audio disponible en: https://youtu.be/vNICscOIxS8 [Consultado el 28/04/2023].

González, Cecilia (2020). “Los tiempos del testimonio, el reenactment y la performance enlos proyectos documentales de Lola Arias. De *Mi vida después*(2009) a *Campo minado/Minefield* (2016)”, in Teresa Basile y Miriam Chiani (comps.), *Voces de la violencia. Avatares del testimonio en el Cono Sur*. La Plata: EDULP, p. 150–174. Disponible en: http://www.memoria.fahce.unlp.edu.ar/libros/pm.2751/pm.2751.pdf [Consultado el 28/04/2023].

Hirsch, Marianne (2012). *The generation of Postmemory, Writing and Visual Culture after the Holocaust*. New York: University Press.

Roldán, Diego (2019). “Paradojas del Mundial Argentina ‘78: estilos, inversiones y rituales”, *Cuadernos de Aletheia*, 3, pp. 7–18. Disponible en: http://aletheiaold.fahce.unlp.edu.ar/cuadernos-de-aletheia/archivos-e-imagenes/Cuaderno%203%20entero.pdf [Consultado el 09/05/2023].

Sanchez, Joana (2019). *Un imaginaire du lien : famille et société dans le théâtre indépendant argentin (1975–2015)*. Tesis doctoral. Université de Strasbourg. [Tesis inédita]. Disponible en: https://theses.hal.science/tel-02877080 [Consultado el 17/01/2023].

Sin autor (2005). *La omisión de la familia Coleman*. Programa de mano disponible en: en https://www.timbre4.com/compania/18-la-omision-de-la-familia-coleman.html [Consultado el 28/02/2024].

Tellas, Vivi *et al.* (2017). *Biodrama. Proyecto Archivos*. Córdoba: Editorial de la Facultad de Filosofía y Humanidades de la Universidad Nacional de Córdoba.

——— (2017). “Secuestrar la realidad. Entrevista con Vivi Tellas por Alan Pauls”, in Vivi Tellas *et al.*, *Biodrama. Proyecto Archivos: seis documentales escénicos*. Córdoba: Editorial de la Facultad de Filosofía y Humanidades de la Universidad Nacional de Córdoba, pp. 273–280.

Urdician, Stéphanie (2011). "Représentations de la famille italienne dans le théâtre argentin du XXe siècle", in Nicolas Violle (ed.), *Familles latines en migrations. Représentations littéraires, sociologiques, historiques*. Clermont-Ferrand: Presses Universitaires Blaise Pascal, pp. 173–192.

Urraco Crespo, Juan Manuel (2016). "Apuntes sobre las dramaturgias de lo real en Argentina. Biodrama: el teatro de la vida", *Investigación Teatral*, 6, 9, pp. 115–130. Disponible en: https://investigacionteatral.uv.mx/index.php/investigacionteatral/article/view/2299/4091_[Consultado el 08/05/2023]

Capítulo 2
El microcosmos familiar como espejo de una historia conflictiva

Elena Cano Sánchez*

Doña Elvira, imagínate Euskadi (1986), *La última cena* (2008) y *Los Gondra (Una historia vasca)* (2018): tres periodos distintos para el tratamiento del conflicto y la familia vasca en escena

Resumen: El presente trabajo[1] pretende hacer un repaso por tres periodos distintos de la historia socio-política de España, tres etapas en las que se estrenaron tres piezas teatrales que abordan el conflicto con la banda armada ETA mediante la representación de un conflicto intrafamiliar: *Doña Elvira, imagínate Euskadi* (1986) y *La última cena* (2008) de Ignacio Amestoy Egiguren, y *Los Gondra (Una historia vasca)* (2018), de Borja Ortiz de Gondra. Veremos las estrategias en las que se apoyaron los dramaturgos y creadores escénicos para tratar el conflicto vasco en escena, así como los lugares que ocupan los conceptos *arrepentimiento, perdón* y *reconciliación* en la obra de Ignacio Amestoy y Ortiz de Gondra. Para ello llevaremos a cabo un análisis del texto en relación con la puesta en escena de cada una de las piezas a tratar en el presente trabajo.

Palabras clave: teatro; memoria: ETA; perdón; arrepentimiento; País Vasco

Dirán
que esto
no es
poesía,
pero
yo les diré
que la poesía
es
un martillo.
Gabriel Aresti, 1963.

---

* Universidad Carlos III de Madrid

1 Trabajo desarrollado en el marco de la "Convocatoria de Ayudas para la recualificación del sistema universitario español para 2021–2023, de la Universidad Carlos III de Madrid, de 31 de mayo de 2022" del "Ministerio de Universidades".

Introducción

En la actualidad abunda la ficción acerca del conflicto vasco. Nuestro imaginario colectivo se encuentra profundamente enraizado con la ficción que se ha ocupado de llevar a las pantallas y los escenarios el complejo –y lleno de aristas– asunto de la banda terrorista ETA. Sin embargo, el abandono de las armas en el año 2011 ha supuesto un cambio de paradigma en el tratamiento de la violencia del País Vasco en la ficción[2]. El presente trabajo pretende hacer un recorrido por tres etapas distintas en España, tres momentos en los que se estrenaron tres piezas teatrales que abordan el asunto de la banda terrorista desde un conflicto familiar: *Doña Elvira, imagínate Euskadi* (1986) y *La última cena* (2008), de Ignacio Amestoy Egiguren, y *Los Gondra (Una historia vasca)* (2018), de Borja Ortiz de Gondra. Frente a las estrategias de representación que se llevaban a cabo en los años 80 para hablar de aquello de lo que no se podía hablar, las últimas representaciones teatrales que han abordado este asunto han sido claras en su propósito: veremos en la primera obra que nos ocupa, *Doña Elvira, imagínate Euskadi* (1986), cómo el montaje escénico se dirige hacia el tratamiento de la violencia de la banda armada sin hacer una alusión directa; en *La última cena* (2008) aumenta el carácter metateatral y se explicita el conflicto entre un miembro de ETA y su padre como representante del PSOE; y en la más reciente, *Los Gondra (una historia vasca)* (2018), asistimos a un diálogo directo con el público que invita al espectador a reflexionar sobre la complicidad pasiva superando el maniqueísmo de la sociedad, resultado de la necesidad de simplificar la realidad para hacerla más comprensible. El análisis que se llevará a cabo se centra en los modos de representación de la violencia en escena y en el lugar que ocupan los conceptos *arrepentimiento*, *perdón* y *reconciliación*, conceptos que, si en la primera ficción sobre ETA no tenían cabida, o, al menos, en relación con los victimarios, en la actualidad están cada vez más presentes en la representación de este conflicto a la vez que en el debate público de la sociedad española.

Para llevar a cabo el análisis de la puesta en escena de *Doña Elvira, imagínate Euskadi* y *La última cena*, han sido imprescindibles los textos: *La tragedia de Euskadi*, publicado en otoño de 1986 por Gonzalo Pérez de Olaguer, una fantástica crónica publicada en *Primer Acto* acerca del estreno de la pieza *Doña*

2 Conviene destacar la adaptación de *Los justos* de Albert Camus por la compañía 611 Teatro, que se estrenó en las Naves del Español en el año 2014, así como la trilogía *Rescoldos de paz y violencia*, de Proyecto 43-2, que, en la segunda pieza, *La mirada del otro*, escrita por María San Miguel y Julio Provencio, aborda a través del teatro documento el encuentro entre víctimas de ETA y los disidentes de la banda terrorista.

Elvira, imagínate Euskadi en el festival de Sitges del año 1986; y *Reconciliación*, de Carlos Gil, publicada en el diario *Gara* tras la representación del montaje de *La última cena* en la XVIII Muestra de Teatro Español de Autores Contemporáneos de Alicante el 10 de noviembre de 2010. Ambas crónicas ofrecen datos acerca de la recepción de la pieza que resultan imprescindibles si nos queremos aproximar al análisis del conflicto vasco en la escena española. El caso de *Los Gondra* es otro, la información acerca del estreno por su cercanía temporal afortunadamente abunda y su inclusión dentro del catálogo del INAEM, La Teatroteca, da muestra de la importancia de este recurso que nos permite hacer perdurable, al menos para su estudio, la cualidad efímera del teatro.

Doña Elvira, imagínate Euskadi (1986)

Doña Elvira, imagínate Euskadi[3] es la primera tragedia escrita en Euskadi para hablar del conflicto vasco (Pérez de Olaguer 2012: 29). La fructífera producción de Ignacio Amestoy da cuenta de su compromiso social: es autor de más de treinta piezas teatrales de lo más heterogéneas, sin embargo, en el presente trabajo nos ocuparemos de *Doña Elvira* y *La última cena*, ya que ambas abordan el conflicto vasco y fueron llevadas a escena en dos momentos de la historia española en los que era arriesgado romper el silencio. Veremos en el estudio de *Los Gondra (una historia vasca)* cómo el propio Ortiz de Gondra señala que en los años 90 la voluntad de representación del conflicto de ETA era un suicidio voluntario como escritor (2021: 10). No podemos aproximarnos a la puesta en escena de *Doña Elvira* y a las razones que la constituyen si no tenemos en cuenta que el año 1986 fue unos de los años con más actividad armada de ETA: antes del 14 de julio de 1986, la banda armada había causado 24 muertes, 18 de ellas en Madrid, y el 14 de julio de este mismo año el "comando Madrid" detona un coche bomba matando a 12 guardias civiles y dejando a más de 60 heridos. En este momento histórico-político se estrena *Doña Elvira*[4]. El origen del espectáculo está en un primer texto que parte de las conversaciones de Amestoy con el colectivo, pero durante los meses de ensayo el texto fue mutando hasta en siete versiones distintas como resultado del trabajo conjunto del equipo artístico con el dramaturgo, así como

3 A partir de este momento cuando hagamos alusión a la pieza lo haremos como *Doña Elvira* a fin de hacer más fluida la lectura.

4 *Doña Elvira* fue estrenada el 3 de mayo de 1986, en el Festival Internacional de Teatro de Sitges, por la compañía de Teatro Geroa de Bizkaia, bajo la dirección de Antonio Malonda.

de los comentarios de tipo ideológico que resultaron de la recepción de distintas personas que acudieron a los ensayos.

Las condiciones materiales en las que se realizó *Doña Elvira* fueron complejas: además de ser el resultado de la alianza entre un gran equipo de trabajo, fue una coproducción de entidades estatales y autonómicas. *Doña Elvira* es una tragedia en un acto: se desarrolla el 27 de octubre de 1561, día en el que Lope de Aguirre[5], también conocido como 'el Loco Pinto' o 'el tirano', muere a manos de los realistas tras asesinar a su hija Elvira. La representación del conflicto vasco por medio de la figuración intrafamiliar de un hecho conocido históricamente es un recurso que benefició en la compañía en dos vertientes: por un lado, permitió al autor y a la compañía protegerse de los posibles ataques de la banda armada; por otro lado, según los postulados de Bertolt Brecht, los hechos históricos conocidos por el espectador son de gran utilidad para favorecer en pensamiento pesado (Benjamin 1966). Por ello, la historia de Lope de Aguirre, gracias a su gran tratamiento en la ficción, es una referencia común para el espectador que, conociendo la historia, podrá centrarse en establecer relaciones entre el conflicto en la sociedad del momento y la escena. Según Urrutia, este argumento: "permite establecer un territorio de complicidad en el que los conceptos rebelión, violencia, imperio, autoridad e independencia no hay por qué explicitarlos" (2012: 22). La historia de Lope de Aguirre ha sido fuente de inspiración para novelistas, dramaturgos y directores de cine, sin embargo, *Doña Elvira* no busca hablar de Lope de Aguirre. El propio Ignacio Amestoy escribe lo siguiente en los artículos que acompañaban a la primera publicación de *Doña Elvira*: "porque en *Doña Elvira, Imagínate Euskadi* no se hablaba del loco de Aguirre, se estaba hablando de Txabi Etxebarrieta y de

---

5 Lope de Aguirre (1510–1561) fue un explorador español que participó en la conquista y colonización de distintos lugares de Latinoamérica. En 1560, se embarcó en la expedición de Pedro de Ursúa en busca de las riquezas de Eldorado, que no llegaron a encontrar. Aprovechando el descontento de centenares de soldados, Lope de Aguirre organizó un motín, asesinó a Pedro de Ursúa y tomó el mando de la expedición. Sin embargo, Aguirre decidió hacer un asentamiento en Latinoamérica, rebelarse contra el rey Felipe II y nombrar a Fernando de Guzmán "Príncipe del Perú, Tierra Firme y Chile". Este hecho causó que algunos historiadores consideraran que las acciones de Lope de Aguirre fueron un precedente de la independencia americana. En 1561, sería aprehendido por los colonos asentados en Venezuela, asesinando antes a su hija Elvira para que no quedara en las manos de sus enemigos. Agradecemos al investigador Javier Rodríguez Hidalgo, quien nos aclaró que la figura de Lope de Aguirre es muy estimada en el País Vasco y, por ello, no es casual que Amestoy la eligiera para hablar del conflicto vasco.

ETA, de las tres Euskadis de Arana, de la posibilidad imposible de ser lo que es" (Urrutia 2012:12).

Si el propósito de la compañía y del dramaturgo parecía quedar claro con la elección de este fragmento de historia, queda patente en la edición del año 2012 cuando Amestoy escribe al inicio: "a Txabi Etxebarrieta", quien fue el primer miembro de ETA en cometer un asesinato y ser asesinado por la Guardia Civil. Sin embargo, Pérez de Olaguer señala tras el visionado de la puesta en escena de la pieza que Lope de Aguirre podría ser tanto el vasco que añora la casa del padre, como el vasco armado "que quiere imponer sus objetivos (e imponerse) por la fuerza de la violencia" (2012: 31). Esta ambigüedad que pudiera parecer desprenderse del estreno se debe a las "profundas variaciones" (Urrutia 2012: 10) que Antonio Malonda realizaría. Malonda llegó a afirmar lo siguiente tras el estreno: "La manera en que este personaje es tratado en la obra es manifiestamente una similitud con un comando etarra, contrario a las intenciones que el grupo tiene sobre la obra" (Urrutia 2012: 12). Según Urrutia, la representación y la adaptación de la pieza fue menos valiente de lo que fue el propio Amestoy, no obstante, el resultado final de la obra en la que la autocensura jugó un papel crucial fue productiva:

> La autocensura que ejerció el grupo teatral, hizo que el dramaturgo buscase resolver la obra sobre planteamientos menos directos que, sin dejar de remitir a situaciones conocidas, proporcionaron un valor trascendente que permitía encontrar su hueco a cualquier espectador, aunque su conocimiento de la situación del País Vasco fuera nulo. (Urrutia 2012: 13)

Doña Elvira ganó el Premio Cau Ferrat del festival a la mejor obra, aunque levantó ampollas entre algunos sectores de la sociedad vasca, ya que veían en la pieza una descalificación de la lucha armada. El diario independentista vasco *Egin* llegó a publicar lo siguiente: "la obra merecería participar en el plan antiterrorista de las fuerzas policiales del Estado español" (Urrutia 2012: 10). Esta crítica, según Urrutia, que tuvo ocasión no solo de asistir al estreno de la pieza en Sitges como jurado, sino de acceder al texto original, no pudo basarse más que en una lectura de la primera versión y no en la representación de la pieza. Como se ha desarrollado en la introducción del trabajo, las estrategias escénicas que se llevaron a cabo para la puesta en pie son de gran interés en nuestro análisis, pues a partir de ellas podemos atisbar las intenciones de los creadores, así como el efecto que ello produjo, al menos, en el cronista: "*Doña elvira, imagínate Euskadi* está concebido como un espectáculo a representar en espacios no convencionales. Con el público colocado en gradas y rodeando la escena, que está situada al ras del suelo" (Pérez de Olaguer 2012: 33). La disposición escénica que señala Pérez de Olaguer nos devuelve la imagen de un teatro que pretende desafiar la empatización del espectador con la escena. *Doña Elvira* está compuesta como una gran tragedia cuyo referente absoluto es la Grecia Antigua, por ello parece que la disposición del público quiera devolver el teatro a su virtud original situando a los espectadores en gradas en torno a la escena. El hecho de que el espectador sea conocedor de la historia, así como una disposición elevada de los mismos, empequeñece a Lope de Aguirre y permite una observación de sus actos desde una mirada juiciosa. En cuanto a la interpretación actoral, atendamos a lo que señala el cronista: "También el trabajo actoral, cuyo tono casi de continuo grito puede sorprender a más de uno, contribuye a crear un clima inusual en las representaciones de este país" (Pérez de Olaguer 2012: 33). El tono interpretativo señalado por Pérez de Oleguer parece ser claramente un efecto destinado a distanciar al espectador de la escena, pues continúa señalando "la situación física del público es otro acierto. Sobre todo, la proximidad del espectador, casi rozando a los actores, lo que de pronto y cuando el texto de Amestoy remite a la actual situación de Euskadi, le da un protagonismo que a la fuerza le coloca en situación de reflexión" (2012: 33). Esta valiosísima crónica nos da muestra de la intención de la compañía y del autor[6]: provocar el pensamiento dialéctico, el pensamiento pesado (Benjamin 1966: 3) por medio de hechos que son conocidos para el espectador. Veremos a lo largo del trabajo cómo los efectos de distanciamiento estarán muy presentes en el tratamiento de la violencia vasca en escena, no obstante, en *Doña Elvira* aún no hay una ruptura de la cuarta pared: la pieza sigue las unidades aristotélicas y la parábola que extraerá el espectador deberá ser dispuesta interiormente, no en diálogo directo con la escena. El cronista acaba su crítica demostrando su descontento ante la violencia explícita tras la muerte de Elvira: "Lope de Aguirre es, pienso, consciente de su fracaso. Y como punto de vista personal, creo que ahí debió acabar la obra, porque hasta ahí Amestoy da al espectador suficientes datos para la reflexión. Esa ráfaga de disparos que abaten el cuerpo de Lope de Aguirre no son en absoluto necesarios" (Pérez de Olaguer 2012: 33–34). Esta pincelada de la puesta en escena podría ser pensada de nuevo en dos vertientes: por un lado, la sangrienta muerte de Aguirre puede ir destinada a producir un rechazo hacia la violencia explícita y no simbólica que se da en escena; por otro lado, la crítica puede ir dirigida hacia el modo de resolución del conflicto. Como intentaré desarrollar en las próximas páginas, pareciera que el propio Amestoy fuera ávido lector del cronista, pues decide concluir su pieza, *La última cena*, con una reflexión estética acerca de la violencia y la muerte en escena.

---

6 Recordemos que Antonio Malonda fue pionero en el teatro independiente español, así como en la pedagogía y teoría teatral, y llevó a escena más de cincuenta piezas teatrales entre las que destacan *La excepción y la regla* de Brecht.

La última cena

Si, como acabamos de ver, en los años 80, Ignacio Amestoy y la Compañía Geroa Teatro deciden contar una historia lo suficientemente conocida para que el espectador se centre en establecer lazos con la realidad político-social de Euskadi sin llegar a explicitar el conflicto en escena, en *La última cena*, un texto que nace veintidós años después, pero que dialoga incesantemente con *Doña Elvira*, el conflicto se hace explícito. *La última cena*[7] vuelve a tener como protagonista una relación paternofilial: Xabier, un joven perteneciente a la banda terrorista ETA, regresa a la casa del padre, poderoso símbolo en la cultura vasca, –lo veremos también en *Los Gondra*–, para pedirle que le dé muerte antes de que fallezca a causa de un cáncer terminal. No parece inocente el hecho de que en el año 2008 el representante de ETA en la pieza se presente malherido buscando el reconocimiento del padre antes de morir: tan solo 3 años después, ETA renunciaría a la lucha armada. Una vez más nos encontramos con el asesinato de un padre a un hijo, conflicto que además será señalado al inicio de la pieza:

> Íñigo.— Reflexiono sobre el teatro…
> […]
> Íñigo.— Una tragedia… *La muerte del padre*… ¿Te parece buen título?
> Xabier.— ¿Y *La muerte del hijo*?
> Íñigo.— Si es una tragedia… ¿No es más trágica la muerte de un hijo que la de un padre?
> (Amestoy 2012b: 95)

Íñigo, un escritor de tragedias que, según Ricardo Doménech, podría personificar el punto de vista del Partido Socialista Obrero Español, dialogará con su hijo sobre el sentido de la violencia, las obligaciones familiares y la estética de la tragedia griega, pues el carácter metateatral que se descubre al final del texto ofrece la posibilidad de que Íñigo sea a la vez protagonista y escritor de la tragedia a la que estamos asistiendo. Según Doménech, *La última cena* genera "un planteamiento más amplio, más universal, sobre lo que ha sido el debate de la izquierda –desde los años sesenta– frente a opciones como la lucha armada o la socialdemocracia" (2012: 82). Si de una forma clara, la producción de Amestoy en *La última cena* y *Doña Elvira* se dirige hacia el tratamiento del conflicto con ETA en el País Vasco, las preocupaciones que surgen de este hecho concreto se expanden hacia preocupaciones más generales y universales: "lo vasco, sin que pierda por ello importancia, viene a ser, pues, signo de algo menos apegado a una tierra y a una historia concretas" (Urrutia 2012: 10). *La última cena* sigue una vez más las unidades aristotélicas propias de la tragedia

7 *La última cena* fue estrenada en el Teatro de La Guindalera de Madrid el 15 de abril de 2021 por "Guindalera-Escena Abierta", bajo la dirección de Juan Pastor.

griega y la acción sucede en una noche en la casa de Íñigo, sin embargo, la compleja red intertextual que conforma la pieza parece ir dirigida a provocar nuevamente un extrañamiento ante las palabras dichas en escena. También Carlos Gil señala que en la puesta en escena hubo una mezcla de naturalismo y elementos discordantes, así como el deseo de una verdadera reconciliación:

> La puesta en escena es sobria, sencilla, donde se asienta un clima misterioso, y una especie de elección de disfunción entre ambos personajes, una clave interpretativa muy naturalista en el padre, [...], profunda y un juego extraño de entonaciones y prosodia en el hijo que a veces nos descoloca. Existe química entre ambos, existe drama, pelea escénica, y ese abrazo final, esa reconciliación se convierte, en estos momentos históricos, en una suerte de imagen del deseo que parece se puede hacer realidad en breve. (Gil 2012: 142)

La obra está dividida en tres actos que tendrán lugar una misma noche y cuyos títulos tienen una importancia considerable si atendemos a la dimensión ética del asunto que estamos abordando: "La puerta abierta", "La condena", "El sacrificio". El debate dialéctico que se da en escena entre pragmática y palabra, personificados en Xabier e Íñigo, será interrumpido con cada cita que el espectador deberá descodificar para dotar de sentido a la acción que trascurre frente a sus ojos. Esta acumulación de elementos mitológicos y bíblicos a través de las citas, según Urrutia, aporta un valor de referencia cultural que va tejiendo una complicidad entre texto y espectador con un gran trasfondo. Pero debemos diferenciar las citas en dos órdenes distintos. Por un lado, encontramos las citas bíblicas y filosóficas introducidas por Íñigo que pertenecen a Kundera, Unamuno, Baudrillard, Goethe, Lampedusa, Zambrano, o, Abraham, entre otras. Esto, según Urrutia, "permite aceptar la obra en el interior de un territorio teórico que tiene establecidos sus símbolos" (2012: 9), además de jugar como una estructura de pensamiento que se resignifica en escena. Por otro lado, encontramos las citas que hacen referencia a la idiosincrasia de la tragedia griega, entre las que destacan las referencias a Eurípides y Séneca, que son introducidos para resolver problemas de la forma, pues: "El propósito de crear un teatro trágico plantea muchos problemas al escritor. Amestoy lo sabe y nos lo hace saber" (Doménech 2012: 83). Xabier ha escrito su historia desde la pragmática y desprecia a su padre por su falta de acción[8]. Sin embargo, la tragedia del final de *La última cena* es descrita para los personajes como un momento de gozo, un

8 "Xabier.— Nos han separado demasiadas cosas. Íñigo.— ¿Demasiadas? Xabier.— Cosas, digamos, esenciales... Tú has sido un defensor a ultranza de la democracia liberal y yo no. Tú has creído en la palabra, en la literatura, en el teatro, y yo no. Tú no has creído en la violencia como fuerza transformadora, yo sí... Tú has tenido tu utopía, yo la mía". (Amestoy 2012b: 111)

momento de reconocimiento, pues se saben dueños de su propia vida y llegan a la muerte con lucidez, que es la principal razón de la vida, según Íñigo. Xabier e Íñigo, al igual que Lope de Aguirre, conciben la muerte como la verdadera inmortalidad, por ello el desenlace será el suicidio de ambos, un suicidio que ya no se verá en escena como ocurría con *Doña Elvira*: "Íñigo.— Además, nuestros espectadores, como en las tragedias, no han de ver morir al protagonista…, a los protagonistas… El *decorum* horaciano ha de privarles de ese morboso placer" (Amestoy 2012b: 135). Jorge Urrutia ha señalado que del mismo modo que un autor da y quita la vida a sus personajes, "los hijos reclaman no ser sino un personaje en las manos del padre; buscan así liberarse de responsabilidad" (2012: 23):

> Elvira.— Quiero que la mano que me ha quitado la vida me dé la muerte. Quiero morir sintiendo en mi verdugo la misma pasión que mi enamorado ha sentido, el mismo odio, el mismo horror. Quiero escuchar la misma palabra en mis oídos: ¡Traidor! (Amestoy 2012a: 73).
>
> Xabier.— Yo quiero que me mates. Ese es el conflicto: un hijo quiere que su padre lo mate (Amestoy 2012b: 120).

La muerte se presenta como un alivio en Xabier que encarna el mito de *Sísifo* de Camus, pues aparece como símbolo del trabajo improductivo e inútil. Sin embargo, Camus señala que no hay tragedia en la inconsciencia, por ello Xabier, en un proceso de *anagnórisis*, se dará cuenta del absurdo del esfuerzo durante su vida por empujar la piedra a la cima, una cima en la que no había una recompensa de los dioses, sino una respuesta de su voluntad. También Lope de Aguirre sufre al final un reconocimiento en el que se descubre dueño de su destino: "Se llega a aprender que no hay Dorado alguno, porque se vive la vida como un prófugo hasta retornar a la casa del padre de la que se escapó, descubierta ahora como la tierra prometida que tanto se buscase" (Urrutia 2012: 16).

Pero, mientras que en *Doña Elvira* el conflicto entre Lope de Aguirre y los realistas aparece como insuperable, en *La última cena* se divisa la posibilidad de arrepentimiento y reconciliación. En la primera obra la posición agónica de Lope y los realistas no puede coexistir, en cambio en la segunda se atisba la posibilidad de convivencia y perdón en el abrazo entre padre e hijo:

> Xabier.— Abrázame…
> Íñigo.— ¿Como entonces?
> Xabier.— Más fuerte…
> Íñigo.— No te puedo coger en brazos y llevarte a la cama…
> […]
> Xabier.— ¿Hemos perdido el tiempo?
> Íñigo.— Tal vez, no… Tal vez, tenía que ser así.

> Xabier.— Toda una vida para llegar aquí.
> Íñigo.— Siempre he defendido que las mejores obras son las últimas: *La Orestíada*, en Esquilo; *Edipo en Colona*, de Sófocles; *Las Bacantes*, de Eurípides…
> Xabier.— O La muerte del hijo… (Amestoy 2012b: 133)

Este momento de reconocimiento de vida errada hace alusión a la posibilidad de reconciliación en el País Vasco. Es un momento de reconocimiento del daño acaecido, pues parte de Xabier la idea del error, la posibilidad de cambio:

> Íñigo.— Ha sido el reconocimiento, la anagnórisis… Nos hemos reconocido. Está bien llegar al final de la comedia, o de la tragedia, sabiendo por qué se acaba como se acaba.
> Xabier.— Se puede pensar que todo podría haber sido de manera diferente…
> Íñigo.— Es mejor saber que no saber… Más lúcido.
> Xabier.— Sí… Más lúcido.
> Íñigo.— En la tragedia se busca la lucidez.
> Xabier.— Y la tragedia puede estar en que nos demos cuenta de que nuestra vida ha sido equivocada… (Amestoy 2012b: 134)

Es interesante ver cómo frente a la muerte de Lope de Aguirre en escena que, recordemos, resultó "innecesaria" al cronista, el final de *La última cena* alude con un carácter metateatral a la resolución del conflicto sin presentar la defunción explícitamente. Curiosamente es el único momento de la pieza en el que se alude al espectador:

> Íñigo.— Además, nuestros espectadores, como en las tragedias, no han de ver morir al protagonista…, a los protagonistas… el *decorum* horaciano ha de privarle de ese morboso placer.
> Xabier.— El decoro.
> Íñigo.— La estética y la ética siempre juntas. Lo nuestro no es un suicidio. Es que se acabó la tragedia… Nos acabamos… Para el público, ¿será un final feliz? Tal vez lo sea. (Amestoy 2012b: 135)

Ahora veremos cómo Borja Ortiz de Gondra coge el relevo de Amestoy, que lleva como lema "la estética y la ética siempre juntas", para construir un relato que abre una continua pregunta hacia el pasado con el propósito de sanar y poder mirar al futuro.

Los Gondra (una historia vasca)

Para el análisis de *Los Gondra*[9] es importante hacer hincapié en el cambio de paradigma que supone el abandono de las armas de ETA en el tratamiento de la

9 *Los Gondra* se estrenó en la Sala Francisco Nieva del Centro Dramático Nacional el 18 de enero de 2017, producida por el Centro Dramático Nacional y bajo la dirección de Josep María Mestres.

violencia en el País Vasco desde la fábula. Este hecho abre la posibilidad de comenzar a pensar un futuro desde los conceptos *perdón* y *culpa*, centrales, como ha señalado en repetidas ocasiones Borja Ortiz de Gondra, en su producción dramática (Siles 2017: 40). Si bien la obra de Ortiz de Gondra puede ser estudiada desde distintas corrientes teatrales, *Los Gondra*, como señala Pérez Rasilla, se encuentra emparentada a la tragedia griega que, como hemos visto a lo largo del trabajo, está íntimamente ligada a la concepción teatral de Ignacio Amestoy. De nuevo, vamos a subordinar el análisis de la forma al de las razones que la constituyen: Ortiz de Gondra manifiesta en el *Prólogo* que antecede a la *Trilogía de Los Gondra* que las piezas surgen de la necesidad de escribir para purgar la vergüenza por su insensibilidad como adolescente ante el asesinato de un habitante de Algorta (Ortiz de Gondra 2021: 10). Así, el autor nos habla de la herencia emocional que se transmite por medio de cinco generaciones de la familia Arsuaga a lo largo de cien años, la misma herencia emocional que pesa a Elvira y Xabier y los lleva a pedir muerte o a marcharse del hogar familiar. *Los Gondra* está protagonizada por un dramaturgo que, tras el fin del terrorismo de la banda armada y la muerte de su hermano, decide escribir sobre la historia de su familia, íntimamente relacionada con la violencia vasca. La obra está dividida en tres actos, el acto I se sitúa en los años de plomo (1985), el acto II en la posguerra (1940), y el acto III, en la tercera guerra carlista (1898). Es decir, se parte del pasado más inmediato para hacer una regresión hasta el siglo XIX, como si en este viaje al pasado la intención del autor fuera llegar a la raíz del conflicto en su familia, la familia Arsuaga, de estructura claramente patriarcal, donde el concepto de herencia es central[10]. Herencia de bienes materiales: casa, armario, cartas, cesta de pelota vasca; pero, sobre todo, la herencia emocional, la prolongación de la violencia y el resentimiento derivado de la misma durante más de cien años en la estirpe de la familia Arsuaga. Ortiz de Gondra encuentra en la creación autofictiva un espacio donde reparar el pasado teniendo en cuenta la importancia de la acción en el presente, ya que le permite un acercamiento desde la poética, desde "la verdad de la ficción" (Friedländer 1992), que le es negado desde la historiografía. El cuestionamiento acerca de lo que puede y no inventar estará representado por medio de intervenciones como

10 Son evidentes, además de las señaladas en el trabajo, las similitudes entre las piezas de Ignacio Amestoy y la producción de Ortiz de Gondra, así como entre las direcciones de los tres montajes. Las alusiones al mar, la tierra, la tragedia griega, el regreso del hijo a la casa del padre, la herencia y el continuo diálogo con los muertos tienen un gran peso en las tres piezas. Por motivos de extensión, estos aspectos se desarrollarán en futuros trabajos.

la que apreciamos a continuación, recurso que también utiliza para exponer su necesidad de escribir sobre aquello de lo que nadie habla:

> Alberto.— Esta escena entre tú y yo no ocurrió nunca.
> Ignacio.— Esta escena es solo la ficción, el juego de espejos que imaginará otro Arsuaga dentro de cien años.
> Alberto.— Un Arsuaga mentiroso y fabulador que poco sabe realmente de nosotros. (Ortiz de Gondra 2021: 96)

Ortiz de Gondra ha destacado en repetidas ocasiones su fascinación por los clásicos griegos: por ejemplo, *La Orestíada* de Esquilo ocupa un lugar privilegiado en *La última cena*. Pérez-Rasilla señala que en *Los Gondra* convergen el mito de Caín y Abel, así como los pasos de los Atridas, el linaje descendiente de Atreo que fue castigado por iniciarse con el asesinato de su propio hermano, Tiestes (2017: 14). Así, Ortiz de Gondra, que en diversas entrevistas ha expresado la dificultad que le supuso escribir sobre la violencia y su familia, encuentra la forma de su pieza a través del regreso a Algorta: "Fue difícil hacerla porque había mucho material que yo no conseguía obtener. [...] *Los Gondra* se empezó a construir cuando comprendí que lo que debía relatar era el viaje que hace un escritor, que soy yo, a través de la obra, tratando de hallar ese origen familiar" (Siles 2017: 41). Recordemos que en *La última cena* Íñigo es un escritor y también Amestoy encuentra la forma para hablar del conflicto vasco a través del regreso a la casa del padre.

En el *Prólogo* que arranca la trilogía de *Los Gondra*, el autor nos describe el acontecimiento que da lugar a su escritura autofictiva. Ortiz de Gondra creció en los años ochenta, los denominados años de plomo, en Algorta, un pueblo del País Vasco marcado por la violencia cotidiana de los atentados de ETA. El 12 de mayo de 1980, día en el que Borja cumple quince años, se dirige a jugar un partido de pelota vasca junto a su hermano, Juan Manuel, cuando una chica les avisa de que ha habido un asesinato en el "atajo del Perro Muerto", un callejón estrecho que conecta la Iglesia de *Andra Mari* con el frontón. Al recibir la noticia, Borja y Juan Manuel rodean el callejón, impasibles, hasta llegar al frontón. Este hecho marca la necesidad de escribir un texto artístico que dé cuenta de la insensibilidad de un adolescente, como metáfora de la sociedad vasca del momento, que no responde ante la violencia, sino que colabora por medio del silencio de una forma pasiva con la violencia acontecida en el País Vasco. Así un dramaturgo arrepentido por su complicidad como *espectador indiferente* (Arteta 2010) necesita escribir para contar al mundo aquello que una vez normalizó y calló. Por ello, la autoficción no es un encierro ególatra en sí mismo (Blanco 2018: 24), sino un camino de apertura a los demás, que en *Los Gondra* viene motivado por un sentimiento de culpabilidad: "Tengo esa sensación de culpabilidad, de no haber estado allí, de no haber hecho lo que tenía que haber hecho y un poco la intuición de que la ficción, y a través del teatro, voy a poder contar algo que yo no podría hacer en la realidad" (Gárate Oronoz 2019). Toda la producción dramática del dramaturgo vasco está atravesada por la intención de elaborar una *lectura reparativa*, un acercamiento a la memoria abierto a enfoques conectivos y afiliaciones, "a formas de pensamiento que conectan diferentes experiencias históricas, sobre las que aportan puntos de vista comunes sobre cómo afrontar el pasado en nuestra imaginación presente y futura sin dejarnos apabullar por sus trágicas dimensiones" (Kosofsky Sedgwick 2003: 48). También en el *Prólogo*, el autor señala que desde la década de los 90 no deja de pensar en escribir sobre el asesinato del callejón, pero era un acto prácticamente suicida: "Además del dilema moral, había una cuestión práctica: por entonces, el teatro español era completamente refractario a tratar del terrorismo y si a un autor vivo ya le era difícil estrenar, pretender hacerlo con este asunto era simplemente suicida" (Ortiz de Gondra 2021: 10). Esta reflexión nos devuelve la imagen de una España en la que, o se llevaban estrategias de ocultamiento para hablar del conflicto vasco, como hemos visto que ocurre con *Doña Elvira*, o no era posible estrenar. La última escena de *Los Gondra* muestra el encuentro entre Borja y su prima, Ainhoa, hija de una militante de ETA que tampoco tiene descendencia. ¿Podemos olvidar ahora? Es la pregunta que se impone en este abrupto final. A lo que Borja no contesta, un sonido en *off* de un partido de pelota invade la escena y la obra termina con la acotación "Probablemente, son los niños los que juegan" (Ortiz de Gondra 2021: 100). El hecho de que suenen niños de fondo desafía el fratricidio de *Doña Elvira* y *La última cena* dando muestra de la posibilidad de "reconciliación y perdón" en la familia como metáfora de la sociedad del momento.

Conclusiones

Tras este acercamiento a las puestas en escena y las posibilidades de representación del conflicto vasco en el espacio público, podemos concluir que se da un proceso paralelo – en escena y en la sociedad española– de apertura al tratamiento de la lucha armada en Euskadi. Las piezas estudiadas en conjunto muestran tres etapas en el tratamiento del conflicto vasco, tres mensajes distintos que van cediendo gradualmente hacia el perdón y la reconciliación. Recordemos que *Doña Elvira* es representada en un momento altamente conflictivo como producto de la violencia ininterrumpida de ETA. Por ello, su puesta en escena forma parte de un teatro un tanto más convencional que busca representar por medio de un hecho histórico la situación en el País Vasco. Además, se evita la alusión directa al espectador, aunque se le sitúa muy cerca "rozando casi la mano de los actores"

(Pérez de Oleguer 2012: 33), lo que busca hacerlo partícipe de lo que sucede en escena. En la composición dramatúrgica está muy presente la tragedia griega, por tanto, no hay una resolución del conflicto por ambas partes: Lope de Aguirre, Txabi Etxebarrieta según el dramaturgo, muere a manos de los realistas, es decir, no se atisba el modo de convivencia entre ambas partes.

Transcurren veintidós años de la puesta en escena de *Doña Elvira* e Ignacio Amestoy escribe una nueva tragedia en tres actos: *La última cena*. En esta ocasión, a pesar de volver a escoger una relación paternofilial para enfrentar dos posiciones en escena, el tratamiento del conflicto es sustancialmente distinto: Xabier se reconoce dueño de su destino y atisba la posibilidad de cambio tras el encuentro con su padre. Además, se hace más explícito el conflicto, ya que ahora sabemos que Xabier es un miembro de ETA y su padre del PSOE, y que el cáncer terminal de Xabier es una metáfora de la llegada de la banda terrorista al fin de sus días. Por ello se hace posible el abrazo entre dos partes como símbolo de la posibilidad de convivencia en el País Vasco. Recordemos que además es un momento en el que en la política española se disputa la situación de los derechos de los presos de ETA, el acercamiento a las cárceles vascas e incluso, en algunos círculos, se debate en el espacio público su condición de víctimas por la violencia del Estado español ejercida contra ellos. Como reflejo, la puesta en escena está más abierta al diálogo con el público. Podemos observar cómo a la vez que se avanza en la libertad para el tratamiento del conflicto en escena, también los montajes van involucrando progresivamente al espectador en la misma: se abre la posibilidad de diálogo, de reconciliación y de perdón.

Por último, llegamos a *Los Gondra*, una pieza claramente autoficcional que no busca resguardarse en la ficción para hablar de ETA, sino que involucra al espectador en la acción por medio de los monólogos del propio dramaturgo. Las condiciones en las que se construye el montaje son distintas, la banda armada ha dejado las armas y por tanto es necesario hablar abiertamente de los conceptos *perdón* y *arrepentimiento*. Borja Ortiz de Gondra se presenta en escena como un dramaturgo que necesita del diálogo con su familia y con la historia de la misma para sanar, es decir, parece dejar clara su posición sobre el conflicto en el País Vasco acerca de la necesidad del diálogo, de la memoria y del perdón. El propio autor ha declarado en distintos medios de comunicación que la lucha contra el olvido impuesto es fundamental para sanar: "Piensa que no hay que pasar nunca la página porque no se pidió perdón y hasta que ese dolor no se reconozca, no se puede pasar la página. [...] Yo, personalmente, creo que debemos leer la página hasta el final, pero una vez que la hayamos leído, habrá que pasarla" (Gárate Oronoz 2019). *Doña Elvira, imagínate Euskadi, La última cena* y *Los Gondra (una historia vasca)* son el reflejo de tres momentos distintos de la historia española en la lucha contra el silencio.

Bibliografía

Amestoy Egiguren, Ignacio (2012a). *Doña Elvira, imagínate Euskadi*, in Ignacio Amestoy Egiguren, *Doña Elvira, imagínate Euskadi. La última cena*. Madrid: Fundamentos, pp. 35–75.

——— (2012b). *La última cena*, in Ignacio Amestoy Egiguren, *Doña Elvira, imagínate Euskadi. La última cena*. Madrid: Fundamentos, pp. 85–139.

Arteta, Aurelio (2010). *Mal consentido. La complicidad del espectador indiferente*. Madrid: Alianza Editorial.

Benjamin, Walter (1966). *Brecht. Ensayos y conversaciones*. Montevideo: Arca Editorial.

Blanco, Sergio (2018). *Autoficción. Una ingeniería del yo*. Madrid: Punto de Vista Editores.

Doménech, Ricardo (2012). "Acercamiento a *La última cena*", in Ignacio Amestoy Egiguren, *Doña Elvira, imagínate Euskadi. La última cena*. Madrid: Fundamentos, pp. 77–83.

Friedländer, Saul (ed.) (1992). *Probing the Limits of Representation: Nazism and the 'final Solution'*. Cambridge: Harward University Press.

Gárate Oronoz, Antonio (14/01/2019). "La hora cultural", *RTVE*. Disponible en: https://www.rtve.es/play/videos/la-hora-cultural/hora-cultural-14-01-19/4939489/ [Consultado el 13/03/24].

Gil, Carlos (2012). "Reconciliación" in Ignacio Amestoy Egiguren, *Doña Elvira, imagínate Euskadi. La última cena*. Madrid: Fundamentos, pp. 141–142.

Kosofsky Sedgwick, Eve (2003). *Touching Feeling. Affect, Pedagogy, Performativity*. Durham: Duke University Press.

Ortiz de Gondra, Borja (2021). *Los Gondra (Trilogía)*. Madrid: Punto de Vista Editores.

Pérez de Olaguer, Gonzalo (2012). "La tragedia de Euskadi", in Ignacio Amestoy Egiguren, *Doña Elvira, Imagínate Euskadi. La última cena*. Madrid: Fundamentos, pp. 29–34.

Pérez-Rasilla, Eduardo (2017). "*Los Gondra (una historia vasca)*, de Borja Ortiz de Gondra", in Borja Ortiz de Gondra, *Los Gondra*. Madrid: Centro Dramático Nacional, pp. 9–25.

Siles, Luis Eduardo (30/01/2017–05/02/2017). "Borja Ortiz de Gondra, dramaturgo 'Los vascos somos un pueblo ensimismado en el pasado'", *El siglo*, 1185, pp. 40–42. Disponible en: https://elsiglodeuropa.es/hemeroteca/2017/1185/1185cultura_Ortiz-de-Gondra.pdf [Consultado el 13/03/24].

Urrutia, Jorge (2012). "El héroe a los pies de la montaña, reflexiones sobre dos obras de Ignacio Amestoy", in Ignacio Amestoy Egiguren, *Doña Elvira, imagínate Euskadi. La última cena*. Madrid: Fundamentos, pp. 7–28.

Marina Ruiz Cano*

Todos los viernes, cena de Enkarni Genua: la familia en la cuerda floja

Resumen: Este artículo analiza la obra *Ostiralero afaria* (*Todos los viernes, cena*) de Enkarni Genua, publicada en 2001. Se ponen de relieve las tensiones que emergen en el seno de una familia vasca como consecuencia del contexto terrorista en el País Vasco y las diferencias ideológicas que dividen a la sociedad a partir de dos conceptos divergentes de nación. Asimismo, el texto muestra los principales problemas a los que se enfrenta la juventud de la época, en particular el desempleo y la incomunicación, lo que refleja la realidad sociopolítica de la época, en particular ante el avance de las nuevas tecnologías y su peso creciente en los hogares del estado español. Por último, se observará la emancipación de la madre y su papel a la hora de propiciar la reconciliación familiar. Esta obra adopta una óptica esperanzadora que contrasta con la mayoría de las obras de temática vasca, más centradas en representar la tragedia familiar y nacional y donde el futuro apenas se contempla.

Palabras clave: teatro vasco; Enkarni Genua; familia; terrorismo; incomunicación; mujer

"*Begira ezak etxea, begiraturen hai etxeak*[1]" (Azkue 1989: 125)

Introducción a la familia en el teatro vasco contemporáneo

La estructura familiar en la producción dramática del País Vasco es un motivo constante, al igual que en la tradición escénica española, que aborda sin embargo cuestiones propias a este territorio y a su proyecto nacional. Los pilares de la familia vasca, centro de la tradición nacionalista sabiniana, dependían directamente del peso de la tradición, del legado, del apellido y de la conservación de la casa, que perpetuaba precisamente el apellido. El desarrollo de la nación vasca encuentra pues un correlato directo en las relaciones intrafamiliares, trasunto de disputas ideológicas o políticas. De manera global, la familia es un lugar de aprendizaje, desde la adquisición de las tradiciones o la lengua

* Le Mans Université (CRIIA, Université de Nanterre)

1 Traducimos: "Cuida de la casa y ella cuidará de ti".

hasta el saber estar en comunidad. Constituye la institución social por excelencia, a juzgar por la definición de la Declaración Universal de los Derechos Humanos: "La familia es el elemento natural y fundamental de la sociedad y tiene derecho a la protección de la sociedad y del Estado" (ONU 1948). Su socavamiento pone en peligro los cimientos de la sociedad, del mismo modo en que la destrucción del hogar familiar implica la pérdida de la memoria que contiene. Sin este espacio de seguridad, educación y afecto, el individuo corre el riesgo de convertirse en disfuncional y de perpetuar relaciones problemáticas, incluso violentas. Según Claude Lévi-Strauss, "sería, pues, erróneo abordar el estudio de la familia con un espíritu dogmático. A cada instante, el objeto que creíamos haber asido se nos escapa" (1983: 70). Para él, el problema que plantea la familia es una cuestión capital en el contexto de la organización social (Lévi-Strauss 1967). La evolución de la familia contemporánea repercute pues en todos los ámbitos de la sociedad, desde la escuela hasta las creencias. De nuevo según Lévi-Strauss, no habría sociedad sin familias, pero tampoco habría familias si no hubiera ya una sociedad (1986: 11). La relación es por lo tanto bidireccional: si la crisis de aquella trastoca la organización social y la transmisión cultural, los conflictos familiares son a su vez una fiel reproducción de las relaciones en sociedad, como afirma el dramaturgo Borja Ortiz de Gondra (Oliveira Lizarribar 07/02/2020).

Uno de los dramaturgos que más ha teatralizado los conflictos internos en la familia desde un punto de vista histórico, político y emocional es el bilbaíno Ignacio Amestoy, y lo ha hecho de varias maneras. Por un lado, varias obras aluden, de manera implícita o explícita, a la violencia en el territorio vasco, como es el caso de *Ederra* (1980), *Doña Elvira, imagínate Euskadi* (1985), *Durango, un sueño. 1439* (1989), *Gernika, un grito. 1937* (1994), *Elisa besa la rosa. Elixa* (1988), *Betizu. El toro rojo* (1991), *¡No pasarán! Pasionaria* (1993) y su magistral *La última cena* (2012), texto con el que parece cerrar su escritura sobre el terrorismo vasco. Por otro lado, Amestoy también ha escrutado los lazos familiares en la historia de España en su saga sobre los Borbones –compuesta de *Violetas para un Borbón. La reina austriaca de Alfonso XI*, *Adiós, Borbón. Las reinas de Alfonso XIII* o *El Borbón rojo. La larga jornada del Conde de Barcelona*–, a partir de un prisma mucho menos trágico si lo comparamos con sus obras de temática vasca. En todas ellas –tanto en sus comedias como en sus tragedias–, se encuentran elementos que permiten problematizar la evolución de los modelos familiares a la par que ponen de relieve las mutaciones sociales y los cambios en las mentalidades vasca y española, con un énfasis especial en las cuestiones de género y en la desintegración de las relaciones familiares (Ruiz Cano 2019).

También cabe citar las representaciones teatrales en torno a la familia en el teatro de Borja Ortiz de Gondra. Su *Trilogía de los Gondra*[2], analizada en otro trabajo de este volumen, es sin duda el caso más paradigmático, pero el germen de sus reflexiones en torno a la familia dividida y a la violencia ya estaban en *Mane, Thecel, Phares* (1998) y *Del otro lado. Danzón* (2001), ambos publicados por primera vez en la revista *Primer Acto. Las guitarras de la vieja Izaskun* (1979) de Alfonso Sastre, reescritura de *Gewehre der Frau Carrar* (1937) de Bertolt Brecht adaptada al contexto vasco durante la guerra de España, también se articula en torno a la destrucción viral y simbólica de la familia por culpa de los conflictos bélicos. En fin, la profanación del espacio familiar y de su memoria, ya sea de manera directa o metafórica, aparece asimismo en la producción de autores menos conocidos, como en *Bilbao. Lauaxeta, tiros y besos* (2002) de Maite Agirre, *El "Mendieta"* (2003) de Carlos Panera u *Ostiralero afaria* (2001) de Enkarni Genua.

Si nos centramos en los textos del siglo XXI, es significativo el hecho de que la casa o el negocio familiar se destruyan, lo que pone en jaque la pervivencia de la concepción tradicional de la familia y la sociedad en el contexto vasco. En efecto, como señala Arturo Campión, "la unidad social por excelencia en el pueblo euskaldun es la casa" (Caro Baroja 1982: 12), por lo que su ruina hace tambalear los cimientos de la nación en construcción. Si tradicionalmente la economía vasca se articulaba en torno al *baserri* (el caserío), la industrialización -tan denostada por los nacionalistas tradicionalistas- ha ido modificando la economía familiar a la par que se ampliaban los espacios de socialización, de ahí que los lugares de memoria en las obras de Maite Aguirre y Carlos Panera sean un bar y un restaurante, o un frontón en la *Trilogía de los Gondra*. La descripción de estos lugares, con fisuras, llenos de polvo y cuya pintura ha perdido el color, es sintomática de un cambio de régimen que cuestiona la metonimia entre familia y bienestar. No solo demuestra el naufragio de esta institución, querida por las normas de la tradición o impuesta por las condiciones socio-políticas externas, sino que además hace emerger un sentimiento melancólico inmovilizador incapaz de proponer nuevas realidades. La memoria descompuesta revelada por estas ruinas atañe también a la identidad individual y colectiva, articulada en torno a recuerdos y

2 Hemos estudiado estas obras a partir de las nociones de huella, así como su relación entre memoria y paisaje sonoro, en dos artículos de próxima publicación: "Sonotopes et mémoire dans l'œuvre théâtrale de Borja Ortiz de Gondra", in Beat Föllmi e Isabelle Reck (eds.), *Trous de mémoires. Traces et fissures* y "Borra las huellas, pero di nuestra herida': huellas crepusculares en la *Trilogía de los Gondra,*" in Aliénor Asselot y Lisa Garcia (eds.), *La Trace*. Madrid: Colección Casa de Velázquez.

figuras fantasmagóricas del pasado, en particular referentes a la madre o a la hija o hijo ausente.

Frente a la tragedia que supone el constatar la desaparición del refugio familiar, nos gustaría centrarnos en la mirada optimista que propone Enkarni Genua en 2001, y en la manera en la que los personajes de su obra *Ostiralero afaria*[3] consiguen superar sus desavenencias a pesar de las diferencias ideológicas entre los hermanos. En este sentido, esta obra supone un contrapunto a la producción dramática, y trágica, relativa a la familia vasca, cuya rehabilitación no suele operarse. El punto de partida de la obra es la decisión de Miren, la madre de la familia, de invitar a sus cuatro hijos a cenar para darles una noticia importante. No está segura de que la velada salga bien, y tiene miedo de que los hermanos mayores (Iñaki, de 35 años, y Koldo, de 30) acaben discutiendo como siempre. En primer lugar, observaremos las tensiones producidas por las diferencias ideológicas entre los dos hermanos mayores, cuya concepción de nación diverge. A continuación, y junto a esta incomunicación, señalaremos otros problemas que atañen a los hijos menores y cómo esta situación destiñe sobre las relaciones de la familia. Por último, se subrayará el papel de las mujeres, en particular de la madre, a la hora de hacer posible la reconciliación familiar.

División nacional, división familiar

Como precisa el paratexto que precede al *dramatis personae*: "Esta obra puede ocurrir en cualquier lugar del mundo, pero sucede en el año 2000 en el País Vasco. Es en ese contexto donde cobra todo su sentido" (Genua 2001: 22). La dramaturga insiste en la necesidad de este anclaje espacial para que la obra adquiera verdadero sentido, puesto que su objetivo es problematizar el enfrentamiento fraterno por motivos políticos en el contexto vasco, y explorar sus consecuencias en los demás miembros de la familia, metáfora de la sociedad vasca en el cambio de siglo.

La trama gira en torno al reto de reunirse cada viernes durante todo un año para recibir una herencia de 40 millones de pesetas (240 000 euros), según lo establecido en el testamento de la tía paterna: "Todos los viernes, durante un año, tienen que cenar en la casa familiar todos juntos. En estas cenas, deberán hablar de todo, sin ofenderse mutuamente, sin ira, sin odio" (Genua 2001: 36). La dificultad de hablar con sinceridad y sin herir los sentimientos del otro se pone de manifiesto desde el principio como uno de los problemas a los que se enfrenta la familia, y la sociedad vasca en general. Para Miren, el personaje materno, esta

---

3 La obra se escribió originalmente en euskera, pero en este trabajo citaremos su versión castellana, publicada en el número 289 de la revista *Primer Acto*.

tarea sería sencilla si Iñaki y Koldo no hablaran de política: "¿Por qué no dejará en la puerta de la casa sus ideas políticas? No sería tan difícil" (Genua 2001: 22). Ambos personajes se representan de manera bastante esquemática y caricatural, tanto en su aspecto físico como en sus reacciones. Por un lado, Iñaki, el hijo mayor, es más bien conservador y es gerente de una empresa. Se jacta de haber estudiado para montar su propia empresa y crear así puestos de trabajo, por lo que considera que ha respondido a las necesidades de la sociedad. Vive por y para su trabajo, y su pareja es hija de un gran empresario que les ha regalado una casa, por lo que su día a día está bastante alejado de la realidad de sus hermanos. Por otro lado, Koldo parece más joven de lo que es, sin duda por su atuendo informal, el pendiente que lleva y su actitud burlona. A pesar de hacer constantemente bromas, ha pasado dos años en la cárcel de Carabanchel por su colaboración estrecha con ETA, que no se nombra directamente, por lo que seguramente se trate de una militancia en organizaciones afines, como Jarrai (1979–2000) o Herri Batasuna (1978–2001) si tenemos en cuenta la cronología y la fecha de escritura. El hecho de que solo estuviera encarcelado dos años, así como las frecuentes reuniones semanales que tiene, apoyan esta lectura. Estas diferencias ideológicas han ido cavando con el tiempo una enorme fosa que separa a ambos hermanos debido a su concepción de la cuestión vasca. La divergencia llega a un punto de inflexión durante el encarcelamiento de Koldo, a quien Iñaki nunca va a ver, lo que provoca que Koldo deje de admirar a su hermano mayor, que cae del pedestal para siempre. Desde entonces, lo reproches se encadenan, sobre todo de la parte de Iñaki, que no deja de echarle en cara a Koldo que estuviera en la cárcel cuando el padre de ambos murió:

> Iñaki.— (*En voz baja, hablando para él*) Sí, ese día en casa faltaba uno. ¡El mismo de siempre! ¡Claro!, estaba de vacaciones… ¡en Carabanchel!
> Koldo.— (*Dolido, con ironía*) ¿Puedes hablar un poquito más fuerte Iñaki? No te he oído muy bien.
> (*Silencio*)
> Koldo.— (*Enfadándose*) ¡Repítelo de nuevo! ¡No, claro! Eso es precisamente lo que más me jode de ti. Que no tienes huevos para decirme a la cara lo que piensas. Siempre metiendo cizaña a la madre, siempre hablando mal de mí con Espe… (Genua 2001: 36)

Esta escena no solo subraya la animosidad entre los dos hermanos, sino que también pone de manifiesto la hipocresía y la cobardía de quienes no se atreven a decir las cosas cara a cara. Al expresarse de manera indirecta, envenenan aún más la relación. Iñaki, por ejemplo, insiste delante de su madre en el hecho de que Koldo es el culpable de las desgracias que acontecen a los directivos de la empresa:

> Iñaki.— El padre de Luchi está preocupado.
> Amá.— ¿Qué pues?
> Iñaki.— Uno de sus socios ha recibido una carta.

Amá.— ¿Una carta? ¿Qué clase de carta?
Iñaki.— (*Con ironía*). De esas que mandan los amigos de tu hijo. Ya sabes, haciendo chantaje, pidiendo dinero. Como no tienen demasiada afición a trabajar…
Amá.— (*Enfadada*) ¡Por favor Iñaki! Da la impresión de que tu hermano tiene la responsabilidad de todas las cosas que pasan, y sabes muy bien que eso no es así.
Iñaki.— Responsabilidad… bueno, igual no. Pero mal del todo no le parece. Si no, ya diría algo.
(*Silencio*) (Genua 2001: 27–28)

Las suposiciones sobre lo que la otra persona piensa ahondan la enemistad, pues cualquier disculpa es interpretada como falsa o matizada, y la desconfianza construye una barrera infranqueable. Así, cuando resulta que es el suegro de Iñaki el que recibe una carta de extorsión, Iñaki se muestra empático y dice que lo siente, pero su hermano está convencido de que en cierto modo respalda esa extorsión pues, como concluye Koldo, "esto es una guerra. A veces el sufrimiento les toca a unos, y otras veces a otros" (Genua 2001: 39). La madre, obviamente, quiere que sus hijos pasen página y olviden sus rencillas pasadas, pero ellos no están dispuestos a hacerlo. El conflicto vasco es tan fratricida como la guerra española, con familias destrozadas y hermanos en bandos diferentes. Los lazos familiares no cuentan porque todo está subordinado a la ideología: la filiación natural y biológica es sustituida por la filiación cultural y política. La mayoría de los diálogos entre ambos están salpicados por el silencio, y su proliferación es sintomática de una incomunicación omnipresente que no caracteriza únicamente la relación entre los hermanos, sino que también alcanza a los demás miembros de la familia.

Incomunicabilidad

La imposibilidad de entablar un diálogo efectivo es una de las consecuencias de la violencia en una sociedad, y esconde tanto el miedo como las inquietudes del sujeto. Como indica Florencio Domínguez, el silencio y el miedo son dos factores determinantes en la sociedad y en la manera en la que el individuo va construyéndose como persona:

> La historia de los últimos 25 años en el País Vasco no podrá entenderse en toda su complejidad si no se tiene en cuenta un factor que la atraviesa a lo largo de este periodo: el miedo. Una parte notable de su población, posiblemente la mayoría, ha vivido este tiempo bajo el temor, más o menos intenso según las épocas. Este sentimiento, negado y oculto las más de las veces, a menudo ha condicionado el comportamiento de los ciudadanos, ha alterado profundamente valores sociales básicos y ha distorsionado la vida pública. (Domínguez 2003: 17)

Estos valores sociales básicos a los que se refiere Domínguez se empiezan a forjar en casa, antes de abandonar el espacio íntimo de la familia y pasar a la esfera pública. Así, las reservas a la hora de expresar su opinión política son patentes ya en el ámbito privado, en donde se identifican comportamientos excesivamente cautelosos que vuelven difícil, si no imposible, toda comunicación espontánea. La incomunicabilidad resultante se materializa en la obra de Enkarni Genua a través de varias situaciones en las que los miembros de la familia no se escuchan –ya sea porque no quieren o porque son incapaces de ello– o no se expresan. Abundan así las acotaciones que indican momentos de silencio, como hemos avanzado, pero también son significativos los pasajes, también numerosos, en los que el personaje habla para sí mismo, en voz baja, adopta un tono irónico o imita a su interlocutor para hacerle saber que no está de acuerdo, ni quiere buscar consenso. Esta manera pueril e infructuosa se vuelve especialmente notoria en las escenas metateatrales de *Todos los viernes, cena*, impulsadas por Koldo, en las que trata de ocultar la incapacidad para dialogar con sus hermanos sin conflictos. Los rasgos infantiles se extienden a través del juego, en su sentido lúdico y teatral, en los diálogos vacíos sobre el tiempo o la ropa que Koldo y Espe se disponen a improvisar, porque es la única manera de evitar discusiones en una familia destruida. Por supuesto, es una escapatoria, un intento de cordialidad que se queda en nada, ya que estos momentos de comedia resultan completamente artificiales y risibles.

Las desavenencias que en un principio solo se debían a las diferencias políticas de los dos hermanos mayores terminan por empapar todas las relaciones familiares, pero comparten un denominador común: Iñaki. El hermano mayor quiere controlar en cierto modo el avenir de los hermanos pequeños, acaso desempeñar el papel del padre ausente, muerto demasiado pronto –no es anodino que padre e hijo compartan el mismo nombre, Ignacio e Iñaki, en castellano y en euskera–. Este empeño en dar consejos a Espe sobre su relación, que condena claramente, o en criticar la actitud de Gorka, no hacen sino añadir aún más tensión a la familia. Su voluntad de imponerse en la familia, de la misma manera que lo hace en sociedad por medio del trabajo, es innegable cuando intenta sonsacar a su madre información sobre la reunión antes de la cena en vez de esperar como sus hermanos, mostrando así que se considera superior a ellos. El hermano pequeño, por su parte, adopta una actitud radicalmente distinta, y en varias ocasiones busca en la música y en la televisión un refugio para aislarse del resto de su familia: "Gorka ha entrado en la sala escuchando música con un casco y llevando con la cabeza el compás. Coge un libro de la biblioteca y sin hacer ni caso vuelve a salir por donde había entrado" (Genua 2001: 23). Incluso durante la conversación que sigue a la cena, a la que Miren da mucha importancia, Gorka prefiere encender la televisión y hacer *zapping*. Sin embargo, esta actitud no responde a una falta de educación como podría parecer a primera vista, sino que se trata de una estrategia para huir del conflicto y poder soportar las tensiones que reinan entre los demás miembros de la familia. Simplemente quiere mantenerse al margen de las discusiones, pero sin ser ajeno a ellas, como demuestra su intervención final, en la que es el único capaz de decir a cada uno lo que de verdad piensa de ellos. Su alegato final –"Me gustaría ser capaz de poder hablar con mis hermanos. Sin odio y sin rencor. Hablar. Simplemente eso" (Genua, 2001: 40)– es una puerta abierta a la reconciliación, que sus hermanos mayores terminan por considerar, aunque el final queda abierto.

Por otra parte, hay temas que se evocan en la familia, pero sobre los que Miren hace oídos sordos, como la relación de su hija con Dani, un hombre casado y con un hijo. Como señala Espe, los únicos temas de los que se puede hablar son los que a Miren le convienen; es decir, cualquier cuestión que no suscite debate ni sea polémico: "en nuestra casa, para conseguir esa paz que a ti tanto te gusta, tienes que reconocer que los temas de conversación son pocos. Los cotilleos de las vecinas, nuestras trastadas infantiles, lo que pasa en el culebrón de la tele…" (Genua 2001: 23). La relación entre la madre y la hija es de un cariz diferente, probablemente dominada por los sesgos de género de la sociedad vasca, y española, de finales del siglo XX.

Hacia la emancipación femenina

Todas las mujeres de esta obra están asociadas al valor. Cuidan de su familia, la protegen y velan por su bienestar, convirtiéndose en el motor de su supervivencia: "Venga amá, tú y yo, como siempre. En esta casa somos las mujeres las que tenemos más fundamento" (Genua 2001: 38). La persona que impulsa la convivencia y el entendimiento entre los hermanos es también una mujer, la tía Felisa, personaje ausente en el *dramatis personae*, pero cuya última voluntad mueve los hilos de la fábula. Su imagen está presente a lo largo de toda la obra a través de la fotografía que se describe en la primera didascalia y sobre la que caerá la luz cenital al final.

El peso de la figura materna en la ficción se deriva de la autoridad moral de las madres en la sociedad. A pesar de las dificultades que a veces encuentran para imponerse, su voz impregna el hogar familiar y a sus habitantes. En este sentido, Enkarni Genua afirma en un encuentro con Borja Ortiz de Gondra, y que precede a la publicación de esta obra en *Primer Acto*, que "[e]n la generación a la que pertenezco, por lo menos en el País Vasco, la madre ha sido un personaje básico en el núcleo familiar. Sobre ella y sobre las hermanas ha girado la marcha de la casa. La madre ha sido el elemento estabilizador, la columna sobre la que se ha apoyado el resto de la familia" (2001: 14).

Los papeles están claramente repartidos: la mujer debe garantizar la reproducción y la aportación afectiva, mientras que el hombre debe producir. Es la idea que se desprende del estudio *La familia en la CAV* del Gobierno vasco, que describe las funciones de cada miembro de la familia como sigue: "El padre, rol instrumental, productor de los medios económicos; la madre, rol reproductor, encargada de asegurar la sucesión; así como de la nutrición, educación y cuidado de los miembros familiares; y los hijos, que debían interiorizar las normas y preceptos del padre" (Eusko Jaurlaritza 2002: 15). Este es precisamente el modelo familiar en *Todos los viernes, cena*, obra en la que Miren no trabaja fuera de casa, sino que solo se ocupa de sus hijos, y ni siquiera conoce la situación financiera de la familia. Esas cuestiones las gestiona Ignacio hasta que fallece prematuramente de un infarto, y es a partir de ahí cuando Miren irá poco a poco encontrándose a sí misma.

Su emancipación pasa por la reivindicación de su propia identidad, evidente cuando por fin consigue deshacerse del apellido de su marido. Si hasta la muerte de Ignacio, ella estaba aislada y no tenía amigos propios, cuando se queda viuda descubre el lado positivo de la soledad y aprende a estar sola, sin un hombre a su lado, a pesar de la presión social:

> "Vamos a ir a bailar, y ya vas a ver qué bien lo pasamos. Tienes que olvidar de una vez, Miren" … ¿Olvidar? ¿Y por qué? Yo no tengo nada que olvidar. Esta es mi vida y se acabó. […]
>
> Contigo vivía de maravilla, pero ¿quién era yo? Pues la señora de Ignacio Goytisolo, o la amá. ¿Con quién salía de paseo? Con los amigos de Ignacio Goytisolo. ¿Cómo iba la economía de la casa? Eso lo sabía muy bien Ignacio. Y así con todo. Y ahora me he tenido que espabilar, ¡qué remedio! Hasta he recuperado mi nombre. Por supuesto que sigo siendo la viuda de Ignacio Goytisolo y es para mí un orgullo llevar ese título, pero en muchos sitios soy Miren Hernández. Simplemente Miren y, entiéndelo bien… me siento a gusto conmigo misma. (Genua 2001: 32)

Esta escena ocupa un lugar central en la obra y sirve de bisagra entre los dos actos que la componen. Se trata de un monólogo de Miren en el que no solo da cuenta de cómo ha cambiado su vida, sino que también explica cómo la muerte de Ignacio afectó a sus hijos –a todos menos al mayor–, estableciendo una correlación entre la historia familiar y la historia social de cada individuo.

En este monólogo, dirigido en realidad a su difunto marido, Miren hace hincapié en cómo esta experiencia trastornó su vida cotidiana y, sobre todo, en la manera en la que este dolor propició un cambio vital que le abrió nuevas puertas. Su reafirmación individual traduce una etapa en la destrucción del modelo de familia nuclear y atestigua una transformación de las relaciones interpersonales, en las que la mujer ocupa su lugar en la esfera pública. Se corresponde pues con las nuevas actitudes y valores que surgen en la sociedad de la época, como la democratización, la libertad de elección y la individualización femenina (Eusko Jaurlaritza 2002: 20). Esta libertad de elección es más manifiesta en el caso de Espe, quien defiende a capa y a espada la relación que ella ha elegido a pesar de las críticas de la familia y de las convenciones.

Conclusión

Esta obra pone de manifiesto las tensiones intrafamiliares de la sociedad vasca, en particular entre aquellos miembros que han crecido de manera consciente; es decir, que ya eran al menos adolescentes, durante los años más duros del terrorismo, en particular la década de los 80 y 90. Las diferencias generacionales son evidentes cuando observamos las preocupaciones mayores de cada hermano, en donde notamos una distancia entre los tres mayores (nacidos en 1965, 1970 y 1972) y el benjamín (nacido en 1984 y bastante más ajeno al conflicto vasco).

Es precisamente este personaje, Gorka, quien al final va a abrir el camino a la reconciliación entre los hermanos, y quien se va a imponer a un hermano mayor condescendiente y a la vez altivo, que considera que Gorka no es legítimo para dar su opinión por su edad, a pesar de que la situación atañe a toda la familia, Gorka incluido. Este paso adelante propiciado por las nuevas generaciones aparece con más vehemencia en otras producciones dramáticas, pensemos en la evolución del personaje de Edurne en *Trilogía de los Gondra* o en los personajes anónimos, niños, sobre los que se construye la sociedad vasca futura en *Harri orri ar* de María Goiricelaya.

También se manifiestan, aunque de soslayo, las desigualdades provocadas por las diferencias económicas, en las que se intuye la lucha de clase contra clase a través de la falta de empatía de los ricos empresarios, cuyo prototipo sería aquí Iñaki. Podemos ver una prolongación de los elementos que han articulado las divisiones en el pueblo vasco, y también en un espectro más amplio e internacional, con la subyacente antinomia pueblo trabajador-patronal.

En cuanto al papel desempeñado por la mujer en la familia, *Todos los viernes, cena* aborda la progresiva difuminación del modelo de familia nuclear. A pesar de que la independización de la mujer se produzca en este caso por factores externos, y no por iniciativa propia, esta obra establece un vínculo entre el rol femenino en el hogar y el desarrollo de la mujer en la sociedad, reflejando el cambio de paradigma surgido a finales del siglo XX y acelerado en los últimos años.

Bibliografía

Azkue, Resurrección María (de) (1989). *Euskalerriaren Yakintza. Literatura popular del País Vasco*. Bilbao-Madrid: Euskaltzaindia-Espasa Calpe, vol. III.

Caro Baroja, Julio (1982). *La casa en Navarra*. Pamplona: Caja de Ahorros de Navarra.

Domínguez, Florencio (2003). *Las raíces del miedo*. Madrid: Aguilar.

Eusko Jaurlaritza (2002). *La familia en la CAV*, in *Soziologiazko Euskal Koadernoak / Cuadernos Sociológicos Vascos*. Vitoria-Gasteiz: Gobierno Vasco.

Genua, Enkarni (2001). *Todos los viernes, cena*, in *Primer Acto*, 289, pp. 22–41.

Lévi-Strauss, Claude (1967). *Les Structures élémentaires de la parenté*. París/La Haya: Mouton.

——— (1983). *Le Regard éloigné*. París: Plon.

——— (1986). *Histoire de la famille*. Vol. 1, París: Armand Colin.

Oliveira Lizarribar, Ana (07/02/2020). "Los jóvenes vascos pueden no olvidar y a la vez dar un paso adelante sin culpas heredadas", *Noticias de Navarra*. Disponible en: https://www.noticiasdenavarra.com/cultura/2020/02/07/jovenes-vascos-olvidar-vez-dar/1021203.html [Consultado el 06/02/2024].

Organización de las Naciones Unidas (1948). *Declaración Universal de los Derechos Humanos*. Disponible en: https://www.un.org/es/about-us/universal-declaration-of-human-rights [Consultado el 06/02/2024].

Ruiz Cano, Marina (2019). "El naufragio de la familia en el teatro de Ignacio Amestoy: retazos de una(s) memoria(s) descosida(s) y mitologizada(s)", in Gabriela Cordone, Carole Egger, Silvia Rosa Torres y Joana Sanchez (eds.), *Familias Profanas: nuevas constelaciones familiares*. Madrid: Visor, pp. 83–94.

Carole Egger*

Bricolage de Miguel Romero Esteo: una memoria truncada y posmoderna

Resumen: Este artículo analiza la relación entre familia e historia en *Bricolage*, obra de Miguel Romero Esteo (1930–2019). El dramaturgo, entre los más singulares del siglo XX, creó obras poco convencionales y originales, negándose a cualquier tipo de concesiones a la norma. Su producción se divide en dos etapas dramatúrgicas: las "grotescomaquias" y las "tragedias de los orígenes". Marginal dentro de esta producción, *Bricolage*, que bebe de las dos fuentes, se puede catalogar como obra de autoficción, centrada en una familia nuclear reducida. La estructura anacrónica de la obra, entre infancia y adolescencia del dramaturgo (años 40 y 50) y época de escritura de la pieza (años 90) permite reflejar las tensiones y preocupaciones sociales, culturales y científicas de una España contemporánea articulándolas con las de la España franquista de posguerra, atrasada y miserable, que constituye el trasfondo familiar e histórico-social de la pieza. Pero si en *Bricolage* la historia personal se mezcla con la historia nacional española, la obra explora también, de modo tragicómico, la historia de las ideas en una dramaturgia que, al igual que toda la producción esteana, tiene una dimensión antropológica.

Palabras clave: Miguel Romero Esteo; *Bricolage*; autoficción; familia; historia; antropología teatral

Este artículo propone centrarse en un autor, de los que se encuentran pocos a lo largo de una carrera, cuya obra fue objeto de buena parte de nuestra investigación a lo largo de los últimos veinte años. Dramaturgo ante todo, Miguel Romero Esteo, nacido en 1930 y fallecido en 2019, fue también poeta, cuentista, ensayista, músico, crítico literario, periodista y profesor. Hasta estudió varias carreras universitarias completas: filología inglesa, periodismo, ciencias económicas, musicología, teoría literaria, etc. Para decirlo en una palabra, es el Rabelais de los tiempos modernos, o mejor dicho, de los tiempos posmodernos, un monumento de erudición que, como Rabelais, concede un lugar central a lo popular. Miguel Romero Esteo fue "uno de los ejemplos más representativos del resurgimiento final de la Vanguardia en los años sesenta" (Cornago Bernal 2003: 39) y un creador fuera de normas, si tuviéramos que definirlo a partir de una sola característica; se podría decir que su obra no admite ninguna concesión, no se somete a ningún sistema, ninguna poética que no sea la suya propia, es una obra que siempre rehúsa lo política o

* Université de Strasbourg (CHER/ITI CREAA)

culturalmente correcto, una obra marcada por el sello de la libertad más absoluta, tanto en el plano ideológico como estético.

Su producción dramática consta *grosso modo* de dos etapas: la primera que va desde los años cincuenta y sesenta hasta los años ochenta y noventa está dominada por lo que él llamó sus "grotescomaquias" (*makhé* en griego es la lucha, el combate), es decir obras que ponen en escena combates grotescos en ceremonias rituales, neobarrocas y festivas. Son piezas larguísimas, de varios centenares de folios, carnavalescas y graciosísimas que llevan títulos extravagantes: *Paraphernalia de la olla podrida, la misericordia y la mucha consolación, Patética de los pellejos santos, Pasodoble, Pizzicatto irrisorio y gran pavana de lechuzos*[1], etc. Notemos aquí de paso la omnipresencia de la música: *Patética* es el título de una famosa sonata de Beethoven, *Pizzicato* designa la manera de tocar un instrumento, el pasodoble y la pavana son danzas. Ya desde el origen, Romero Esteo va a conceder una importancia muy especial al sonido, a las sonoridades y al ritmo. De hecho, tanto en sus grotescomaquias como en sus "tragedias de los orígenes", que van a constituir la segunda etapa de su producción dramática, los textos vienen entrecortados por verdaderas partituras musicales de las que él mismo es el autor.

Bricolage, autoficción en el ciclo de las grotescomaquias

La obra de la que trataremos aquí, *Bricolage*, fue escrita entre los años 1996 y 1997, en una época en que se estaba representando la obra maestra del ciclo de las grotescomaquias, *Horror Vacui*, por la compañía Teatralomaquia, en una puesta en escena de Luis Vera. También corresponde con la época en la que Romero Esteo desde hacía unos quince años, es decir desde principios de los años 80, estaba trabajando las obras de su segunda etapa, el ciclo de las siete tragedias de los orígenes. Se trata, además, de otra dramaturgia inédita basada en una larga investigación sobre una antigua civilización, la de Tartessos, que habría conocido su apogeo

1 Véanse los once volúmenes de la Biblioteca Romero Esteo publicados por Óscar Cornago Bernal y Luis Vera entre 2005 y 2012 (Madrid, Ediciones Fundamentos, 2005 a 2012) en los que el lector encontrará, aparte de una (nueva) edición de la mayoría de las obras de Romero Esteo, introducciones extensas con análisis de profesores e investigadores además de un amplio abanico de textos teóricos de Romero Esteo sobre el teatro o sobre escritores, poetas, pensadores, músicos, etc., del entorno cultural contemporáneo, publicados en diversos periódicos y revistas. También se añade al final de cada obra un material dramatúrgico de sumo interés con textos de actores, autores y autoras, directores, ayudantes de dirección, periodistas, profesores de dramaturgia, etc.

entre 1200 y 900 a. de C. en la parte oeste de la Andalucía actual[2]. *Bricolage* es una obra marginal dentro de este contexto creativo porque no pertenece a ninguna de estas dos etapas. Es una obra que procede de un reto en una charla entre amigos en la que le propusieron al autor escribir una obra comercial, más transparente, de más fácil acceso, una obra que pudiera acceder rápidamente a los escenarios; pero ya veremos que si bien el argumento es bastante sencillo, el objetivo comercial difícilmente pudo acallar el ímpetu creativo del dramaturgo en una obra singular que acabará bebiendo de las dos fuentes dramatúrgicas de las etapas señaladas. La obra se estructura en once escenas que llevan títulos estrafalarios; tomemos como ejemplo la escena siete: "Donde tranquilamente sigue en el jardín el pálpito celeste en pos de la peste, en pos del paraíso fulminante, y son pálidos los amores igual que una ilusión" (Romero Esteo 2009: 127). Fue representada la versión que hizo de ella Luis Vera, titulada *Manual de Bricolaje*, en 2011 en Málaga en una puesta en escena de Rafael Torán, hoy presidente de la Asociación Romero Esteo, asociación nacional cuya ambición es dar a conocer y difundir lo que consideramos la obra maestra de la segunda mitad del siglo XX. Considerando la temática de este libro, se plantea lógicamente la cuestión siguiente: ¿en qué medida los conflictos y diálogos de *Bricolage* en el seno de una familia nuclear reducida a unos pocos personajes reflejan las tensiones y preocupaciones de la sociedad española de los años noventa? Veremos a lo largo de este trabajo cómo los temas que estructuran la obra entroncan en un pensamiento posmoderno vanguardista y, por otra parte, observaremos que la dimensión histórica o política que sustenta y orienta el propósito ideológico de la obra es menor que su componente propiamente antropológico.

Bricolage es una obra autoficcional que pone en escena a una familia de tres personajes, madre, hijo e hija, a los que hay que sumar un personaje ambiguo y casi mudo, un jardinero llamado Paco, calificado en un momento dado de "gorila bendito y servicial" (Romero Esteo 2009: 82), así como el padre, un personaje ausente, pero omnipresente en el imaginario de todos los miembros de la familia. Los diálogos giran en torno a cómo el hijo podría salvarse y salvar a la familia escribiendo teatro, y los consejos y los temas para sus piezas sugeridos por madre e hija van a proporcionar buena parte de la energía dramática de la obra. El abandono del padre, siendo los hijos todavía muy jóvenes, constituye una quiebra psíquica fundamental en el imaginario de los tres y el espectro de la

2 Existen hoy varios programas de investigación antropológica, e incluso lingüística, sobre el tema, algunos muy bien referenciados en la web; véase como ejemplo el que versa sobre el yacimiento de Turuñuelos, en la provincia de Badajoz, uno de los hallazgos más recientes (2014) y más importantes en cuanto al pueblo tartésico.

locura parece acecharlos, amenazándolos en cada etapa de su vida. El escenario es el de una caverna lóbrega, arquetipo de la matriz materna y de la vuelta a los orígenes. En él, la madre ocupa un lugar céntrico, así como la gota de agua que se infiltra en el tejado destartalado de su infancia y adolescencia (hecho real) y los crujidos inquietantes que traducen la amenaza de derrumbamiento de la casa. La memoria de esta familia burguesa venida a menos pasa por este espacio subterráneo que también puede leerse como la exploración de un yo primitivo que deje aflorar las pulsiones primarias reprimidas. Tal vez por eso sea omnipresente el tema del incesto, sea para afirmar: "Puede que el amor del hermano sea el amor más hermoso, o el verdadero amor a mano… o acaso el único amor, no lo sé" (Romero Esteo 2009: 104), sea para ilustrar la desintegración del sistema de valores en tiempos posmodernos a la que la obra alude reiteradamente con la puesta en tela de juicio de la familia nuclear, del poder patriarcal, de la inferioridad de la mujer, etc. La pieza presenta la particularidad de un anacronismo estructural a nivel espaciotemporal. Romero Esteo vierte elementos autobiográficos de su juventud, época que corresponde con los años cincuenta y sesenta, y los sitúa en la actualidad de la escritura de la obra, es decir en la segunda mitad de la década de los noventa, o sea con un desfase de más de cuarenta años. Por otra parte, el escenario donde se desenvuelven los personajes que hacen *footing*, comen sándwiches vegetales y se comunican mediante teléfonos móviles es el de una caverna dominada por las tinieblas y unos ruidos sordos procedentes de algún órgano catedralicio. Esta recreación totalmente anacrónica, y por lo tanto llena de disonancias, va a oponer dos mundos: el de una España próspera, la España de los negocios, de la sociedad del ocio, de los clubs de golf, del avance tecnológico, de los viajes al Caribe, a otra España, popular y pobre, la de un mundo rural, el de la abuela, una España dominada por la miseria y la inseguridad que fue la de la infancia y adolescencia del joven Miguel. La primera se corresponde con un momento histórico en que se comentaba mucho la globalización de la economía, en que el país entraba eufórico en el mercado común, se asentaba una amplia clase media y se alejaba a pasos agigantados el espectro de la miseria. La segunda en cambio se vincula más a una España miserable, mediante el espacio lóbrego de la caverna, un mundo subterráneo marcado en la obra por la gota de agua que va a caer impertérrita y constante a lo largo de la representación, así como unos angustiosos crujidos que se dejan oír de vez en cuando, como si se tratara de concretar escénicamente el estado de angustia y el sentimiento de agobio que debió sufrir de joven el dramaturgo. Es probable también que se traduzca aquí un miedo primitivo que remita a la vulnerabilidad originaria que nuestro cerebro reptiliano nunca olvidó, una de esas angustias arquetípicas de las que habla Jung. El galicismo *Bricolage* remite primero en la obra al quehacer musical de los dos hijos que juegan de manera artesanal a sacar notas percutiendo una barrita de hierro contra unas botellas más o menos vacías o llenas, afinándolas y echándoles chorritos de agua en varios momentos. Se relaciona fácilmente también con la manera como se van elaborando y organizando poco a poco los distintos materiales que sustentan el armazón de la obra, es decir con el desarrollo de la escritura dramática, en un proceso claramente metateatral. Puede también que este "bricolage" afecte al componente ideológico de la creación de un autor que ya sabe que no se puede saber nada a ciencia cierta, que ya ha dejado de creer en cualquier verdad sino "en aquella que lleva consigo la poesía", como afirma Óscar Cornago Bernal en su introducción a la obra (2009: 17).

De entrada, también se puede notar que los personajes se caracterizan más de cara al conjunto familiar que de forma individual, es decir, las réplicas de cada uno no permiten configurar unas personalidades muy discriminadas unas de otras, sino que muchas réplicas podrían ser asumidas indiferentemente por cada uno de ellos. A nivel estético, *Bricolage* se construye a medio camino entre los dos mundos dramatúrgicos que configuran la producción dramática de Romero Esteo. Por una parte, encontramos la solemnidad catedralicia de los rituales tartésicos, sobre todo en las largas didascalias narrativas que describen en particular el fondo sonoro y la impronta rítmica de la obra, siempre esencial en las obras esteanas:

> Cierra dulcemente los ojos, sentada ya otra vez sobre la monacal silla de muy alto respaldo, ya en paz consigo misma, ya puesto a caldo el cogollo de la pasión española, el cogollo del mundo. Y a mitad del silencio profundo ronronea el pálido tuétano tremebundo de al otro lado ya de los universos y los mundos, de al otro lado del corazón con derroche, de al otro lado de las constelaciones y la noche y temblorosas y demasiado hermosas las estrellas, de al otro lado ya de todo, de al otro lado a modo, ya codo con codo al arrimo de lo que arrimen porque mucho el crimen, mucha la abominación, mucha la desolación, mucha la solemnidad, LA MUCHACHA a mitad de los abismos de la eternidad, a mitad de los abismos de las tinieblas y mucho el dolor, mucho, demasiado. (Romero Esteo 2009: 100)

Notemos aquí de paso las rimas internas, los ritmos ternarios, las repeticiones, el trastorno de la sintaxis, etc., que constituyen algunas de las características de las llamadas "tragedias de los orígenes". Por otra parte, encontramos la gracia liviana mezclada con la agresividad crítica de los diálogos grotescomáquicos, con asociaciones, juegos fónicos, uso masivo de la repetición, un "fascinante mundo creativo" (Vera Pró 2005: 4). Consideremos este diálogo:

> La hija.— El odio al cuerpo humano en el reino del padre.
> El hijo.—… Pues la econometría global a escala de todo el planeta, el mercado global, la global ley de la oferta y la demanda: todo se vende, todo se revende, todo se desmanda, todo se oferta, todo rápidamente a la puerta, todo rápidamente a mano.

La hija.— No, hermano, todo va más bien de meter mano y lo sabes, o es que no te enteras...
El hijo.— No hermana, todo va de la demanda como fieras, de la oferta como panteras, es la econometría del mañana, del ahora mismo...
La hija.— No, no te enteras, es el reino del padre; antropología pura y dura: las mujeres como basuras, los órganos genitales lo mismo que en el abismo, lo mismo que en los santos patriarcas de las ganaderas y el ganado, los órganos genitales por todos lados en plan de rentabilizarlos lo mismo que en las ganaderías pero con elegancia. En plan de productividad, producción, reproducción.
El hijo.— Bueno ¿Y qué?
La hija.— Pues que el reino del padre ha llevado al desmadre de la gran explosión demográfica, y somos ya siete mil millones de personas depredando a todo este planeta azul, y lo vamos depredando como tu primo Fernando le arrea al tronco del abedul con lo que tiene a mano. (Romero Esteo 2009: 133)

Este sencillo párrafo refleja una crítica que atañe la primacía del espíritu sobre el cuerpo en nuestra sociedad cartesiana patriarcal, los estragos de la globalización del mercado con sus imperativos de rentabilidad, la omnipresencia, el servilismo y la instrumentación del sexo, la animalización no solo de la oferta y la demanda (fieras y panteras), sino de los hombres convertidos en ganados, el descontrol demográfico, la degradación ambiental del planeta... Así va a funcionar toda la obra, desgranando temas acordes con la sociedad del momento y con parámetros posmodernos, estética e ideológicamente hablando, mitad en broma mitad en serio, la tragicomedia siendo una invención española, según Romero Esteo. La aprehensión del mundo se da mayoritariamente en el dramaturgo mediante una lengua coloquial, que no duda en convertirse en grosera y hasta trivial a ratos, lengua popular hasta para evocar temas científicos o filosóficos, pero que no impide que se infiltren expresiones y giros cultos que contrastan con ella. *La vox populi* procede de esa tradición cómica de la que mama el escritor como fuente imprescindible:

La madre.— Oh, Dios mío, qué hago yo aquí, y con un vaso en la mano, y es agua mineral con burbujas.
La hija.— No, mamá, o es que ya estás como las marujas, quedándote ciega de tanto ver la tele.
La madre.— Es veneno.
La hija.— Pues no. Es cocacola. Y la cocacola mola, lo dice la abuela. (Romero Esteo 2009: 39)

Y que acude con frecuencia a un fondo refranero: “La hija.—... Más moscas se cogen con una gota de miel que con un barril de vinagre, lo dice la abuela” (2009: 68). Giros populares que contrastan a veces con expresiones más cultas:

El hijo.— Y te la voy a clavar como se la clava el coronel al turuta. Con frenesí.
La hija.— Metáforas.
El hijo.— Que púberes canéforas te ofrenden el acanto[3].
La hija.— Cerdo, libertino, putero. (Romero Esteo 2009: 199)

A esta hibridez de los registros de lengua se añaden los anacronismos procedentes de la mezcla de dos épocas distintas, el contraste entre una risa grotesca, un humor a veces liviano y la gravedad aparatosa de acentos trágicos de algunos momentos, la circularidad del argumento que empieza y acaba de la misma manera -sobre una imagen de la madre que espera el retorno de su esposo inventándose otra vida, otra familia, indefectiblemente unida-. La mezcla de géneros se duplica con una mezcla de idiomas: los hijos, en su entronque con la actualidad hablan inglés, mientras que la madre, al acabar la obra, cantará un cuplé sacado de un cancioneril vasco. En las tragedias, Romero Esteo hasta irá a inventar un nuevo idioma[4].

Al versar la obra sobre la elección de argumentos impactantes para la pieza del hijo, Romero Esteo repasa de modo vitriólico un amplio abanico de temas societales a los que se acerca con la mirada de quien ha digerido todos los avances del conocimiento occidental de las últimas décadas. Veamos por ejemplo cómo da cuenta de la crítica al psicoanálisis que conoce en estos años una verdadera puesta en tela de juicio por toda Europa:

El hijo.— O sea la psicoterapia de las profundidades, la psicoterapia de los abismos... que es lo que le dice mi hermana a mi madre cuando se la quiere llevar al psicoanalista a que le dé un repaso de psicoanálisis profundo como para dejarla nueva... Pero mi madre se le resiste, y hace bien... Yo estuve ya en el psicoanálisis, sí, me llevó mi hermana para que se me pasara el bache, la depresión... Y el tío psicoanalista, pues que estaba esquizo o rematadamente loco... Se lió a preguntarme guarradas, y a poco si pues que me lo retoco de un mortífero golpe de kárate en las pelotas y me lo dejo tieso... que si yo incesto con mi madre, que si con mi hermana, que si yo incesto con mi padre, y cosas así... Le largué un portazo y de allí me salí zumbando a todo zumbar... (Romero Esteo 2009: 52)

3 Referencia a las jóvenes doncellas que, en la Antigüedad, llevaban en la cabeza un canastillo con flores y ofrendas, aquí hojas de acanto, planta omnipresente en la decoración greco-latina.

4 Las siete tragedias de los orígenes están en parte escritas en una lengua inventada que el autor afirma haber transcrito de un alfabeto o silabario tartésico; mezcla sonidos sacados de diferentes fuentes lingüísticas como el vasco, el etíope y el griego, además de los sonidos que se supone pertenecen a la lengua tartésica, que sigue hasta ahora sin identificar.

Y antes de que se difundieran a gran escala conceptos pertenecientes a la física cuántica, al dominio de las matemáticas (los fractales, el caos) o al de las ciencias económicas (ley marginal decreciente y un poco más lejos principio de Peter), nuestro dramaturgo los integraba en su obra de modo humorístico:

> La hija.— Agárrate un cuaderno, y escribe. Toma de tema los números fractales, toma de tema las matemáticas del caos...
> El hijo.— Bien, pero tú, tranquila....
> (*Agarra de la mesa el cuaderno y el bolígrafo, abre el cuaderno, y comienza a tomar notas.*)
> La hija.— Y le pones de argumento el pistoletazo.
> El hijo.—... eso, los números fractales, el desorden que oculta el orden, el orden que oculta el desorden...
> La hija.— Y te pones a ti de víctima, y nos pones a mamá y a mí de personajes.
> El hijo: Sí.
> La hija.— Y asumes el principio matemático de incertidumbre, el principio de Heisenberg.
> El hijo.— ¿Y las ciencias económicas? ¿Y la utilidad marginal decreciente...?
> La hija.— No eso todavía no. El principio de Heisenberg, verdades aproximativas.
> El hijo.— Lo sé: en lo infinitamente grande y en lo infinitamente pequeño, en lo complejo en general, verdades aproximativas, nada de dogmas.
> La madre.— No le dispares.
> La hija.— O sea, no la lógica del simplismo sino que la lógica de la complejidad. (Romero Esteo 2009: 154–155)

Al girar los diálogos en torno a la elección de los argumentos posibles para la pieza escrita por el hijo, la obra ofrece un abanico casi exhaustivo de los temas societales candentes en la época: la falocracia, el paro de los jóvenes, el feminismo, el narcotráfico, el peligro islámico, el imperialismo norteamericano, la globalización del mercado, la economía de la cultura, la plaga de la esterilidad, el incesto, etc. También aborda temas de dimensión filosófica como el carácter convencional y mecánico del lenguaje, la oquedad de la condición humana, la verdad, siempre aproximativa e inalcanzable, etc. El humor infiltra cualquier temática: "La madre.— [...] Lo que estás tratándome de meter en la cabeza es que todo funciona a base de una inversión de valores... Y eso es inmoral. La hija.— ¿Y qué...? Los valores invertidos son más divertidos... [...]" (2009: 232). Pero esta mirada crítica podría abarcar en realidad cualquier sociedad occidental si no fuera por la saña digna de un niño perverso con la que arremete contra la península ibérica en la narración de un sueño apocalíptico en el que el hijo, trasunto del autor, se regocija al ver hundirse el país con toda su cultura y arquitectura:

> El hijo.—... el sueño hermoso de que para darnos gusto, se hundían en los abismos de los océanos la catedral de Burgos, la ría de Bilbao, Madrid, Barcelona, la música bakalao, los naranjales de Valencia, el Museo del prado, La Virgen de Covadonga, la guitarra

> flamenca, la Giralda de Sevilla… […] Y los naranjales de Valencia cual maravilla, y hale, todo a los abismos de las aguas, nada vale…
> La hija.— ¡No!
> El hijo.— Y Pamplona y sus sanfermines, y Galicia con Santiago de Compostela y los querubines, y todo Aragón con la Virgen del Pilar y mucho el corazón, y Toledo con los castillos, y la Alhambra, y Granada toda entera, hale, todo a los abismos de los océanos … […] (*Sigue así dos párrafos más*)
> La hija.— Eso es nihilismo. O que ya todo te da lo mismo. […]
> El hijo.— No es nihilismo. Es un sueño hermoso. Y así la esperanza de una nueva vida: alejarnos de una convivencia medio corrupta y pasar felizmente a una convivencia medio podrida y oh, delicias, y eso es vida. Y eso es amor.
> La hija.— Es un sueño de horror…
> El hijo.— No. Es un sueño de amor. De que la unión de los abismos hace la fuerza, de que por ahí abajo todo va hueco. De que por ahí abajo hueca va la placa tectónica … es geología pura y dura y agradecida. (Romero Esteo 2009: 195–196)

Así, la memoria familiar de Romero Esteo, si bien deja entrever unas imágenes reales de la historia nacional como la miseria de la España de posguerra o al contrario la España próspera y llena de ilusiones de los años 90, en la que todos los reaccionarios cambian de bando con facilidad: "Pues que los antidemócratas reciclándose de que demócratas y como si nada" (Romero Esteo 2009: 181), lo que refleja de manera más impactante es un pensamiento profundamente entroncado en la duda, la incertidumbre y el desencanto posmoderno, crisol que facilita no solo la hibridez de las formas y la mezcolanza de idiomas, sino también el acercamiento de las ciencias exactas a las ciencias humanas, la impronta humorística que se infiltra hasta en los temas más serios, la coexistencia de los contrarios (como vemos en este párrafo, sueño de amor/sueño de horror, reflejo sin duda del amor versus odio que le tiene Romero Esteo a su tierra hispánica) y las disonancias constantes que alejan la obra del carácter comercial que debía tener al iniciarse el proceso de escritura. En realidad, la obra es más un reflejo de la historia de las ideas que de hechos propiamente históricos y "hace pensar en el contexto cultural del Postestructuralismo en los años sesenta y sesenta en los que se formó Miguel Romero", como afirma acertadamente Óscar Cornago Bernal (2009: 11).

Conclusiones

Para concluir señalaremos la peculiaridad del lenguaje de Romero Esteo, tema que podría íntegramente ser el de una tesis[5], porque resulta ser el verdadero

5 Señalamos que Sophie Faure-Gignoux le dedicó un capítulo de su tesis doctoral al tema de la lengua en la producción de Romero Esteo (2015: 345–499).

protagonista de sus obras. Lenguaje musical o lenguaje pictórico, creador de imágenes, lenguaje sonoro o silencioso que no sirve para caracterizar a los personajes de manera individual sino en tanto que hombres entre los hombres. No importa lo que son como individuos sino la manera cómo declinan el comportamiento del hombre de cara al mundo, cómo traducen sus angustias, sus perversiones, sus afectos. En realidad, el personaje como soporte de una voz colectiva resulta ser una característica fundamental de todos los personajes de absolutamente todo el teatro de Romero Esteo. El correlato es que la lengua tampoco es un vector de comunicación, ni siquiera es el sustento de un posible discurso científico, en el que el dramaturgo ya ha dejado de creer, la lengua solo es instrumento de expresión, de expresión colectiva, lingüísticamente insuficiente, en la que las palabras nunca bastan para dar cuenta de lo real. Al hablar, los personajes de Romero Esteo pintan un cuadro, tocan una partitura, añaden la música y la imagen a la palabra, y finalmente conjugan sus voces para crear imágenes vivas, sonoras y dinámicas, en las que se puedan reconocer los espectadores y puedan percibir, fugaz y parcialmente, la complejidad del mundo. "Antropología pura y dura", como diría el maestro.

Bibliografía

Cornago Bernal, Óscar (2003). *Pensar la teatralidad, Miguel Romero Esteo y las estéticas de la modernidad*. Madrid: Fundamentos.

—— (2009). "*Bricolage*, un texto autobiográfico", in Miguel Romero Esteo, *Bricolage*. Madrid: Fundamentos, Biblioteca Romero Esteo, 10.

Faure-Gignoux, Sophie (2015). *Le théâtre anthropophage de Miguel Romero Esteo ou le cycle grotescomachique infernal*. Tesis doctoral. Aix-Marseille Université. [Tesis inédita].

Romero Esteo, Miguel (2009). *Bricolage*. Madrid: Fundamentos, Biblioteca Romero Esteo.

Vera Pró, Luis (2005). "Nota introductoria a la versión", *Acotaciones: revista de investigación teatral*, 14, pp. 77–80.

Capítulo 3
Posmemoria y compromiso desde las familias

Gracia Morales Ortiz*

Familia y memoria histórica: tendencias de la escena española actual

Resumen: Este trabajo propone un acercamiento a dos núcleos temáticos fundamentales en el teatro español del siglo XXI: la memoria histórica y el ámbito familiar. A partir de un corpus de textos específicos, escritos entre 2002 y 2023 y cuyos autores pertenecen a lo que se ha denominado "la generación de los nietos" (José Ramón Fernández, Borja Ortiz de Gondra, Itziar Pascual, Lola Blasco, Alberto Conejero, Pilar Almansa y Eva Redondo), se ponen en evidencia algunos elementos significativos. Entre ellos, destaca el papel otorgado a los abuelos y abuelas, así como la necesidad de revelar una verdad oculta y los mecanismos para recomponer la historia truncada. Posteriormente, se reflexiona sobre cómo se otorga presencia teatral a la memoria, materializada, bien en determinados objetos testimoniales, bien en la existencia concedida a personajes ya fallecidos. En la última parte del capítulo, propongo algunas claves de lectura de mi obra *Trincheras*, que queda enmarcada en este ámbito textual de un teatro de la posmemoria.

Palabras clave: Dramaturgia española; siglo XXI; familia; posmemoria histórica; generación de los nietos

Parece necesario empezar admitiendo que el intento de abordar dos temáticas tan fructíferas y complejas como son la familia y la memoria histórica en el teatro español contemporáneo merecería un estudio mucho más extenso del que aquí se propone. El presente trabajo solo presentará, pues, sobre estas dos cuestiones una mirada parcial, seleccionando algunas obras de referencia para discernir las líneas o tendencias que resultan más pertinentes, para extraer ciertas conclusiones válidas. Además, me ofrece la oportunidad de unir dos facetas de mi trabajo que no siempre están del todo "sintonizadas": mi papel como académica e investigadora y mi rol como dramaturga, centrándome en una de mis últimas piezas publicadas, *Trincheras*.

La memoria de los/as nietos/as

En diciembre de 2018, tuve la suerte de ser invitada al Seminario Internacional "Los escenarios de la posmemoria en el teatro hispánico último (2000–2018)", coordinado por el profesor Simone Trecca. Allí, en una impecable comunicación,

* Universidad de Granada

Wilfried Floeck nos invitó a realizar un minucioso recorrido por la presencia de esta cuestión en el teatro español y se detuvo especialmente en el llamado "teatro de la posmemoria" o "generación de los nietos", nomenclatura que está teniendo bastante vigencia, no solo en el campo de la dramaturgia, sino también en el de la narrativa. En dicho trabajo, Floeck inscribe mi producción dramática ahí, en dicha generación:

> Pero la mayor parte del teatro de la memoria pertenece a la generación de los nietos, es decir, de los autores nacidos a finales de los años cincuenta y más tarde, como Juan Copete, 1961; José Ramón Fernández Domínguez, 1962; Mariano Llorente,1965; Juan Mayorga, 1965; Yolanda Pallín, 1965; Laila Ripoll, 1967; Itziar Pascual, 1967; y Gracia Morales, 1973. Forman la generación del boom del teatro de la postmemoria. (Floeck 2019: 476)

Me ha interesado centrarme especialmente en este concepto, el de "los nietos", porque ya aparecen ahí enlazadas las dos temáticas sobre las que versa este trabajo: las relaciones familiares y el ejercicio de la memoria. Los autores y autoras que, en España, estamos usando como materia creativa nuestro pasado nacional, no somos solo creadores y creadoras, ciudadanos y ciudadanas o intelectuales interrogados por la historia de nuestro país: somos también los nietos y las nietas. Es decir, se reconoce un vínculo personal y familiar con las obras que producimos, independientemente de que usemos, en mayor o menor medida, el recurso de lo documental o lo ficticio. Según creo, esta dramaturgia nace de la necesidad, no solo de evitar y cuestionar una cierta amnesia colectiva, sino, sobre todo, de entender y asumir la compleja (y silenciada) herencia de unos sucesos que no hemos vivido de forma directa. Dicho de otro modo, buena parte de las obras que aquí se citarán busca recomponer una historia que ha llegado hasta nuestro presente de forma fragmentaria, dispersa, incluso falseada en muchas ocasiones. Y se hace, en palabras de Mario de la Torre, "sin caer en algunos prejuicios que habían coartado la libertad creativa de la generación anterior", gracias, en parte, a que en esos nietos y nietas se produce ya un cierto "distanciamiento respecto a estos episodios traumáticos del pasado" (Torre 2021: 828). Partiendo de estas premisas previas, me propongo destacar una serie de estrategias básicas que aparecen como *leitmotiv* en un buen número de las obras teatrales posmemoriales de lo que llevamos de siglo.

Los abuelos y abuelas en el teatro de la posmemoria

En primer lugar, me quiero centrar en la presencia de los abuelos y abuelas en este teatro. Tiene sentido, ya que, si escribimos desde esa conciencia de ser "los nietos", debería evidenciarse en el discurso esa relación de deuda, de homenaje, de pregunta o reproche hacia los padres de nuestros padres. Efectivamente, en cuanto nos fijamos en ello, es posible encontrar esta figura, de forma explícita, en uno de los primeros textos del siglo XXI donde se aborda esta temática: *Père Lachaise* de Itziar Pascual (estrenada en diciembre de 2002). En este texto, encontramos a Cundo y Carlota, dos hermanos que visitan el cementerio del Père Lachaise buscando la tumba de su abuelo Secundino Pérez, exiliado republicano enterrado allí, a quien no llegaron a conocer. Se trata de una forma de homenaje, pero también, sobre todo para Cundo, se presenta como una posibilidad de conocerse mejor a sí mismo. Otro personaje le habla a Cundo para verbalizar la que es, quizá, una de las conclusiones principales de la pieza: "Tu abuelo tuvo su tiempo, su libertad y su deseo. No vivas la herencia como una culpa pendiente" (Pascual 2003: 67).

Asimismo, encontramos esta interrelación entre abuelo y nieto en un texto más reciente, que también considero fundamental en este marco de una dramaturgia de la memoria: *J'attendrai* de José Ramón Fernández, publicado en 2017. Resulta significativo que sea precisamente su nieto quien acompañe a Pepe, el protagonista, en su viaje hacia París, donde va a asistir a un homenaje para los fallecidos y los supervivientes del campo de concentración de Mauthausen. En ese trayecto, el abuelo conseguirá cumplir, casi por azar, con una deuda pendiente de varias décadas: llevar información sobre la muerte de un compañero a la que era entonces su novia. Hoy, cuando también esa joven lleva tiempo muerta, va a ser precisamente su nieta, la que heredó la caja de sus recuerdos, la que reciba este testimonio y a quien pueda pedir perdón Pepe por no haber sido capaz de cumplir el encargo que le hizo su amigo. De este modo, encontramos a un nieto, el del propio Pepe (Vicent), y a una nieta, la de la novia de su amigo Claude (Claire), quienes conseguirán entender y aceptar el dolor, la culpa y el arrepentimiento de sus mayores. "He salvado la historia de mi amigo dejándola en vuestros oídos", dice Pepe, poco antes del final de la pieza (Fernández 2023: 471–472).

También en la reputada trilogía *Los Gondra* (dada a conocer entre 2017 y 2021) de Borja Ortiz de Gondra, se suceden varias generaciones, de tal modo que padres, hijos, tíos, abuelos, bisabuelos… llegan a componer un complejo árbol genealógico. Lo que quiero destacar aquí es cuán significativo resulta la relación de algunos de los personajes más jóvenes con sus mayores. Por ejemplo, en los últimos compases de *Los otros Gondra*, nos encontramos con una escena que reúne a mujeres de tres generaciones: Natalia, ya muerta, su sobrina Ainhoa y la hija de esta, Edurne. Será esta última quien se encargue de esparcir las cenizas de su tía abuela y ella también se nos presenta como la heredera a quien Borja decide dejar las veintiocho cartas que su abuela escribió amenazando de muerte a su tío. En un momento crucial, Edurne le reprocha a su madre que no haya sido capaz de pronunciar la palabra "perdón" en un breve pero significativo diálogo:

> *Arrecia la galerna y rompe a llover. Natalia se vuelve por última vez a Edurne. Las manos adolescentes vuelcan la urna y el viento y la lluvia y la espuma de las olas se llevan las cenizas. Natalia queda en silencio.*
> Edurne.— (*A Ainhoa.*) No eras capaz de decir esa palabra, ¿verdad?
> Ainhoa.— No… No.
> Edurne.— Pues te has equivocado. Seis letras y todo habría sido distinto. Yo sí voy a leer esas cartas. (Ortiz 2021: 152)

Por su parte, en la escena 14 de *Los últimos Gondra*, hallamos a Edurne protagonizando, nuevamente, un acercamiento físico y emocional a la otra línea familiar, representada en Blanca:

> *Nadie se mueve hasta que finalmente Edurne se acerca a Blanca y la abraza por la espalda.*
> Edurne.— (*A Blanca.*) Lo siento. Siento lo que pintó mi *ama* aquí, las amenazas que envió mi *amama* a tu exmarido, todo aquel sufrimiento que no sirvió para nada.
> Don Andoni.— ¡Edurne! ¡Déjales a ellas!
> Edurne.— (*A Blanca.*) Ninguna de esa generación te lo va a decir.
> Don Andoni.— ¡Edurne, tú no eres quién!
> Edurne.— (*A Blanca.*) No son capaces. Pero esto tiene que acabar. (Ortiz 2021: 215)

Así pues, se nos evidencia aquí cómo, mientras los hijos e hijas "no son capaces" de decir "perdón" o "lo siento", la siguiente generación, encarnada en Edurne, sí que demuestra una mayor capacidad para comprender y tratar de superar el pasado conflictivo. Otra propuesta paradigmática del tema que venimos tratando es *La armonía del silencio*, de Lola Blasco, estrenada en 2017. Aquí, Dolores (*alter ego* de la propia autora) quiere cumplir una promesa que se hizo a sí misma: recuperar el piano que perteneció a su abuela, ya fallecida. Este deseo determina el texto, en el que saltamos al pasado para recomponer la historia familiar que enlaza a tres generaciones. Se trata de un viaje (externo e interno) que llevará a cabo junto a su hermano y que les obliga, según la intertextualidad vigente en la pieza, a entrar en el bosque y enfrentarse a los lobos, como el personaje de Caperucita Roja, o a tratar de encontrar el camino de regreso, como en el cuento de Hansel y Gretel. Aunque al final no logren recuperar el piano, sí que consiguen las partituras que guardó en él su abuela y, a través de ellas, acceden a un mensaje que dota de sentido a toda la trayectoria de la obra: "Queridos míos, queridos, si llegáis hasta aquí es porque habéis traspasado el fuego. Queridos míos, queridos, si llegáis hasta aquí es porque sois valientes, porque os habéis convertido en caballeros andantes" (Blasco 2016: 206).

Finalmente, podemos reseñar un último ejemplo donde la figura que venimos abordando tiene especial significación: la obra *Mauthausen. La voz de mi abuelo*, escrita por Pilar G. Almansa, a partir del testimonio real de Manuel Díaz. Este montaje empieza a gestarse a partir del momento en que la actriz Inma González descubre, ya con veinticinco años, la verdadera historia de su abuelo, gracias a unos materiales que le entregó su madre. Transcurrido un tiempo decide poner en escena esta historia y se contacta con la dramaturga y directora Pilar G. Almansa. La intención era, con los documentos testimoniales que se tenían y varias entrevistas realizadas, generar un texto cuya estructura permitiera que solo hubiera una persona en escena, la propia Inma González, que interpreta, de este modo, a su abuelo. Esta elección se halla en consonancia con la voluntad de que el vínculo familiar sea el elemento definitorio de la propuesta. Así lo aclara Pilar G. Almansa:

> Y es que Inma es la que tiene la vinculación con la historia. [...] El hecho de que ella sea el hilo directo entre la historia que estamos contando y el presente creo que le aporta un tipo de unión con la realidad que si hubiéramos tenido otro actor no se hubiera logrado y ella habría sido más actriz que vínculo. Y esa dualidad que hay en *Mauthausen*, porque ella es la nieta y es la historia real de su abuelo, si hubiéramos introducido otro personaje, eso, que causa mucha emoción en el espectador, creo que no hubiera ocurrido. (Almansa 2023: 113)

Según es posible discernir a partir de las piezas reseñadas, en el teatro español reciente se establece una profunda relación de complicidad entre abuelos/as y nietos/as. La generación intermedia, la de los hijos/as, puede estar también presente, pero, como veremos, allí las heridas de lo vivido dejan una huella más dolorosa y se genera una mayor dificultad o resistencia a la hora de entender o perdonar. De este modo, el abuelo (o, menos habitualmente, la abuela) se convierte en una figura cargada de resonancia simbólica. Tanto es así que incluso en una obra donde no se trata el tema de la memoria, como es *Inquilino (Numancia 9, 2º A)* de Paco Gámez, (Premio Calderón de la Barca 2018) también se produce esta aparición fugaz y sorprendente del "Yayo Pepe", un miliciano republicano, que le dice a su nieto:

> Hay un túnel entre tú y yo. [...]
> No pasarán.
> Acuérdate de mí.
> Ahora os toca a vosotros.
> Os están tumbando uno-a-uno.
> ACUÉRDATE DE MÍ (Gámez 2019: 64).

Procesos de desvelamiento y recomposición

Una segunda cuestión que hace falta destacar, por hallarse presente en todas las obras que venimos abordando, y en otras que citaremos más adelante, es la existencia de lo secreto: al comienzo de la obra o durante su desarrollo accedemos a alguna información sobre el pasado que estaba oculta. Así lo apunta una de las investigadoras que más ha trabajado sobre esta dramaturgia española de la memoria histórica, Antonia Amo Sánchez. Ella afirma que en estos textos son recurrentes "figuras y tópicos como el enigma, el viaje, el recorrido iniciático, la pérdida y la búsqueda. Con frecuencia los personajes buscan algo o a alguien, material o simbólico" (Amo 2014: 54). Además, en muchas ocasiones, ese proceso de ocultamiento inicial y la voluntad de investigar sobre la historia real se producen sin salirse del entorno familiar: allí es donde la verdad se ha mantenido en secreto, casi siempre debido a un sentimiento de vergüenza, de cobardía o de culpa. Ya hemos visto cómo en *La armonía del silencio* y en *Mauthausen. La voz de mi abuelo* este proceso de desvelamiento está vinculado con la propia vida de la autora o la actriz. También en la trilogía de *Los Gondra*, en *J'attendrai* o en *Père Lachaise* resulta evidente el intento de recuperar una memoria perdida y enigmática –la palabra "enigma" está escondida en el crucigrama que está haciendo Michel, el guardia del cementerio en esa última pieza citada (Pascual 2003: 17)–. En *Los otros Gondra*, por ejemplo, hallamos un momento muy elocuente en la escena titulada "La conversación que mi madre no me dejaba escribir". Allí Borja y su madre, Natalia, se dicen:

> Borja.— Precisamente porque ninguno queréis decirme qué pasó tengo que imaginarlo. El frontón. La pintada. Qué se dijeron. [...] Por eso quería entrevistaros. [...]
> Natalia.— La gente normal preferimos el silencio.
> Borja.— Os habéis callado treinta años. ¿Qué digo? Nuestra familia se ha callado cien años, como todo este pueblo.
> Natalia.— Callados es como hemos podido sobrevivir.
> Borja.— En el silencio, los secretos se pudren, *ama*.
> Natalia.— Así debe ser: silencio y secreto, hasta que las cosas dejen de doler. (Ortiz de Gondra 2021: 211)

Es interesante detenernos en este momento entre Borja y su madre, pues ahí se enuncia cómo esa opción por el silencio dificulta e impide que las siguientes generaciones de hijos o nietos sean capaces de recomponer la memoria sin cicatrices, sin vacíos o silencios.

Este descubrimiento de lo oculto, de lo desconocido, está en la base también de *La geometría del trigo* de Alberto Conejero, que obtuvo el Premio Nacional de Literatura Dramática en 2019. Aquí la relación truncada que se desvela a medida que avanza la historia se da entre Joan y su padre recién fallecido, Antonio, al que no llegó a conocer. La madre de Joan, mientras estaba embarazada, descubrió la homosexualidad de su esposo y se separó de él, impidiendo el contacto posterior entre el padre y el hijo (significativamente, la pareja de Joan está embarazada en el presente de la pieza, con lo cual está latente ya ahí ese futuro nacimiento, que nos asoma a una segunda generación). La culpabilidad y el dolor han estado siempre presentes en la vivencia de estos personajes. En este sentido, Samuel (el que ha sido la pareja de Antonio durante treinta y dos años) le confiesa lo siguiente a Joan, cuando se conocen en el entierro:

> Ni un solo día, desde aquella noche en que llegó a mi casa, dejó de preguntarse cómo serías. [...] Y me sentía miserable. Me he sentido miserable, Joan, si eso es lo que quieres oír. Es jodido, sabes, hacer daño. Hacer ese daño sin quererlo. Claro que lo he pensado. Claro que he sentido esa amargura. Toda mi vida. Pensar que nuestro amor había nacido del daño. (Conejero 2018: 96)

Otra obra gestada también sobre este conflicto, el desvelamiento de un secreto abyecto en el ámbito familiar, es *Lucía* de Eva Redondo. Esta pieza, escrita en el marco de un proyecto impulsado por el Nuevo Teatro Fronterizo, bajo el título de "Cicatrizar", aborda la temática de los niños robados. Rebeca descubre que sus padres la compraron en un hospital, a través de las gestiones de una monja, cuya voz se le presenta en una sesión de espiritismo. Cuando la mujer que ella considera su madre no es capaz de desmentir esta información, la vida de Rebeca dará un vuelco, sumiéndola en una sensación de ausencia y vacío, tal y como se expresa en este monólogo:

> Voz de Rebeca.— Mamá... Digo esta palabra y la mente se tiñe de un color neutro. Mamá es silencio, una palabra sin cabeza. Lo mismo me pasa con los recuerdos. Desde que se me apareció aquella monja, hay tachaduras en mi memoria, y me enfado porque quiero pasar a limpio mi pasado pero no puedo a cuenta de los huecos. (Redondo 2021: 179)

Se disciernen, a partir de lo señalado hasta este momento, algunas conclusiones posibles. Por una parte, se confirma que el rol de los nietos o nietas no es el mismo que el de los hijos: Borja (en *Los Gondra*), Joan (en *La geometría del trigo*) o Rebeca (en *Lucía*), quieren conocer qué les ocultan sus padres y madres, pero ni consiguen romper su silencio ni logran tampoco una reconciliación sanadora. Serán, en cambio, los nietos (Vincent y Claire en *J'attendrai*, Edurne en *Los Gondra*, Dolores y Esteban en *La armonía del silencio...*) quienes, décadas más tarde, se conviertan en los depositarios de esa herencia, vivida ya desde un lugar más reconciliatorio, que posibilita sanar una parte de esa historia enquistada.

La segunda cuestión que se nos hace presente analizando estos textos es cómo, si bien en muchos de los dramas memorísticos de otras nacionalidades el culpable es "otro" (es el nazi, o el torturador, o el militar o paramilitar), en buena parte de los textos españoles que citamos no existe esa frontera tan clara, y víctimas y victimarios están mucho más cerca: comparten el mismo techo, son de la misma familia, y, a veces, son (o se sienten ser), de hecho, la misma persona (como ocurre con Pepe, de *J'attendrai*, por ejemplo, quien, siendo una víctima, se siente culpable por haber sobrevivido, o con Antonio y Samuel de *La geometría del trigo*). Esta característica puede relacionarse, seguramente, con nuestra específica historia nacional, con una guerra civil y con una posterior represión que también tuvo lugar a nivel interno. Se hace más compleja, entonces, una división tajante entre "los nuestros" y "los otros", entre el compañero y el enemigo. Bajo esta óptica es posible integrar, por ejemplo, uno de los primeros textos que abordaron las consecuencias de la guerra en el ámbito doméstico: *El tragaluz*, de Buero Vallejo (estrenada en 1967). Allí las agresiones están insertas en el ámbito familiar; se trata de una violencia no buscada, no planificada, pero efectiva ya desde la traición del hijo mayor, Vicente, hasta el asesinato final del padre hacia el hijo. Igualmente, sería posible recordar aquí las pesadillas que atormentan a Paulino, por no haber sido capaz de impedir el fusilamiento de su pareja Carmela, en la imprescindible *¡Ay, Carmela!* (1987) de José Sanchis Sinisterra.

La presencia de la memoria

Otro elemento que se vuelve recurrente en los textos que venimos citando es cómo en muchos casos, esta historia deshilachada que las generaciones siguientes tratan de recomponer, se encuentra materializada en diferentes presencias escénicas.

Por una parte, podemos destacar lo que Hirsch llama "objetos testimoniales": aquellos que, poseedores de un alto contenido simbólico, son capaces de transmitir "las huellas de la memoria a la generación siguiente" (Hirsch 2015: 238). En muchas ocasiones se trata de cartas, fotos o canciones que nos ligan al pasado (todo ello presente, por ejemplo, en *J'attendrai*), pero también podemos incluir otros lugares o elementos, como la tumba de Secundino Pérez en *Père Lachaise*, el armario que vino de Cuba o la cesta de pelotari rota de *Los Gondra*, el piano y las partituras encontradas en *La armonía del silencio*, el molino de *La geometría del trigo*… Son testimonios fragmentarios de ese pasado que se intenta comprender y contienen una cualidad muy interesante, según señala Hirsch en su análisis de las fotografías familiares: la capacidad "de señalar la pérdida y la ausencia y, al mismo tiempo, hacer presente, reconstruir, volver a conectar, volver a la vida" (2021: 304). Por otra parte, la simple búsqueda o el encuentro, más o menos azaroso, de estos materiales suele implicar una cierta sanación, como apunta Antonia Amo Sánchez:

> En estas obras se pone el acento en el proceso de la búsqueda, siendo el objeto buscado un detonador de peripecia. Importa más, a fin de cuentas, el objetivo que el objeto, más la transformación y la reconstrucción logradas o auguradas. A menudo es un proceso virtuoso y purgativo, buscar la verdad ayuda a reparar la injusticia. (2014: 56)

En relación con este mismo proceso de desvelamiento, consideramos que se puede abordar otra de las señas de identidad más recurrentes del teatro español de la memoria: el protagonismo otorgado a los muertos. Estas figuras del pasado poseen una presencia escénica efectiva, ya sea porque están ahí, en una especie de "vida *post mortem*" más o menos activa y visible para el resto de los personajes, o bien porque la estructura temporal de los textos los traen de vuelta al presente. Pensamos en la mencionada *¡Ay, Carmela!*, como pieza inaugural de esta tendencia, y también en otras obras que no hemos analizado en este trabajo: *Los niños perdidos* (2005) de Laila Ripoll o *NN 12* de mi autoría (2008)[1]. En cuanto a nuestro corpus, destaca ese deambular de los espíritus por el cementerio en *Père Lachaise* (entre ellos el abuelo republicano); la permanencia expectante de Claude, el amigo de Pepe, en *J'attendrai*; las figuras de Lourdes o Sor Teresa, en *Lucía*, o las voces de los antepasados y otras figuras (como Natalia o el mismo Borja) en *Los Gondra*.

Por otra parte, según hemos comentado, el uso recurrente de *flashbacks* también posibilita hacer presentes a personajes que, en el presente de la fábula, ya han fallecido: esto ocurre en *La armonía del silencio*, especialmente con la abuela de Dolores, Enriqueta, y también con el personaje de Antonio, en *La geometría del trigo*.

En conclusión, según vamos viendo en las piezas analizadas, la grieta, la herida dejada por un pasado traumático, se encuentra en el espacio mismo de la familia. Allí persiste más o menos oculta hasta que algo la saca a luz. Pero también allí, en ese mismo espacio doméstico (especialmente en la relación con las segundas generaciones) es donde se genera el puente, el túnel, la posibilidad de reconstruir esa memoria rota, para, finalmente, sanar o, al menos, recuperar en parte la propia identidad.

Trincheras: algunas claves de su escritura

La elaboración de este capítulo me ha hecho percatarme de hasta qué punto la obra a la que voy a referirme, *Trincheras*, responde a los parámetros que he ido perfilando. No había en mí una voluntad de atenerme a estas premisas; sin embargo, quizá estas fórmulas están latentes en nuestro teatro de la posmemoria, porque son un modo eficaz y honesto de enfrentar nuestra historia colectiva. *Trincheras*, como la ya citada *Lucía* de Eva Redondo, es una pieza que escribí mientras participaba en el proyecto "Cicatrizar", que impulsó el Nuevo Teatro Fronterizo liderado por José Sanchis Sinisterra, entre 2018 y 2021. En ese proceso colaboró también

1 Para profundizar en esta cuestión, referida en concreto a la dramaturgia escrita por mujeres, se aconseja consultar el libro de Lourdes Bueno (2018).

mi admirado Guillermo Heras, cuya ausencia sigue siendo tan desconcertante como dolorosa. Fuimos cinco los dramaturgos convocados y, además de *Lucía* y *Trincheras* se gestaron otros tres textos que han tenido después una trayectoria muy interesante: *Impunidad* de Paco Gámez (ganador del Premio Lope de Vega), *El palmeral* de Albert Tola y *Altsasu* de María Goiricelaya. Antes de embarcarme en esta iniciativa de "Cicatrizar", yo ya había escrito varias obras con contenido memorístico, entre las cuales destaca especialmente *NN 12*, y había reflexionado sobre su proceso de gestación (ver Morales 2019). Por ello, hube de estar alerta para evitar la reiteración de situaciones o esquemas discursivos que ya había utilizado anteriormente. Necesitaba encontrar el estímulo de probar fórmulas que no hubiera desarrollado aún: elegí una composición fragmentaria, con líneas temporales que se van desarrollando en paralelo, pero, sobre todo, resultó decisiva la incorporación del componente narrativo. Esta estrategia favorecía un juego de apertura y cierre de la cuarta pared (especialmente en el personaje de Ariadna) y también facilitaba la ausencia de acotaciones, lo que, me parece, permitía un ritmo más ágil y una estética más limpia. También implicaba la necesidad de una recepción más atenta y cómplice. Otro elemento que me sirvió de estímulo y resorte fue el encaje de esta historia, reconocible en cualquier contexto de posguerra, con el mito del minotauro[2]. Esta intertextualidad latente (como la ya señalada con los cuentos de Caperucita Roja y Hansel y Gretel en *La armonía del silencio*), me permitió dotar a la pieza de una cierta resonancia que sobrevolaba sobre lo marcadamente realista. Pero, más allá de estas elecciones que me permitieron configurar la obra, encuentro en ella componentes que la ligan profundamente con esa dramaturgia de la posmemoria a la que me he estado refiriendo. Por una parte, la obra arranca en el momento en que Ariadna, al cumplir los dieciocho años, recibe de su abuela una cuerda y una caja, lo cual provoca el desvelamiento de un secreto familiar y una petición:

> Teresa Mayor.— Hay un lugar, Ariadna, ahí arriba, en el monte. Y hay un hombre dentro. Lleva meses ahí solo, perdido, acechado por un monstruo al que no se puede ver. Ahora que has cumplido dieciocho años tienes que ser muy valiente, atarte esta cuerda y entrar al laberinto.

---

2 Mientras terminaba de redactar este trabajo, fui a ver la película *El maestro que prometió el mar* de Patricia Font. Encontré en ella muchas resonancias de este teatro de la posmemoria que estoy analizando, como el hecho de que sea una nieta quien protagonice el proceso de investigación. Me llamó especialmente la atención la coincidencia de que este personaje se llamara, además, Ariadna.

> Ariadna.—Después mi abuela se levanta y se acerca, cojeando, hasta una cómoda antigua. Saca una caja de madera. Busca una llave pequeña entre sus ropas, la mete dentro de la cerradura y la abre. (Morales 2023: 2)

La apertura de ese objeto y la lectura de las cartas que contiene provocarán que los recuerdos se vuelvan a hacer presentes, se materialicen en escena. Así, la pieza va a ir mostrando la verdadera historia de Diego, el abuelo de Ariadna que, poco después de terminar la guerra, decidió regresar a la trinchera en la que estuvo los últimos meses, aunque eso implicara mantenerse lejos de su familia. Será Ariadna, como nieta, la heredera final de toda esta historia y la que deberá aceptar también el reto de internarse en el laberinto de la memoria. Su padre, en cambio, no va a aparecer físicamente en escena. Él, Javier, es mencionado en el discurso de los demás personajes, pero preferí que nunca apareciera, pues consideré que así representaba escénicamente la distancia, la negación y el silencio por los que opta este personaje. Así le habla Teresa Mayor a Ariadna sobre cómo ha vivido Javier esa situación:

> Teresa Mayor.— Tu padre nunca me lo ha perdonado, ¿sabes?, el que yo haya seguido cuidando de tu abuelo. Y lo entiendo. Para un niño es muy duro crecer así. Cuando cumplió los dieciséis o diecisiete años intentó marcharse de este pueblo, varias veces. De pronto, preparaba una mochila y se iba, dejando una nota, como hizo Diego. Pero a los pocos días estaba de vuelta, sin dar explicaciones. Creo que una parte de Javi se quedó quieta ahí, en la espera de que su padre regresara. (Morales 2023: 17)

Me gustaría dar cabida a otra cuestión más que liga *Trincheras* con el corpus de textos que he analizado: la presencia de la memoria mediante la aparición de un personaje muerto y también la de ciertos "objetos testimoniales". En esta pieza, tienen un valor fundamental las cartas, género discursivo con posibilidades muy sugerentes, pues, como apunta Ana Gallego, se encuentra "cifrado, fragmentario, plagado de vacíos, de huellas de misivas anteriores, conversaciones y datos que solo pueden ser comprendidos a cabalidad por el productor y el receptor" (Gallego 2013: 17). Resulta, además, especialmente significativo en el marco de una dramaturgia de la posmemoria, porque su materialidad convierte a estos escritos en puentes perdurables de acceso entre cronotopos distantes: traen de vuelta mensajes del pasado, fijan los diálogos truncados que vivieron los personajes, enlazan de una manera muy poderosa el tiempo que ya transcurrió con el presente de su lectura… Confieso que, en mi propia familia, guardamos con especial devoción unas treinta cartas que nos remiten a sucesos cruciales de nuestra historia: en ellas perdura lo que mi abuelo paterno escribía a mi abuela desde América, después de que se trasladara a vivir allí, buscando una cierta prosperidad. Él nunca regresó y sé que el personaje de Diego, en *Trincheras*, responde a mi necesidad de reflexionar, desde la ficción, sobre la existencia de este abuelo que no llegué a conocer. Finalmente, como ya he comentado, también en esta obra se le otorga cuerpo y voz a un difunto: Miguel, un soldado a quien Diego disparó casi a bocajarro en el campo de batalla. Miguel se le hace presente a Diego porque es la corporeización de su culpa, de todo lo que no puede olvidar; pero también se encuentra allí porque es en esa trinchera donde dejaron sepultado su cadáver. Como dramaturga quería, de este modo, destacar una de las cuestiones más lacerantes y urgentes de nuestra memoria histórica (que ya abordé en *NN 12*): la existencia de tantos y tantos cuerpos aún sin identificar en toda la geografía de nuestro país. En *Trincheras*, será Ariadna quien, finalmente, recoja el testigo de su abuelo para seguir velando por la memoria de esos muertos mal enterrados. Tras el recorrido que he efectuado en este trabajo, transitando por la obra de un buen número de autores y autoras de esta generación de los nietos, se puede afirmar que mantenemos unos vínculos implícitos entre nuestros textos, aun cuando no mantengamos una misma estética ni usemos los mismos recursos. Pero nuestras piezas sí responden, como apunté al comienzo, a la necesidad de conocer y reclamar una memoria que nos ha sido ocultada, por diferentes razones. Miedo, culpa, interés propio, pasividad institucional…: varios son los motores que han alimentado esa estrategia del silencio. Sin embargo, perdura la memoria, desgarrada en muchos casos, y perduran rencores y remordimientos latentes; quedan también esos "objetos testimoniales", resistiendo de generación en generación… y, siguen esperando, sobre todo, los restos de desaparecidos en las fosas comunes y los familiares que luchan por recuperarlos. Y ese entorno familiar (como microcosmos que representa lo social en muchas ocasiones) resulta un espacio propicio para que se diriman en él los conflictos teatrales que seguimos escribiendo sobre nuestro pasado.

Bibliografía

Almansa, Pilar G. (2023). *Mauthausen. La voz de mi abuelo*. Sevilla: Editorial Renacimiento.

Amo Sánchez, Antonia (2014). "Dramaturgias de lo imprescriptible: un teatro para la recuperación de la memoria histórica en España (1990–2012)", *Anales de la literatura española contemporánea*, 39, 2, pp. 341–369.

Blasco, Lola (2016). "La armonía del silencio", in VV. AA., *IV Laboratorio de escritura teatral*. Madrid: Fundación SGAE, pp. 99–212.

Bueno, Lourdes (2018). *(Des)aparecidas: protagonistas muertas en la dramaturgia femenina contemporánea*. Murcia: Universidad de Murcia.

Conejero, Alberto (2018). *La geometría del trigo*. Madrid: Editorial Dos Bigotes.

Fernández, José Ramón (2023). *Tarjeta de visita*. Madrid: Punto de Vista Editores.

Floeck, Wilfried (2019). "Hacer memoria en España. El desarrollo del teatro de la memoria desde los años de la Transición hasta la actualidad", *Orillas. Rivista d'ispanistica*, 8, pp. 469–487.

Gallego Cuiñas, Ana (2013). "El valor de la carta. Una introducción", in Ana Gallego Cuiñas y Erika Martínez (eds.), *Queridos todos. El intercambio epistolar entre escritores hispanoamericanos y españoles del siglo XX*. Bruselas: Peter Lang, pp. 11–25.

Gámez, Paco (2019). *Inquilino: (Numancia 9, 2° A)*. Madrid: Centro de Documentación de las Artes Escénicas y de la Música.

Hirsch, Marianne (2015). *La generación de la posmemoria: escritura y cultura visual después del Holocausto*. Madrid: Carpe Noctem.

——— (2021). *Marcos familiares, fotografía, narrativa y posmemoria*. Buenos Aires: Prometeo Libros.

Morales Ortiz, Gracia (2019). "*Interrupciones en el suministro eléctrico, Quince peldaños* y *NN 12*: una trilogía 'transfronteriza' sobre la memoria", *Orillas. Rivista d'ispanistica*, 8, pp. 439–446.

——— (2023). *Trincheras*. Disponible en: https://www.celcit.org.ar/bajar/dla/616/ [Consultado el 10/01/2024].

Ortiz de Gondra, Borja (2021). *Los Gondra: Trilogía*. Madrid: Punto de Vista de Editores.

Pascual, Itziar (2003). *Père Lachaise*. Madrid: Asociación de Autores de Teatro.

Redondo, Eva (2021). "Lucía", *Primer acto. Cuadernos de investigación teatral*, 360, pp. 158–180.

Torre, Mario de la (2021). "Mecanismos de la autoficción en el teatro sobre el franquismo de 'los nietos'", *Rilce*, 37, 2, pp. 819–844.

Adeline Chainais*

Familia y memoria histórica en la *Trilogía de la memoria* de Laila Ripoll: un camino hacia la verdad y la justicia

Resumen: Este artículo propone analizar los vínculos que se establecen entre familia y memoria histórica en la *Trilogía de la memoria* de Laila Ripoll, así como las evoluciones que se producen en los mismos a lo largo de los diez años de escritura de las tres obras. Se analiza en particular cómo la familia funciona como metonimia de la historia nacional española y permite, a través de distintos recursos como son lo grotesco, la oposición entre espacio escénico y espacio fuera de escena, y lo fantástico, indagar en temas que todavía no se han resuelto en la España actual y proponer una vía de acceso a la verdad y a la justicia para todas las víctimas de la represión franquista durante la Guerra Civil y la dictadura.

Palabras clave: Teatro; historia; memoria; familia; Laila Ripoll; *Trilogía de la memoria*

Laila Ripoll es una reconocida dramaturga y directora de escena española. Nació en 1964 en Madrid, se formó en la RESAD y en 1991 fundó, junto con José Luis Patiño, Juanjo Artero y Mariano Llorente, la compañía Micomicón que suele montar obras clásicas, a veces reescritas por ella misma, y obras contemporáneas, en particular las que escribió la propia dramaturga para los actores del colectivo. El compromiso de Laila Ripoll y de la compañía con la memoria histórica española ha ido afirmándose en su obra a lo largo de los años y los llevó por ejemplo a crear la obra *El triángulo azul* (Llorente y Ripoll 2014), que pone en escena las condiciones de vida de los prisioneros republicanos españoles en el campo nazi de Mauthausen (Austria) durante la Segunda Guerra Mundial, una obra que recibió el Premio Nacional de Literatura Dramática en 2014. También se puede evocar la obra *Rif (de piojos y gas mostaza)* (Llorente y Ripoll 2022) que aborda el tema de la guerra de independencia de Marruecos y fue creada en el CDN de Madrid, donde estuvo en cartelera del 10 de diciembre de 2021 al 30 de enero de 2022.

Dentro de este recorrido, la *Trilogía de la memoria*, denominada en un primer tiempo *Trilogía Fantástica* por la propia compañía, y cuyas tres entregas fueron creadas entre 2000 y 2010, marca un hito fundamental. La primera, *Atra bilis (cuando estemos más tranquilas)* (Ripoll 2001), quedó finalista para el Premio María Teresa León en 2000 y fue publicada el mismo año por la Asociación

* Université Paul Valéry-Montpellier 3 (ReSO)

de Directores de Escena de España junto con las otras obras galardonadas. Se estrenó el 23 de febrero de 2001 en la Sala Cuarta Pared de Madrid. En 2005, Laila Ripoll publicó la segunda entrega de la trilogía, *Los niños perdidos*, en la revista *Primer Acto* (Ripoll 2005). La obra se estrenó el 1 de octubre de 2005 en la Nave de Cambaleo, en Aranjuez, y fue programada después en el Centro Dramático Nacional (Teatro María Guerrero) de Madrid del 15 de diciembre de 2005 al 22 de enero de 2006. El montaje recibió, entre otros, el premio al mejor espectáculo en el Festival Internacional de Teatro de Ribadavia y el Premio Max Espectáculo Revelación. La obra fue publicada por la editorial KRK (Oviedo) en 2010 (Ripoll 2010). En 2010 se cerró el ciclo con *Santa Perpetua*, una obra que quedó finalista para el Premio Valle Inclán a la mejor autoría teatral. Se estrenó el 31 de octubre de 2010 en el Teatro García Lorca de Getafe, y Marcos León consiguió el Premio Garnacha al mejor actor por su interpretación de la Santa. Fue publicada en 2011 por la editorial Huerga y Fierro (Ripoll 2011a).

Estos datos revelan tanto el reconocimiento como la difusión creciente del trabajo de Laila Ripoll y de Micomicón en los años 2000. Por otra parte, la distancia temporal que separa la creación de las tres obras (diez años entre *Atra bilis* y *Santa Perpetua*) propone, como indica David Ladra, una "mirada transversal" sobre el trabajo de Laila Ripoll y de la compañía, que permite destacar la evolución de su labor teatral (Ladra 2014: 275), y en particular una politización cada vez mayor en la forma de tratar el tema memorístico. Una de las consecuencias de esta distancia temporal es el hecho de que las tres obras son independientes, con personajes y situaciones dramáticas distintas en cada una de ellas; además cada obra aborda el tema de la memoria desde un enfoque distinto. La primera, *Atra bilis*, muestra el clima de opresión que reinaba bajo la dictadura franquista y aborda el tema de las fosas comunes. En *Los niños perdidos*, se muestra la situación de los hijos de republicanos durante la guerra y la posguerra, y en particular los malos tratos que sufrieron en los centros del Auxilio Social, una institución que dependía de la Sección Femenina de la Falange y en la que trabajaban monjas. Las delaciones y la expoliación de los bienes de los republicanos por familias franquistas constituyen el tema de *Santa Perpetua*, una obra en la que, por lo demás, se vuelve a evocar el tema de las fosas comunes.

Sin embargo, la coherencia del conjunto no deja lugar a dudas, como muestran, primero, el hecho de que la editorial Artezblai publicó en 2013 un volumen titulado *Trilogía de la memoria* (Ripoll 2013) que recoge las tres obras y, segundo, la programación, bajo el mismo título, de las mismas en la sala Cuarta Pared a principios de 2015[1]. Por otra parte, el tema de la familia es central en las tres

---

1 *Atra Bilis* se representó del 8 al 18 de enero de 2015, *Los niños perdidos* del 22 al 26 y *Santa Perpetua* del 29 de enero al 2 de febrero.

entregas y aparece como un denominador común: *Atra bilis* pone en escena a tres hermanas ancianas en el velatorio del marido de una de ellas; en *Los niños perdidos*, los protagonistas son tres niños y un adulto con retraso mental que han sido separados de su familia en el contexto de la Guerra civil; y en *Santa perpetua*, se da a ver el enfrentamiento entre dos familias, la de Santa Perpetua, que vive con sus dos hermanos, y la de Zoilo, que viene a pedirles cuentas respecto a hechos ocurridos durante la Guerra Civil. La exploración de las relaciones familiares en las tres obras permite arrojar luz sobre el pasado traumático de España y dar voz a las víctimas silenciadas tanto por el régimen dictatorial como por el "pacto del olvido" que caracterizó el proceso de transición a la democracia en España. La propia dramaturga establece un vínculo entre familia y memoria histórica. En una entrevista, explica que en su infancia sus abuelas le contaron muchas anécdotas sobre la Guerra Civil y el franquismo (Henríquez 2005). La transmisión de la memoria aparece como una labor de índole familiar y, para ella, suele correr a cargo de las mujeres, como explica en otra entrevista:

> [...] la mayoría de las historias que conozco de mi familia vienen por vía de abuela, por vía de mujeres, que es una cosa muy común. No sé por qué, somos las depositarias de las historias, somos las contadoras de cuentos oficiales. [...] Quizás tenga que ver con que la mujer es la que tiene los hijos. Yo, que he sido madre hace relativamente poco, siento ahora la necesidad de contarle a mi hijo historias de su familia, historias del pasado. Supongo que en este sentido influye. Somos muy cuentistas, nos gusta mucho contar historias, y resumirlas, y sobre todo contárselas a nuestros hijos, a nuestros nietos, a nuestros sobrinos (Chainais 2024: 244).

Asimismo, evoca la experiencia de su suegra (la madre de Mariano Llorente) que pasó su infancia en un centro del Auxilio Social y cuyo testimonio constituye una de las fuentes documentales de las que echó mano para escribir y montar *Los niños perdidos*: "la madre de Mariano se crió desde pequeña hasta la mayoría de edad en un albergue de monjas que regentaba el Auxilio Social, y sus hermanos, separados. [...] Las historias de la madre de Mariano son de traca [...]. [A] partir de estos recuerdos y con todo lo que teníamos empezamos elaborar y a meternos en un mundo realmente terrible" (Ripoll 2011b: 31).

Esta dimensión eminentemente familiar del tema memorístico para Laila Ripoll nos introduce el concepto de posmemoria elaborado por Marianne Hirsch (Hirsch 2021), eso es, el proceso de recuperación de la memoria histórica llevado a cabo por los descendientes de las víctimas, en particular por los nietos. Para Isabelle Reck, Laila Ripoll es triplemente "nieta": "'nieta' por su historia familiar, por la historia colectiva de la España de la recuperación de la memoria histórica y por su pertenencia a esa época de después de Auschwitz" (Reck 2012: 61), lo cual determina muchas coordenadas de su escritura dramática. La propia autora reivindica esta condición de nieta; en una entrevista de 2005 publicada en *Primer acto*, declara: "Soy nieta de exiliados y eso marca" (Henríquez 2005). Los dos temas, familia y memoria, vienen, pues, intricados a varios niveles, y nos proponemos aquí estudiar las tres obras que conforman la *Trilogía de la memoria* a la luz de esta interrelación. La familia funciona a la vez como microcosmos, espejo, metáfora, alegoría y metonimia de la historia nacional y las relaciones intra- e interfamiliares revelan los hechos ocurridos en la historia reciente de España, y en particular la violenta represión llevada a cabo por el régimen franquista contra los republicanos. En un contexto de impunidad instaurada por la todavía vigente Ley de Amnistía de 1977 y de olvido pactado, el espacio familiar aparece como uno de los únicos lugares donde puede emerger la verdad. Por otra parte, las dinámicas familiares constituyen un recurso dramatúrgico potente, un motor para la acción de las obras, y nos proponemos analizar las modalidades elegidas por Laila Ripoll para mostrar esta imbricación entre historia familiar e historia nacional.

Tres obras, tres situaciones dramáticas, tres enfoques sobre el tema memorístico

Atra bilis (cuando estemos más tranquilas)

Laila Ripoll define esta obra como "la menos política de la trilogía" (Ripoll 2011b: 30). Se trata de la primera obra de la trilogía y la segunda de la autora. La primera, titulada *La ciudad sitiada* (Ripoll 1997), trataba de la guerra y el exilio desde un punto de vista universal, con muy pocas referencias al contexto español[2]. En cambio, el argumento de *Atra bilis* se ancla en el campo español, en una época indeterminada. Da a ver, a través del microcosmos de una familia, el ambiente de opresión, violencia y silencio que reinó durante la dictadura franquista en España. Tres hermanas (Nazaria, Daría y Aurorita, apodada "la Nena") viven en "una gran casona" y están velando el cuerpo de José Rosario Antúnez Valdivieso, el marido de Nazaria, la segunda de las hermanas. Se indica en el texto que José Rosario era un ingeniero que fue guardia marina en Cuba y llegó al pueblo vestido con el uniforme, un detalle importante en la medida en que relaciona al personaje con la institución militar. Nazaria, aunque es la segunda, es la más autoritaria de las tres hermanas, como indica la acotación de apertura en la que se alude a su "autoridad vacuna" y es caracterizada como "severa, mal encarada y rígida" (Ripoll 2001: 167).

2 Esta obra fue creada a partir de testimonios recogidos por Laila Ripoll durante unos talleres que dio en Centroamérica en torno a la obra de Calderón *El alcalde de Zalamea* y que le recordaron los relatos de su abuela.

Se hace pasar por tullida después de sufrir un accidente, lo cual es una manera de someter a su hermana mayor que carga con ella cada vez que quiere desplazarse. La hija mayor, Daría, se quedó soltera y es definida como una beata. Aparece, por un lado, como la garante del orden moral y religioso de la casa, pero, por otro, está presa de unos tremendos celos por su hermana Nazaria quien llegó a casarse y a heredar el patrimonio familiar. La tercera, la más joven, es Aurorita (Aurori) que sufre un retraso mental y parece ajena a la atmósfera agobiante de la casa, como muestra el hecho de que va cantando canciones populares a lo largo de la obra. El cuarto personaje Ulpiana, la criada, tiene unos 60 años y ha estado toda su vida al servicio de la familia. La obra tiene evidentes ecos lorquianos, tanto por la situación dramática que recuerda la muerte del segundo marido de Bernarda con la que empieza *La casa de Bernarda Alba* como por el decorado y la caracterización de los personajes femeninos. Las tensiones y hasta los conflictos entre las tres hermanas aparecen desde el inicio de la obra, que se abre sobre un canto polifónico de las tres. La aparente armonía desaparece cuando Nazaria le reprocha a Daría el haber "desafinado" y deja lugar a una serie de insultos violentos. Nazaria se define de entrada como "la viuda dolorosa" (Ripoll 2001: 170), "abandonada con la carga [...] de dos mujeres inútiles [...] una virgen y una idiota" (Ripoll 2001: 171). Las razones del conflicto entre las hermanas son varias: el sacrificio de Nazaria y Daría para cuidar de Aurorita, y el sacrificio financiero de Nazaria para alimentar a sus dos hermanas; los celos entre Nazaria y Daría por el difunto marido, y la envidia de esta hacia aquella por su situación financiera; las acusaciones de Aurorita y Nazaria hacia Daría (la primera la acusa de haber ahorcado a su gato, la segunda de haber causado deliberadamente el accidente en el que casi perdió la vida). Se plantea de entrada un clima violento e insano en esta casa que encierra varios secretos.

Lo que se va revelando poco a poco es un panorama aterrador: el difunto marido se acostaba en realidad con las cuatro mujeres, incluida la joven Aurora, que sufre una deficiencia mental y se quedó embarazada. Daría, la hija mayor, mató al niño cuando nació y lo enterró en el encinar. Por otro lado, comprendemos que Daría intentó matar a su hermana desenganchando el carro que la atropelló. Al final de la obra, la criada intenta matar a las tres hermanas con caramelos envenenados con arsénico, pero Aurora acaba matándola a ella sustituyendo su Anís del Mono por el arsénico, al que había reemplazado por azúcar.

A pesar del odio y de los actos criminales perpetrados, lo que predomina en la obra es el silencio y el encierro. Así Nazaria, después de la confesión de Daría respecto al infanticidio, exclama: "Y silencio. De esto ni una palabra a nadie. ¿Se me entiende o hablo más claro? ¡Nadie diga nada! ¡Chitón y punto en boca!"

(Ripoll 2001: 223), una réplica que recuerda la de Bernarda Alba después del suicidio de Adela en la obra de Lorca. Al final, después de la muerte de Ulpiana, el mismo personaje afirma: "No ha pasado nada. Hala, a lavar la copita de anís y a poner al difunto en su sitio. Aquí no ha pasado nada" (Ripoll 2001: 223). Otro rasgo predominante de esta familia es la idea de unidad frente a la amenaza exterior, una noción vinculada con la idea de patrimonio, en particular cuando este se ve amenazado por Ulpiana que cree haber envenenado a las tres hermanas. Más que su propia muerte, lo que lamenta Daría es que Ulpiana pueda hacerse con la herencia familiar: "Lo que faltaba. Todo nuestro patrimonio en manos de una perra extraña" (Ripoll 2001: 237).

Aunque la verdad ha estallado, la situación va a seguir siendo la misma. Incluso Daría va a seguir cargando con su hermana porque esta la ha amenazado con contar sus secretos a la guardia civil. La familia, en esta obra, aparece por lo tanto como metonimia de una sociedad que ha renunciado a enfrentarse con su pasado y que parece condenada a repetirlo en un eterno retorno, denunciándose así de forma implícita el proceso de transición a la democracia en España.

Los niños perdidos

Si las tensiones familiares constituyen la sustancia dramatúrgica de *Atra bilis*, en *Los niños perdidos*, se muestra la ruptura de los lazos familiares y la ausencia de los seres queridos debido al contexto de la Guerra civil y a la represión franquista. En esta obra un adulto con retraso mental (Tuso) y tres niños (Lázaro, Marqués y Jesusín, apodado Cucachica) están encerrados en el desván de un orfanato gestionado por monjas. Lo que debería constituir una alternativa al marco protector de la familia se convierte en un infierno para estos niños por los distintos malos tratos que sufren. *Los niños perdidos* muestra la alteración, por no decir la destrucción, de la célula familiar por motivos políticos e ideológicos, por lo cual se puede considerar esta obra como mucho más comprometida que la primera.

De entrada, se relaciona el tema familiar con el tema ideológico, introduciéndose las teorías eugenésicas de inspiración nazi del psiquiatra Antonio Vallejo-Nájera que llevaron a la separación de los padres y de los hijos republicanos, y en particular la idea de un "gen rojo" que se llevaría en la sangre. En la primera escena de la obra, sor Resurrección retoma estas ideas en la forma en que se dirige a los niños: "¡Desgraciados! ¡Cómo se nota la sangre que lleváis! [...] ¡Hijos del demonio! [...] ¡Habéis heredado de vuestros progenitores los siete pecados capitales! [...] No habéis sabido vencer la sangre que os corrompe. [...] Mejor hubiera sido haber acabado con vosotros igual que con vuestros padres" (Ripoll 2010: 45). Estas ideas fueron las que llevaron al personaje a renegar de sus padres republicanos y elegir su propia familia de sustitución: "pude renegar del mal que portaba, de la repugnante herencia que me dejaron mis mal llamados padres [...]. [A]hora tengo dos padres y dos madres: Dios y la Santísima Virgen y el Caudillo y Pilar Primo de Rivera. Ellos son los que me han acercado a la luz, ellos son mis verdaderos progenitores y no esos dos degenerados, de los que afortunadamente me protegieron" (Ripoll 2010: 53–54).

Para los niños, en cambio, la separación no ha sido una elección y recuerdan a sus familiares durante los distintos juegos que van elaborando a lo largo de la obra, en la que la metateatralidad funciona como uno de los motores de la acción dramática. Nos enteramos así de la historia personal de cada uno de ellos: Cucachica, el más joven, fue arrancado de su madre republicana mientras esta estaba encarcelada, y llevado en tren hasta el orfanato; Lázaro es huérfano desde que sus padres fueron fusilados, vivió en la calle y finalmente fue llevado a varios centros, por lo cual fue separado de sus tres hermanos y hermanas; y Marqués está solo porque su padre se exilió a Francia y su madre, que era artista y probablemente perseguida por el régimen, lo llevó al centro. A través de estos relatos, los personajes plantean el problema de la identidad, entre otras razones porque en estos centros se les cambió el nombre, como permitía una ley de 1941[3]. Así explica Lázaro:

> Lázaro.—¿Y sabes lo más emocionante? Que a cada asilo que iba, las monjas iban y me cambiaban el nombre: en uno me pusieron Sánchez Pérez, en otro Magro Hermosilla, como la directora, que era más fea y estaba más gorda... y aquí, para abreviar, Expósito. Y yo no soy Expósito, que de verdad, de verdad, mi padre se llama Lázaro Alonso y mi madre Visitación, o sea Visi, Quintana, que de eso sí que me acuerdo perfectamente. (Ripoll 2010: 101)

Los juegos permiten a los niños no solo recordar a su familia, sino también recuperar su identidad. Por otra parte, la situación dramática permite una reconstrucción de vínculos filiales, como por ejemplo los que unen a Tuso y Cucachica (el adulto protege, de forma casi materna, al más joven de los niños), que contrastan con la crueldad que caracteriza a Lázaro cuando pelea con Marqués en varios momentos de la obra. *Los niños perdidos* tiene, pues, una dimensión política e ideológica mucho más clara y trata un tema que todavía era tabú en España en el momento en que se creó, por lo cual las reacciones del público fueron muy diversas, desde un claro rechazo hasta una liberación de la palabra respecto a estos hechos por parte de personas que los vivieron.

3 Se trata de la "Ley de 4 de diciembre de 1941 por la que se regulan las inscripciones en el Registro Civil de los niños repatriados y abandonados".

Santa Perpetua

A primera vista, la tercera entrega de la trilogía presenta una estructura parecida a la de *Atra bilis*: Santa Perpetua, una mujer que tiene visiones y un supuesto don de curar, vive con sus dos hermanos, Plácido y Pacífico, en una "casona provinciana" (Ripoll 2011a: 29). El segundo, como Aurorita en *Atra bilis* y como Tuso en *Los niños perdidos*, también padece un retraso mental. Sin embargo, se añade aquí un nuevo tema respecto a *Atra bilis*: la identidad de género. En efecto, los dos hermanos aparecen vestidos como mujeres y al final de la obra también se cuestiona la identidad de Perpetua[4]. El dispositivo dramático permite recrear, como en *Atra Bilis*, el ambiente de opresión que reina en una familia franquista en la que se impone una conducta determinada a los seres que la componen. Así Pacífico le explica a Zoilo:

> Mi madre siempre nos quiso mujeres. Decía que las mujeres mantenían la familia y las tradiciones, que los hombres necesitaban a las mujeres porque eran las únicas que estaban en contacto con Dios. Así que siempre nos trató como tales y ve usted el panorama. Qué tres estafermos que hemos quedado hechos. (Ripoll 2011a: 64)

El peso de la tradición está presente desde el inicio de la obra: Pacífico cuando evoca las visiones de su hermana habla de "cosas que entiende porque vienen de madre, y de la madre de la madre, y de la madre de la madre de la madre etc. [...] A Perpetua le alcanza la memoria hasta el Génesis" (Ripoll 2011a: 31). Al igual que en *Atra bilis*, el ambiente que reina en la familia se caracteriza por un alto grado de conflictividad y agresividad, como revelan los insultos que intercambian Plácido y Pacífico. Asimismo, la Santa recuerda a Nazaria y aparece como un personaje despótico, que defiende la unidad familiar por encima de todo, incluso de la verdad, como revela esta afirmación suya: "Las familias han de estar unidas hasta que llega la parca" (Ripoll 2011a: 57). Perpetua también define los vínculos familiares por el sustrato biológico cuando declara, hablando de sus hermanos: "Si ni siquiera mi sangre me obedece" (Ripoll 2011a: 67), y religioso, cuando compara a sus hermanos con la figura de Caín (Ripoll 2011a: 67). En esta obra, el elemento perturbador viene del exterior; se trata de un personaje llamado Zoilo, cuya madre fue denunciada por Perpetua porque esta estaba enamorada de su novio (el padre de Zoilo), y cuyo tío murió fusilado y está enterrado en una fosa común. Viene en particular a pedir que Perpetua le devuelva la bicicleta de su tío con la que ella se

---

4 Después de haber matado a su hermana, Pacífico "levanta las sayas de la santa y mira debajo" para ver "si tiene cola". Le confirma después a su hermano Plácido: "No tiene nada. Está lisa como un taco de madera" (Ripoll 2011: 90).

quedó, un objeto que se convierte en símbolo, o más bien metonimia, de todos los bienes robados (la dehesa, la casa, etc.) por la familia de Perpetua. El personaje de Zoilo contrasta con los tres hermanos en la medida en que encarna la dignidad, la verdad y la justicia. La acotación escénica que lo describe precisa: "Todo en él recuerda a la figura clásica de Antonio Machado" (Ripoll 2011: 49). Aunque su familia yace bajo tierra, sigue fiel a la promesa que le hizo a su madre de obtener una justicia que Perpetua –que en cambio viene caracterizada en el texto como "tan vieja como la injusticia" (Ripoll 2011a: 34)– le niega. Pero a diferencia de *Atra bilis*, el orden familiar acaba descomponiéndose debido al afán de verdad de Pacífico quien le hace preguntas a Zoilo para entender lo que pasó. La candidez e inocencia del personaje se opone a la locura insana de Perpetua y acabarán triunfando al final de la obra cuando Plácido mata a su hermana. Esta última obra de la trilogía sigue indagando en temas todavía tabúes en España como son las delaciones y expoliación de bienes republicanos. Pero esta vez, no se puede volver a la situación inicial: la verdad aparece como intolerable, incluso para un miembro de una familia tradicional y católica, y se elimina a la autora de tal injusticia, Santa Perpetua. Lo que se abre aquí es la posibilidad de establecer la verdad y de hacer justicia, una posibilidad que hace eco a la evolución de la sociedad española en los años 2010 y sobre todo 2020, en particular con la reciente Ley de Memoria Democrática que prevé "el resarcimiento de los bienes incautados y las sanciones económicas producidas […] durante la guerra civil y el franquismo[5]".

La familia como resorte dramatúrgico para "hacer memoria"

Si las tres obras presentan esquemas dramáticos distintos y abordan diferentes aspectos de la Guerra Civil y del franquismo, comparten sin embargo rasgos comunes que definen la escritura y el trabajo escénico de Laila Ripoll y de la compañía Micomicón. Nos proponemos ahora analizar algunos de los mecanismos dramáticos utilizados por Laila Ripoll en las tres obras para sacar a luz verdades incómodas sobre la historia española a través del universo familiar. De forma general, Laila Ripoll suele recurrir a varios recursos o modalidades dramáticas y escénicas en sus obras, entre los cuales se pueden destacar lo fantástico, lo grotesco, la metateatralidad y la intermedialidad. En la *Trilogía de la memoria*, hemos identificado tres mecanismos principales y comunes. La primera es la dimensión grotesca de las distintas familias representadas. Esta modalidad está presente en las tres obras, en particular en *Atra Bilis* y en *Santa Perpetua*, y permite adentrarse

5 Véase el artículo 31 de la Ley 20/2022, de Memoria Democrática (20/10/2022).

en el horror familiar creando una distancia humorística que invita al espectador a una toma de distancia crítica. La propia Laila Ripoll asume la elección de esta modalidad, como afirma en una entrevista ya evocada: "Con *Atra bilis* empiezo a construir un imaginario que está a medio camino entre el sainete costumbrista y la tradición española del humor negro, de lo grotesco, desde Quevedo, Valle, Nieva, Goya y sus pinturas negras" (Ripoll 2011a: 32) y añade acerca de *Santa Perpetua*: "Empecé a escribir con la idea de hacer otra obra en la línea de *Atra bilis*" (Ripoll 2011a: 33). En las dos obras, esta dimensión grotesca se traduce en el hecho de que son actores masculinos los que interpretan personajes femeninos, lo cual crea de entrada un desfase humorístico. En *Santa Perpetua*, Laila Ripoll profundiza este recurso al introducir una indeterminación genérica de los personajes que ya se ha evocado. En las dos obras, lo escatológico refuerza esta dimensión grotesca: en *Atra bilis*, al principio de la obra, el personaje de Aurora se ha hecho caca encima y Ulpiana la lava, lo que da lugar a una escena de complicidad entre las dos: "*(Ríen. Está claro que tienen un código en el que nadie más participa. Aurori se pone con el culo en pompa y Ulpiana va limpiando con la esponja)*" (Ripoll 2001: 192). Los excrementos permiten sobre todo evocar el ambiente nauseabundo de la casa, como se observa en esta réplica de Daría: "No decías que envenenaba el aire? ¡Qué porquería! […] ¡Parece mentira que esto sea la Casa Grande! ¡Qué inmundicia! Ni los salvajes" (Ripoll 2001: 192). En otra escena, es la misma Daría la que va a ajustar cuentas con el difunto orinando sobre su cadáver después de abofetearle: "*(Mira a izquierda y derecha. Se sube las faldas y se coloca a horcajadas sobre el difunto)*. ¿Querías agua? *(Orina sobre el difunto)* Pues toma agua. No será la de las playas del cayo Piedras pero también es tibia y salada. Como ves me acuerdo bien de todas tus patrañas" (Ripoll 2001: 204). En *Santa Perpetua*, lo escatológico refuerza la estética grotesca que rodea al personaje de la Santa, y en particular la cama de la que no sale: "*(De detrás de las cortinas, Plácido y Pacífico sacan a Perpetua en una cama decorada hasta el delirio con santos, lazos, banderas, vírgenes y exvotos. Perpetua es vieja, tan vieja como la injusticia. Tiene los ojos apagados y las manos y la cara transparentes. Va vestida con un hábito pardo, del Carmen)*" (Ripoll 2011a: 34). Las visiones de la Santa se caracterizan por una mezcla de elementos de muy diversa índole, que se inscribe en esta modalidad grotesca:

> Perpetua.— *(En un torbellino, a toda velocidad.)* Ricky Martín anuncia que quiere tener una niña… Los pepinos andaluces contra la Administración de Hamburgo… Un hombre de 57 años atropellado mortalmente… Evo Morales pide perdón a los homosexuales… Hallan raro 'pez remo' frente a las costas de Suecia… Museo limpia dinosaurio para exhibición… […]. (Ripoll 2011a: 42)

Lo escatológico aparece al final de esta réplica, cuando "*Pacífico se tira un pedo*", mientras "*poco a poco las convulsiones ceden*" y "*se escucha el sonido machacón y rítmico de una gota de agua golpeando el suelo*" (Ripoll 2011a: 42), creando un desfase entre una realidad tan trivial como los gases que sufre y la supuesta divinidad de su santa hermana.

Tanto en una obra como en la otra, los personajes que padecen retraso mental (Aurora en *Atra bilis* y Pacífico en *Santa Perpetua*) son los que introducen un desfase, una anomalía, una forma de comicidad, y gracias a ellos se descubre la verdad. En *Atra bilis*, Aurora acaba confesando su terrible secreto: "Me dolían los pechos porque rezumaban leche. Me dolían los bajos porque rezumaban sangre. Me dolían las carnes porque rezumaban miedo. Tenías tierra porque le tapaste la boca. Le tapaste la boca aunque no lloraba. ¡Asesina! ¡Asesina!" (Ripoll 2001: 213). En *Santa Perpetua* la verdad emerge a través de las preguntas que Pacífico le hace a Zoilo y a su obsesión por conocer la verdad, que trasluce en la repetición de la misma frase varias veces: "Yo quiero saber la verdad" (Ripoll 2011a: 74–75). La modalidad grotesca que introducen estos personajes es, en definitiva, lo que conduce a la verdad y a la justicia en las dos obras. En *Los niños perdidos* lo grotesco aparece a varios niveles. Al igual que en las otras dos obras, se crea un desfase en el hecho de que son actores adultos los que encarnan a niños. La deformación sistemática del lenguaje y la plasmación del lenguaje infantil crea también un efecto cómico que contrasta con la gravedad de los hechos representados o evocados. También se dibuja una estética grotesca a lo largo de la obra, en los objetos presentes en el escenario: "imágenes de santos a los que les falta un ojo o alguna mano"; "crucifijos sin cruz" (Ripoll 2010: 17); "una muñeca de porcelana calva y medio rota" (Ripoll 2010: 67), y en la caracterización del personaje de la Sor: "*(Con voz cavernosa y aterradora, utilizando el cazamariposas por sorpresa cada vez que lo considera oportuno.)*" (Ripoll 2010: 52). Otro mecanismo presente en las tres obras es la oposición entre el espacio escénico y el espacio fuera de escena. Los tres espacios escénicos aparecen como cerrados, agobiantes y sofocantes. En *Atra bilis*, la acotación de apertura que plantea el decorado dice:

> *(La sala es enorme, oscura y densa, en la gran casona, antigua y solariega, de la pequeñísima aldea. Gruesos muros de piedra en lo que se abre el portón de madera, enrejado y partido en dos para evitar la entrada de las bestias y dejar pasar el aire. Un largo pasillo, al fondo, comunica con el resto de la casa. La única decoración de las paredes consiste en tres ventanas, con los postigos cerrados a cal y canto, y una sagrada cena bañada en plata. […]).* (Ripoll 2001: 167)

El espacio de *Los niños perdidos* es "el desván de un orfanato", caracterizado por una extrema pobreza. En *Santa Perpetua*, también se crea una atmósfera asfixiante desde las primeras líneas:

> *(Truenos delirantes. Los relámpagos que entran por las ventanas iluminan la desvencijada estancia de la casona provinciana. A la derecha una puerta con montantes conduce al exterior. Al fondo, una puerta doble, con vidrios de colores, da a una alcoba. Unas cortinas con bolillos amarillentos ocultan el interior. Algún hueco en el emplomado se cubre con cartón, celofán y esparadrapo. […]).* (Ripoll 2011a: 29)

En los tres casos, este espacio cerrado se ve invadido por el espacio fuera de escena que introduce indicios sobre una verdad ignorada. En *Atra bilis*, el espacio fuera de escena al que se evoca durante toda la obra es el encinar, donde Daría enterró al recién nacido de Aurora. Este espacio viene evocado desde el inicio de la obra en las réplicas de Aurora quien alude a "las encinitas" (Ripoll 2011a: 185–188). Se vuelve a evocar este espacio cuando estalla la tormenta: "*(Otro trueno más cercano. La luz se va. Los perros ladran con saña. Una corriente de aire apaga los cirios del catafalco. Todas gritan.)* […] Ulpiana.— ¡Señora, hay un resplandor en los encinares! ¡Están ardiendo los encinares!" (Ripoll 2001: 208–209). Mientras Nazaria lamenta la pérdida de sus encinares, Aurora lamenta la pérdida de su bebé. Cuando Aurora va al encinar y entra de nuevo en la casa, trae consigo huellas de este espacio, en particular "barro", y "un hato de tela descolorido, raído y sucio entre sus brazos" (Ripoll 2001: 221) que lleva en realidad el esqueleto de un gato. Los vaivenes entre espacio escénico y espacio exterior permiten que la verdad estalle al final de la obra.

En *Los niños perdidos*, son dos los espacios exteriores: por un lado, el colegio de niñas al que da la ventana del desván; por otro, el pasillo desde el cual se escuchan los pasos y suspiros de sor Resurrección. También se evocan los aviones y bombardeos durante la Guerra Civil. El espacio exterior no constituye una alternativa para los niños, sino que representa el miedo (a través de los ruidos de la sor que los conduce a esconderse en el armario presente en el escenario cada vez que los escuchan), e incluso la muerte, en la medida en que los tres niños fueron matados por la sor quien los tiró por la ventana del desván. El espacio fuera de escena aparece, pues, en esta obra como una prolongación del infierno que sufren los niños dentro del centro del Auxilio Social y representa el hecho de que nadie pueda socorrerlos.

En *Santa Perpetua*, el espacio exterior viene asociado a la figura de Zoilo, que penetra dentro de la casa de Perpetua. Como en *Atra bilis* viene acompañado de rayos y truenos, que refuerzan la idea de una irrupción violenta del pasado dentro del espacio íntimo y familiar: "*(Trueno brutal. Entra Zoilo. Llega empapado, con un abrigo largo, gafas y un sombrero, como de otra época. Todo en él recuerda a la figura clásica de don Antonio Machado. [...])*" (Ripoll 2011a: 39).

El último recurso común a las tres obras es lo fantástico, que toma distintas formas y va consolidándose como medio para revelar la verdad a lo largo de la trilogía. En *Atra bilis*, aparece en los diálogos de los personajes, que evocan los espíritus de los muertos cuando empieza la tormenta: "Ulpiana.— Son las ánimas de los muertos viejos, que con la lluvia se remueven en la fosa y salen a penar por sus pecados" (Ripoll 2001: 208). Esta dimensión fantástica reaparece al final, cuando Ulpiana cree haber envenenado a las tres hermanas: "*(De no se sabe dónde, surge una música infernal con aire de habanera. Ulpiana agarra de la mano a las tres viejas y las obliga a bailar una extraña danza de la muerte. Aurorita se agarra al ataúd, que se desplaza por la sala sumándose al baile. Ulpiana grita)*" (Ripoll 2001: 234). Después de este baile macabro, Ulpiana cae muerta, y cesa el desorden que se había instalado en la casa, volviéndose al orden inicial. En *Los niños perdidos*, lo fantástico es el principal recurso sobre el que estriba la acción dramática, como anuncia el epígrafe: "... porque es todo / un ensueño en la mente de mi madre, / que, por estar ya muerta, / sola también está con los remordimientos", una citación de la obra de W. B. Yeats, *Purgatorio*. En la segunda entrega de la trilogía, en efecto, los tres niños son en realidad recuerdos que viven en la mente de Tuso, el único adulto, después de que fueron asesinados por la sor, como se revela en la última escena: "Lázaro.— No existimos ninguno, solo estamos en la cabeza del Tuso.— [...] ¿No te das cuenta? Solo existimos en su mente" (Ripoll 2010: 118). La salida de los niños al final simboliza la liberación interior de Tuso, que ha podido superar el trauma vivido. En *Santa Perpetua*, lo paranormal también constituye un eje central de la construcción dramatúrgica. Se han evocado más arriba las visiones que tiene la protagonista, que le permiten saber lo que pasa en otras partes del mundo. Es a través de una de estas visiones como revela la verdad sobre lo que pasó durante la Guerra Civil: "Perpetua.— *(En otro mundo, hablando por otra persona, como una médium.)* La luna, escondida, hace relucir las estrellas. Los primeros en subir al camión son los más jóvenes que desde arriba, ayudan a los mayores. Hay una mujer a la que le cuesta trabajo, sufre de las rodillas. Un sacerdote confiesa al que lo pide. Sabe la suerte que les espera. [...]" (Ripoll 2011a: 70). En el largo parlamento que sigue, Perpetua se convierte en portavoz de la madre de Zoilo, que cuenta lo que fueron sus últimos momentos antes de que la fusilaran después de la denuncia de la Santa ("Una denuncia anónima y moriré porque me decían que mi hermana leía de lo prohibido" (Ripoll 2011a: 70). En esta obra como en las precedentes, la modalidad fantástica permite que estalle la verdad.

En las tres obras, vemos pues cómo la familia permite arrojar luz sobre un pasado que todavía no se ha asumido plenamente de forma colectiva en España. A través de las relaciones intra- e interfamiliares se desentierran los secretos y se va reconstituyendo una historia nacional silenciada y falsificada durante cuatro décadas. Además, en las tres obras se plantea la cuestión de una posible reparación respecto a los hechos revelados. Si esta reparación parece imposible en *Atra bilis*, se vislumbra la posibilidad de superar el trauma individual en *Los niños perdidos* y se explora la vía de la reparación por los mismos verdugos (eso es, la justicia) en *Santa Perpetua*. Si la Ley de Memoria Democrática ha abierto un camino hacia este proceso jurídico, todavía queda mucha distancia por recorrer y el teatro sigue siendo una de las maneras de indagar en estos temas.

Bibliografía

Chainais, Adeline (2024). "Anexos 2. Entrevista a Laila Ripoll", in Florence Belmonte y Adeline Chainais (eds.), *La memoria rebelde: la historia de España a la luz de los valores demócraticos (1931–2013)*. Montpellier: Presses Universitaires de la Méditerranée, pp. 241–244.

Henríquez, José (2005). "Entrevista con Laila Ripoll. 'Soy nieta de exiliados y eso marca'", *Primer acto. Cuadernos de investigación teatral*, 310, pp. 118–127.

Hirsch, Marianne (2015). *La generación de la posmemoria: escritura y cultura visual después del Holocausto*. Madrid: Carpe Noctem.

Ladra, David (2014). "La *Trilogía de la memoria*, de Laila Ripoll", *Primer acto. Cuadernos de investigación teatral*, 346, pp. 267–277.

Ley 20/2022 de Memoria Democrática (20/10/2022). *Boletín Oficial del Estado*, 252. Disponible en: https://www.boe.es/buscar/act.php?id=BOE-A-2022-17099&p=20221020&tn=1 [Consultado el 17 de febrero de 2024].

Llorente, Mariano y Ripoll, Laila (2014). *El triángulo azul*. Madrid: Centro Dramático Nacional.

——— (2022). *Rif (de piojos y gas mostaza)*. Madrid: Centro Dramático Nacional.

Reck, Isabelle (2012). "El teatro grotesco de Laila Ripoll, autora", *Signa. Revista de la asociación española de semiótica*, 21, pp. 55–84.

Ripoll, Laila (1997). *La ciudad sitiada*. Madrid: Caja España.

——— (2001). *Atra bilis (Cuando estemos más tranquilas…)*, in Laila Ripoll, *Sin nombre, sin nada, Liliana Pérez. Otoño en réquiem, Rosa Figuero. Atra bilis, Laila Ripoll. Border santo, Virginia Hernández*. Madrid: Publicaciones de la Asociación de Directores de Escena de España. Serie "Literatura Dramática Iberoamericana", 32, pp. 164–238.

——— (2005). "Textos teatrales: *Los niños perdidos*", *Primer acto. Cuadernos de investigación teatral*, 310, pp. 131–167.

——— (2010). *Los niños perdidos*. Oviedo: KRK ediciones.

——— (2011a). *Santa Perpetua*. Madrid: Huerga y Fierro editores.

——— (2011b). "*Santa Perpetua* y la *Trilogía Fantástica*", *Primer acto. Cuadernos de investigación teatral*, 337, pp. 25–34.

——— (2013). *Trilogía de la memoria*. Bilbao: Artezblai.

Ibtissam Ouadi-Chouchane*

Familia, memoria histórica y compromiso en *Canícula* de Lola Blasco

Resumen: Durante los siglos XX y XXI, el modelo familiar que impuso el franquismo ha impactado la sociedad española. La producción literaria, en particular teatral, se ha interesado ya desde los años ochenta y en especial en los años 2000 en la estrecha relación familia/sociedad franquista. La dramaturga alicantina Lola Blasco propone, en *Canícula*, una reflexión profunda sobre las huellas de la ideología franquista en una familia. Se trata de una obra que presenta a un grupo de hermanos a puerta cerrada, en plena ola de calor, en un hospital. Las relaciones de comunicación –caracterizadas paradójicamente por el silencio– y el modelo intrafamiliar –patriarcal, racista y sexista– quedan claramente marcadas por la ideología franquista. Los intercambios intrafamiliares ponen de manifiesto una 'familia-Estado' que durante décadas impuso una visión patriarcal y que arraigó unos males endémicos. Se trata en este trabajo de cuestionar, interrogar el pasado para dejar emerger las voces olvidadas. ¿En qué medida la representación de las historias familiares en el teatro de Blasco se hace partiendo de fragmentaciones temporales, escisiones internas dentro del espacio familiar, que interrogan la historia oficial? El compromiso artístico de la dramaturga plantea la reflexión de las relaciones que pueden existir entre historias privadas/ macrohistorias colectivas haciendo resaltar la cuestión de la memoria histórica. Se trata de explicar cómo la célula íntima extrapola la representatividad de un funcionamiento nacional.

Palabras clave: familia; franquismo; memoria histórica; teatro; español; compromiso

El modelo familiar impuesto por el franquismo ha tenido un fuerte impacto en la sociedad española durante los siglos XX y XXI. Los intentos de mantenerlo y luego de romper con él han dado como resultado la ruptura de la unidad familiar. Tensiones internas, historias fragmentadas, olvidadas, silenciadas forman parte de la herencia histórica de muchos españoles. El pacto del olvido, establecido por los partidos de izquierda y derecha tras la muerte del dictador español Francisco Franco en 1975, pretendía establecer un consenso materializado desde el punto de vista jurídico por la Ley de Amnistía de 1977, a menudo denominada 'Ley de Amnesia'. Aunque las autoridades políticas han tardado en cuestionar esta relación con la memoria, en 2007 con la Ley de Memoria Histórica y en 2022 con la Ley de Memoria Democrática, el teatro español se ocupó de esta cuestión mucho antes. En 2006, el investigador alemán Wilfried Floeck destacó el concepto de "teatro

* Universidad de Estrasburgo (CHER UR 4376)

de la memoria" para distinguirlo del teatro histórico. El teatro de la memoria pretende cuestionar los traumas del pasado y no ser una representación realista de los acontecimientos pasados, como es el caso del teatro histórico. Aunque las obras sobre el tema comenzaron a surgir en los años ochenta, fue en torno al año 2000 cuando muchos autores empezaron a abordar la memoria histórica (Sanchis Sinisterra, Itziar Pascual, Juan Mayorga, Laila Ripoll, etc.). En la década siguiente, propuestas de artistas más jóvenes volvieron sobre este pasado traumático que sigue habitando el presente de muchos españoles. Es el caso de Lola Blasco, reconocida dramaturga española y Premio Nacional de Literatura en 2016, que en *Canícula* vuelve sobre la relación entre historia privada e historia nacional.

Lola Blasco es una autora polifacética, también directora, actriz y docente. Licenciada de la RESAD, defendió en julio de 2021 su tesis doctoral, la cual fue calificada como sobresaliente *cum laude*, titulada *La dramaturgia confesional: Un acercamiento teórico-práctico*, bajo la dirección de Eduardo Pérez-Rasilla, quien subrayaba ya en 2011 la calidad artística de la dramaturga: "una de las dramaturgas más originales y prometedoras de su generación" (Pérez-Rasilla 2011: 20). Según la página oficial de la artista, goza de una amplia producción teatral, que cuenta con muchas obras publicadas, traducidas (al francés, al alemán, al inglés, al polaco y al italiano), así como estrenadas en teatros tanto públicos como privados. Su obra *Pieza paisaje en un prólogo y un acto* fue galardonada por el Premio Buero Vallejo 2009. Entre 2011 y 2014, fue premiada en tres ocasiones, con la beca Cuarta Pared. En 2014 recibió la beca Dramaturgias Actuales del INAEM para escribir *Siglo mío, bestia mía*, obra por la cual obtuvo el Premio Nacional de Literatura en 2016. Entre sus obras, *Canícula*, publicada en 2016, ha sido traducida al francés por Clarice Plasteig y publicada por la editorial Les Solitaires Intempestifs en 2017. Hubo varias representaciones. Primero, en España, en 2017, la propuesta de Vicente Colomar en la sala Cuarta Pared de Madrid. El mismo año en Francia, como lectura dramatizada: en el festival de teatro de Aviñón con dirección de Maelle Poesy y en el festival de la Mousson d'été, en agosto de 2017, con dirección de Laurent Vacher. Llegó a ser votada por el público como *coup de coeur* tras la lectura que Marceau Deschamps-Ségura propuso de la obra en La Comédie Française. En noviembre de 2017, la obra fue montada en Bolivia por Sarah Faride. Lola Blasco es una autora consagrada dentro y fuera de España. Forma parte del catálogo de dramaturgos europeos contemporáneos Fabulamundi y ha sido invitada en varias ocasiones en manifestaciones artísticas internacionales (Francia, México, Polonia, Alemania, Estados Unidos…). Su escritura da voz a los que fueron condenados al silencio por la historia, tanto es así como subraya Cristina Ros-Berenguer, Blasco "trata las consecuencias de la Historia a través de los desposeídos, los excluidos, los desesperanzados, los obligados al éxodo y los marginados, las víctimas, en fin; pero también nos muestra la actitud de los callados, los que observan, los que acatan, los que se dejan llevar y finalmente son llevados" (2017: 226). Se trata de cuestionar, interrogar el pasado para dejar emerger las voces olvidadas y al mismo tiempo denunciar los que fingieron no ver nada. ¿En qué medida la representación de las historias familiares en el teatro de Blasco se hace partiendo de fragmentaciones temporales, escisiones internas dentro del espacio familiar que interrogan la historia oficial? El compromiso artístico de la dramaturga plantea la reflexión de las relaciones que puedan existir entre historias privadas/ macrohistorias colectivas haciendo resaltar la cuestión de la memoria histórica. Se trata de explicar cómo la célula íntima extrapola la representatividad de un funcionamiento nacional.

Teatro del absurdo y estética grotesca para representar las escisiones familiares

La nota que precede la obra da indicaciones precisas sobre "la escenografía ideal" imaginada por la dramaturga:

> NOTA SOBRE LA DISPOSICIÓN ESCÉNICA
> En la escena hay tres espacios. El interior de la habitación de hospital donde está El tercero en la cama. La puerta de la habitación en cuyo marco y a cada lado se encuentran La Una y La Otra; y la sala de espera del hospital en la que hay un sofá encarado hacia la puerta de la habitación del enfermo. Tras el sofá hay una ventana por la que se ve el mundo. En la escenografía ideal de mi mente, el marco de la puerta enmarca de forma imposible toda la escena, como si fuera un retablo. (Blasco 2016: 6)

Al principio de la obra notamos una ausencia de *dramatis personae* compensada por esta nota que explicita la organización espacial de los protagonistas en "tres espacios". Espacios separados y a la vez contiguos, espacios cerrados. El campo léxico de la enfermedad resalta claramente y permite plantear de entrada el malestar inherente en la obra. Estamos en un "hospital" con "un enfermo", primer personaje en ser mencionado. Las dos hermanas "la una y la otra" enmarcan la puerta como si fueran ángeles de la guarda. La disposición escénica "ideal" deja entender ya el sistema de cajas chinas y la serie de paralelismos que estructura la obra. La "espera" indeterminada contribuye al malestar y nos hace pensar en el principio de *Esperando a Godot* de Beckett. Una referencia implícita al teatro del absurdo que se nota en profundidad en la obra. La referencia final al "retablo" podría interpretarse como la (re) presentación de un cuadro familiar. La definición de retablo que la Real Academia propone nos invita a esta pluralidad de lecturas: una "obra artística (conjunto de figuras pintadas), obra arquitectónica en un espacio religioso o espacio de representación, pequeño escenario en que se representaba una acción valiéndose de figurillas o títeres" (RAE). En cuanto a la puerta, permite separar dos espacios: el público y el privado. En cambio, la "ventana" tras el sofá podría ser una escapatoria a este espacio exiguo para "ver el mundo". Además de la atmósfera inquieta creada por el espacio exiguo, el título añade otra dificultad: el calor. Un calor abrumante que se debe como sugiere el título a una "Canícula". Los tres espacios, el de los hermanos, el de las gemelas, y el del hermano enfermo, simbolizan tres niveles de incomunicación claramente enmarcados. La frontera entre los espacios parece tan rígida como la frontera con la sociedad conservadora heredada del franquismo. En cierto sentido se trata de (re)presentar la enunciación de un conflicto familiar heredado del periodo franquista. Las divisiones y rupturas que marcaron las historias oficiales han impactado la sociedad y el espacio íntimo familiar. La familia ha sido el receptáculo de tensiones, el espejo de divisiones constitutivo del periodo dictatorial. Para plasmar estos diferentes niveles, Blasco recurre a la *mise en abyme* que permite subrayar la relación estrecha entre historia, sociedad y familia.

La mise en abyme como modalidad de denuncia

En total, la obra consta de ocho escenas y un epílogo. Los títulos corresponden por lo general a términos generales, a vínculos familiares. En la primera escena, "Los hermanos", los personajes quedan designados por el lugar que ocupan en fratria: "el mayor, el de en medio, el menor". En cuanto a las hermanas, no tienen nombre, se denominan "La Una y La Otra", definición que les quita cualquier especificidad y al mismo tiempo les da un carácter universal. Solo aparecen en la escena II "Las hermanas", ahora bien, ya desde la escena I, los hermanos las designan como "perros" que custodian la puerta de la habitación del hermano enfermo. Esta comparación lleva al hermano mayor a hacer una analogía entre el espacio custodiado por las hermanas y el infierno: "El mayor.— Los perros siempre estarán en la puerta. El menor.— En la puerta de dónde. El mayor.— Del infierno" (Blasco 2016: 15–16). Estas referencias remiten claramente al perro de Hades con tres cabezas: Cerbero[1]. Como indica Carme Mayans:

> Tras desembarcar, Psique se encontró cara a cara con el guardián, un perro monstruoso con tres cabezas y cola de serpiente, encadenado a la puerta, llamado Cerbero. La misión principal de este ser fantástico era impedir que los vivos entraran en el reino de Hades y que los muertos pudieran salir. En cuanto vio a la joven, el monstruo se volvió loco y empezó a ladrar ferozmente, con una potencia que retumbaba en todo el inframundo. (Mayans 08/02/2023)

Las reflexiones astrológicas de La Una a propósito de las estrellas en la escena IV –"La Una.— ¿Sabes que en el horóscopo chino somos el perro?" (Blasco 2016: 55)–

1 En griego *Κέρβερος Kérberos*, demonio del pozo.

permiten relacionar esta figura mitológica con el título de la obra "Canícula". Aunque los dos personajes femeninos de la obra son numéricamente minoritarios, desempeñan un papel central, como lo indica el título. Son estos mismos personajes femeninos quienes cierran la obra con un mensaje de cambio y esperanza que implica otra vez la cifra tres: "La Una.— Hay una tercera estrella. Esperando a ser descubierta. Dicen que es el sol de las mujeres" (Blasco 2016: 121). Esta tercera estrella corresponde a la hija que lleva La Una en su vientre. Una luz que permitirá un cambio importante: acabar con la sociedad patriarcal y el modelo familiar tradicional. Además de estar embarazada, La Una, *alter ego* de la dramaturga, tiene otra especificidad: indaga sobre su propia familia. La escena III aparece, así como una *mise en abyme* del trabajo realizado por Blasco para crear la obra. "La Una" investiga sobre su familia como Lola Blasco investigó sobre su familia para escribir la obra:

> La Una.— (*Anota en su cuaderno*) Profecías: sí.
> La Otra.— ¿Qué estás haciendo?
> La Una.— Un estudio.
> La Otra.— ¿Un estudio sobre mí?
> La Una.— Sobre la familia.
> La Otra.— ¿Por qué?
> La Una.— Escribo.
> La Otra.— ¿El qué?
> La Una.— Nuestra historia.
> La Otra.— Vale. (Blasco 2016: 26)

Esta *mise en abyme*, que implica parte de la realidad de la autora, tiene como principal objetivo captar la atención del público con un enfoque nuevo. Como explica Patrice Pavis:

> L'emploi de cette forme répond aux besoins les plus divers, mais elle implique toujours une réflexion et une manipulation de l'illusion. En montant sur scène des acteurs s'employant à jouer la comédie, le dramaturge implique le spectateur 'externe' dans un rôle de spectateur de la pièce interne et rétablit ainsi sa vraie situation : celle d'être au théâtre et de n'assister qu'à une fiction. Grâce à ce redoublement de la théâtralité, le niveau externe acquiert un statut de réalité accrue : l'illusion de l'illusion devient réalité[2]. (Pavis 2004: 365)

---

2 Traducimos: "La utilización de esta forma responde a las necesidades más diversas, pero siempre implica la reflexión y la manipulación de la ilusión. Al poner a los actores en escena para representar una comedia, el dramaturgo implica al espectador 'externo' en el papel de espectador de la obra interna y restablece así su verdadera situación: la de estar en el teatro y presenciar solo una ficción. Gracias a este redoblamiento de la teatralidad, el plano externo adquiere el estatuto de una realidad aumentada: la ilusión de la ilusión se convierte en realidad".

Esta metateatralidad cobra una dimensión grotesca, ya que los personajes no parecen sorprendidos:

La Una.— (*Saca su cuaderno y anota*) Creencia en lo divino: Sí.
El de en medio.— ¿Qué hace?
La Otra.— Un estudio, sobre la familia.
El de en medio.— ¿Para qué?
La Otra.— Su nueva obra, escribe nuestra historia.
El de en medio, El mayor y El menor.— Aaaaaaaaaaaah. (Blasco 2016: 37)

Esta parodia de la dramaturga y la reacción de los hermanos crean una situación ridícula que sirve de fuente de humor. Ahora bien, en el caso de Blasco se trata de una pura herramienta para desvelar un mensaje más profundo: la crítica de la sociedad franquista y del impacto que ha tenido dentro de la familia. En la obra, se notan tensiones y luchas por el poder por parte de los personajes. Las hermanas son consideradas por los tres hermanos como correspondiendo a la imagen que Pilar Primo de Rivera difundía de la perfecta esposa. El discurso institucional franquista hacía de la mujer una menor de edad, que dependía de la figura masculina: su padre, sus hermanos o su marido. El diálogo entre los hermanos, al final de la escena III, ilustra muy bien esta situación:

El mayor.— Entrad vosotras.
La Una y la Otra.— ¿Nosotras?
El mayor.— Las mujeres tenéis mano para estas cosas.
El de en medio.— Sí, las mujeres tenéis mano.
El menor.— Sí.
La Una.— ¿Mano?
La Otra.— ¿Mano para qué?
El de en medio.— Sí, ¿para qué? (*Silencio*)
El mayor.— Ya sabes.
El menor.— Ya sabes. (*Silencio*)
El de en medio.— ¿El qué?
El mayor.— Tú, calla. (*Silencio*)
La Otra.— No sé. ¿Y tú?
La Una.— Yo no, el qué.
El mayor.— Los enfermos.
La Una.— Los enfermos… (*Silencio*)
El mayor.— Los enfermos, los niños y los ancianos.
La Otra.— Los enfermos, los niños y los ancianos, ¿qué?
El mayor.— Los enfermos, los niños y los ancianos, son un trabajo femenino. (*Silencio*)
El mayor.— Por costumbre.
El de en medio.— Por costumbre, sí.
El menor.— Sí, por costumbre.
El mayor.— Y la piedad también.

> El de en medio.— También, también.
> El menor.— También.
> El mayor.— Todo el mundo sabe eso…
> El menor.— Todo el mundo lo sabe…
> El mayor.— … el sacrificio es un vicio femenino. Estáis preparadas para usar las rodillas. (*La Otra se acerca para darle un rodillazo, se asustan*). (Blasco 2016: 40–41)

Los hermanos tienen miedo a entrar en la habitación donde está su hermano enfermo. Utilizan como pretexto la repartición tópica de las tareas para tapar su miedo. Las dudas materializadas por los puntos suspensivos y el silencio muestran la dificultad que tienen para expresar a las claras sus ideas. El intercambio cobra una dimensión cómica que nace de las réplicas del hermano mayor que son repetidas por los otros dos hermanos quienes como títeres no hacen más que confirmar de manera mecánica la réplica del mayor sin dar sus opiniones. El intercambio podría ser un espejo de la sociedad franquista en la que se prohibía la libertad de expresión. La ruptura de este mecanismo al principio del intercambio, por El de en medio, es fuente de humor: "El mayor.— Ya sabes. El menor Ya sabes. (*Silencio*) El de en medio.— ¿El qué? El mayor.— Tú, calla. (*Silencio*)" (Blasco 2016: 40–41). El poder del mayor se impone de manera arbitraria según las normas de la sociedad, niega la posibilidad a los otros dos hermanos y a las hermanas de decidir libremente. Las diferentes ocupaciones posibles para las mujeres ("Los enfermos, los niños y los ancianos") corresponden a las principales tareas que tenían las jóvenes durante el servicio social. Como recuerda Antonio Añover el servicio social nace con el decreto 378 el 7 de octubre de 1937 y "esta sección, como el Estado franquista, buscaba preparar a la mujer como madre, esposa y ama de casa para el futuro y educarla en la sumisión para que fuese más tarde la transmisora de dichas pautas a las siguientes generaciones a través de los hijos" (Añover 2021). Si en el principio del intercambio, el mayor aparece como dubitativo, a medida que avanza el diálogo, añade detalles: "la piedad". Ahora bien, esta aparente confianza queda traicionada por el final del intercambio marcado por una reacción física por parte de la hermana como indica la acotación final: "(*La Otra se acerca para darle un rodillazo, se asustan*)" (Blasco 2016:42). Lo grotesco nace del desfase entre el diálogo y la acotación. El hermano mayor impone una seudosuperioridad que queda descreditada por la actitud de las hermanas, que se rebelan: "La Otra.— Que os den por el culo, cobardes de los cojones. Que sepáis que apesta, vuestra cobardía. Se huele desde aquí. Vosotros no la oléis por lo juntos que estáis, pero que sepáis que huele" (Blasco 2016: 42). La hermana humilla a sus hermanos tanto desde el punto de vista verbal como desde el punto de vista kinésico, como para mostrar lo ridículo de la sociedad patriarcal. En cuanto al último hermano, aparece únicamente en la escena III, pero ya desde la escena I los hermanos se refieren a él.

Sufre una indisposición y no se puede ver. Es designado por "el tercero" como si correspondiera a un tercer grupo. En realidad, esta apelación hace referencia a la ocupación del espacio. Se encuentra en el espacio más exiguo del escenario: en la habitación. Infunde miedo ya que al final de la escena I los hermanos temen entrar. El subtítulo de la escena III aporta una aclaración que puede tener una doble lectura: "El Tercero.— No tienen necesidad de médico los sanos, sino los enfermos" (Blasco 2016: 33). Una lectura literal, y una lectura irónica. Se puede percibir en la construcción de este personaje, retomando las palabras de Javier Rodríguez Pequeño en su estudio del *Diablo cojuelo*, una forma de "realismo grotesco", un "sistema de imágenes de la cultura cómica popular" (2001, marzo). Lo grotesco nace aquí de la lógica de inversión ya que el tercer hermano pasa de una figura "crística" a una figura satánica. Esta inversión nos invita a pensar en la figura del bufón, que solía disfrazarse de demonio, y cuya principal función era hacer reír a la gente insistiendo en los contrastes (Bajtín 2003: 24). Los padres solo aparecen como referencias, no están presentes en la obra. El hermano mayor aparece como la figura sustituta del padre, legítimo heredero del patriarcado, y se autoproclama "cabeza de familia" (Blasco 2016: 19) al final de la escena I. Las referencias al "padre" y a la "madre" en el título de las escenas VI y VII permiten alimentar una doble lectura:

> VI- El padre y el pueblo
> *Todos vosotros sois hermanos. A nadie en la tierra llaméis padre, al fin y al cabo, los enemigos del hombre son los de su propia casa.* (Blasco 2016: 65)
>
> VII- La madre y los clavos
> *Una voz se oyó en el desierto,*
> *un llanto y lamento grande.*
> *Es la madre que llora a sus hijos*
> *Y no quiere ser consolada*
> *porque ya no existen.* (Blasco 2016: 79)

El padre es cabeza de familia, patriarca y al mismo tiempo representante religioso. La madre es ama de casa y representante religiosa. La segunda lectura, la de los padres como representantes de la iglesia, queda confirmada por el tercer hermano que afirma no tener ascendencia "No tengo padre, no tengo madre" (Blasco 2016: 105). En realidad, el tercero se define como un *alter ego* de la figura "crística" que busca a los otros condenados: "El tercero.— ¡Eh! Schhhhht. ¡Eh! ¿Dónde está el cuarto condenado? ¿Dónde está el que falta? (Blasco 2016: 92).

Lola Blasco no solo denuncia las tensiones y escisiones internas a la estructura familiar como espejo de la sociedad política, sino que cuestiona también el papel de la familia como comunidad religiosa. La institución religiosa, como herramienta para difundir la ideología franquista en las familias, no escapa a la crítica de la dramaturga. La referencia al monte del calvario en la escena V, con el tercero como principal protagonista, antes de la crucifixión de Jesús, alimenta el carácter político de la obra. La principal razón por la cual Cristo fue arrestado era política, como recuerda Ariel Alvarez Valdès:

> La crucifixion était un châtiment que les Romains n'appliquaient qu'aux rebelles politiques, aux révolutionnaires sociaux et aux éléments subversifs. Nous savons que, durant la domination romaine sur la province de Judée, seuls des séditieux ou ceux qui sympathisaient avec eux ont été crucifiés ; jamais aucun voleur. En droit romain, le vol, simple ou accompagné de violence, ne constituait pas un crime capital[3]. (Alvarez Valdès 2018)

El compromiso de Blasco se sitúa tanto a nivel estético como político. El recurso a la estética grotesca es una modalidad para implicar plenamente al espectador. Este tiene también que entender la sutileza de los subtítulos de la obra. El subtítulo de la obra invita a considerar la obra teatral de Blasco bajo otra forma: "CANÍCULA (Evangelio apócrifo de una familia, de un país). La referencia religiosa presente en el subtítulo aparece también a lo largo de la obra en los subtítulos de cada escena excepto en la escena VIII, "Cabeza en la pica", que invita a cuestionar el orden establecido. Según Renaud Faget: "La pique est donc un symbole majeur qui tend à représenter à la fois la souveraineté populaire et la frange déshéritée de la sans culotterie qui lutte pour l'égalité[4]"(Faget 2018: 24). Esta referencia podría considerarse como un llamamiento a la rebeldía y al cuestionamiento del modelo familiar heredado del franquismo, como manda el tercero desde la escena III: "El tercero.— [...] ¡Rebelión!" (Blasco 2016: 37). En las demás escenas, los subtítulos se parecen a mandamientos divinos o se refieren a valores religiosos. El subtítulo de la primera escena: "El que se irrite con su hermano será llevado a juicio; el que insulte a su hermano ante el tribunal supremo, y el que lo injurie gravemente será llevado al fuego" (Blasco 2016: 7), propone otra lectura de este espacio. Un espacio que podría ser el del juicio final, el infierno, en el que se invita a las personas a rendir o ajustar cuentas. Esta hipótesis queda sugerida al principio de la escena I: "El mayor.— Hace un sol de justicia. El de en medio.— De justicia, sí. El menor.—

3 Traducimos: "La crucifixión era un castigo que los romanos aplicaban únicamente a los rebeldes políticos, los revolucionarios sociales y los elementos subversivos. Sabemos que, durante la dominación romana de la provincia de Judea, solo se crucificaba a los sediciosos o a quienes simpatizaban con ellos; nunca a los ladrones. Según el derecho romano, el robo, ya fuera simple o acompañado de violencia, no era un delito capital".

4 Traducimos: "La pala es, por tanto, un símbolo importante que suele representar tanto la soberanía popular como la franja desfavorecida de los marginados que luchan por la igualdad".

Sí, de justicia" (Blasco 2016: 9). El proyecto estético de Blasco, ¿no consistiría entonces en ajustar cuentas con el pasado, pedir "justicia" denunciando las herencias de la sociedad patriarcal franquista en el marco de la familia? Dicho de otro modo, ¿no se trataría para la dramaturga alicantina de romper con el silencio familiar?

El silencio familiar: entre continuidad y rupturas

En la escena I, no hay un diálogo auténtico. El personaje del medio y el menor se limitan a repetir o asentir a lo que dice el mayor. La comunicación se empobrece y da a los protagonistas un cariz grotesco, ya que se comunican de manera mecánica como si fueran títeres. Los silencios de las acotaciones vienen a recalcar el efecto grotesco. Según Pavis, la forma grotesca tiene diferentes expresiones:

> Les raisons de la déformation grotesque sont extrêmement variables, depuis le simple goût de l'effet comique gratuit (dans la commedia dell'arte, par exemple) jusqu'à la satire politique ou philosophique (Voltaire, Swift). Il n'y a pas le grotesque, mais des projets esthético-idéologiques grotesques (grotesque satirique, parabolique, comique, romantique, nihiliste, etc.) Tout comme la distanciation, le grotesque n'est pas un simple effet de style, il engage l'entière compréhension du spectacle[5]. (Pavis 2004: 154)

La propuesta grotesca de Blasco viene a representar la realidad de una familia exagerando la ausencia de comunicación, espejo del silencio impuesto por la sociedad franquista en el seno de la familia española. Esta relación entre el realismo y el grotesco queda subrayada por Pavis que considera que "[...] le grotesque est un art réaliste, puisqu'on reconnaît (comme dans la caricature) l'objet intentionnellement déformé. Il affirme l'existence des choses tout en les critiquant[6]" (2004: 154). Al poner en escena a esta familia, Blasco tiene como proyecto criticar las herencias institucionales en el seno de una familia española entre tantas. Para ello, además del grotesco, recurre al teatro del absurdo. Como en el teatro del absurdo, los hermanos pierden su carácter individual y parecen tener un existencia automática y agobiante. Se impone a lo largo de la escena I una especie de rutina y de cansancio que convierte a los personajes en máquinas y les quita cualquier

---

5 Traducimos: "Las razones de la distorsión grotesca varían enormemente, desde el simple gusto por el efecto cómico gratuito (en la *commedia dell'arte*, por ejemplo) hasta la sátira política o filosófica (Voltaire, Swift). No existe lo grotesco, pero sí proyectos estético-ideológicos grotescos (grotesco satírico, parabólico, cómico, romántico, nihilista, etc.). Al igual que el distanciamiento, lo grotesco no es un simple efecto estilístico, sino que implica toda la comprensión de la representación".

6 Traducimos: "lo grotesco es una forma de arte realista, ya que reconoce (como en la caricatura) el objeto intencionadamente deformado. Afirma la existencia de las cosas al tiempo que las critica".

forma de humanización. El motor de esta situación es la "canícula" como indica el hermano de en medio en la escena I:

> El de en medio.— …y venga sol, y más sol. Y nunca se olvida el sol, en el sur, nunca se olvida de salir. Y venga turistas, y más turistas, todos rojos, como las tomateras del Boni, y todo el resto del mundo viene aquí, porque hace muy buen tiempo, de vacaciones. Y los que estamos aquí, nos quedamos aquí, porque los que estamos aquí, no tenemos vacaciones. Aquí nunca tenemos vacaciones porque aquí, ni el sol se toma un día de descanso. Me gustaría tener vacaciones. (Blasco 2016: 12)

El de en medio utiliza primero la forma plural "nosotros" para mostrar lo implacable de la situación que sufren todos de manera arbitraria. Ahora bien, el uso de la primera persona del singular muestra su deseo de cambio, como en el epílogo. Las referencias al sol abren y cierran la obra. El sol de justicia queda asociado a los hermanos, al principio de la obra, y al final de la obra, se trata de un sol asociado a las hermanas, en el subtítulo de la última escena: "*Y sus rostros brillaron como el sol, Y sus vestiduras se volvieron blancas, como la luz*" (Blasco 2016: 119). La incomunicación y el silencio aparecen como modalidades de comunicación dentro de la familia. Tanto en las acotaciones como en el diálogo, la ausencia de palabras es considerada como la norma. El hermano mayor impone este silencio como norma en el seno de la familia:

> El mayor.— No se habla, en nuestra familia, se trabaja día y noche y cuando no se trabaja se pone la tele. Así es como son las cosas. En nuestra familia no se habla, ni nadie se siente indispuesto. (Blasco 2016: 14)

> El mayor.— Ningún ruido. El único ruido que podéis oír es el del televisor encendiéndose y apagándose. (Blasco 2016: 69)

La televisión, medio de comunicación, viene a colmar en cierto sentido el vacío dejado por los humanos, y añade una frialdad y deshumanización a la escena, herencias de la ideología franquista. Los personajes aparecen como títeres que solo se dedican a "trabajar" o "escuchar la tele". Se les niega cualquier forma de sentimiento "nadie se siente indispuesto". En este contexto, los chillidos del "tercero" son inaceptables y el hermano mayor finge no prestarles atención. Además de la comunicación verbal limitada, la comunicación no verbal queda también restringida. Así el hermano mayor impide cualquier marca de cariño o de cercanía entre los miembros de la familia. Tanto es así que cuando en la escena III, "El Tercero" pide que sus hermanos se abracen, el mayor interviene para impedir este acercamiento familiar "Voz del hermano.— Abrazaos todos, abrazaos. (*Hay una intentona general, el hermano mayor la corta*)" (Blasco 2016: 39). El hermano mayor, como heredero del padre y de las normas de la sociedad franquista, hace de censor e impone la frialdad dentro de la microesfera familiar. La dramaturga nos da a ver las relaciones estrechas entre el poder instruccional franquista, la sociedad española y las herencias dentro de la esfera familiar. La familia en vez de acercar a los seres es fuente de escisión y separación.

La propuesta estética de Blasco se centra en reflexionar sobre el papel del espectador en el proceso artístico. Partiendo de la premisa de que "el que ve no sabe ver", que también es la premisa de *Le spectateur émancipé* (2008) de Rancière, el teatro se presenta como el lugar ideal para examinar la cuestión de la pasividad en el mundo real, ya que es una "escuela del espectador" donde se ejerce la mirada. ¿Qué significa ser pasivo, qué significa ser activo, en el teatro y en el mundo? Sobre todo, para Lola Blasco, para retomar las palabras de Enzo Cormann, se trata de "atacar lo que hay detrás de la imagen": "El arte afirma o denuncia lo insensato, lo impensable. El arte suspende, sorprende, el sentido común, es decir, el pensamiento único, convocando la polivocidad, la multiplicidad. Donde la comunicación produce un modelo, el arte convoca todas las facetas del ser" (Cormann 2005: 62). En este sentido la "emancipación del espectador" se produce cuando este logra ver lo que ve y saber qué pensar o qué hacer de la propuesta artística que descubre. Este cuestionamiento de la comunicación/silencio, tiene lugar en la propia obra por las hermanas. Estas se empeñan en comunicar, ya desde el útero: "La Una.— Dicen que [los gemelos] se comunican desde el útero, y que el gemelo que acaba de nacer le puede decir al otro si le gusta o no lo que ve en función de eso el hermano nacerá vivo o muerto. [...]" (Blasco 2016: 28). Así a lo largo de la escena III, la relación singular de las hermanas gemelas queda subrayada, tienen una "conexión especial" (Blasco 2016: 26, 28, 30). La repetición tres veces de estas palabras da una dimensión singular a la relación entre las dos mujeres. El director Vicente Colomar propuso, en la puesta en escena de la obra en 2015 en la sala Cuarta Pared, materializar la unión entre las dos hermanas por un cable de teléfono que unía a las dos actrices de manera grotesca. La comunicación no verbal es otro elemento importante entre las hermanas: se abrazan frecuentemente (Blasco 2016: 45, 53). Tanto es así que la una llega a subrayar la difícil frontera entre la noción de identidad y alteridad: "Porque cuando te veo así, delante de mí, igual que yo, me planteo: ¿yo soy yo, o soy nosotras?" (Blasco 2016: 30).

Conclusión

Lola Blasco propone cuestionar el pasado para mejor entender el presente. Este cuestionamiento del presente se realiza a través de lo grotesco, lo absurdo, el humor, la parodia y sistemas de *mise en abyme*. Si a primera vista estas herramientas sirven un humor, y dan a la obra cierta liviandad, en realidad se trata de iniciar una profunda reflexión en el espectador sobre la crítica a la sociedad franquista, así como a la institución religiosa que sirvió de cómplice a la marginación y sumisión femenina dentro de la esfera familiar. Historia, sociedad y familia quedan íntimamente relacionadas.

El compromiso de Blasco se caracteriza por una sororidad[7] y por un deseo de desvelar todos los silencios que marcaron la historia de España (desde el periodo franquista), así como los que se impusieron en las familias españolas. En una entrevista con José Romera Castillo la autora explicaba su activismo político ejercido a través de su teatro:

> Yo hago teatro porque me gusta compartir. Y además quiero contar o transmitir un mensaje a cuanta más gente mejor. Entonces, desde el principio he querido contar historias que hablaran de las injusticias, que tuvieran ese sentido casi de redención 'benjaminiana' de volver a recuperar esas injusticias para redimirlas de alguna forma, y que… por qué no decirlo, que también denunciaran aspectos del presente. (Romera Castillo 16/10/2017)

En *Canícula*, la ausencia de comunicación y la deshumanización de los personajes cuestionan la herencia familiar y la herencia de la historia nacional dando un lugar clave a las protagonistas femeninas, para sacarlas del olvido. La labor de la dramaturga consiste entonces en proponer un teatro comprometido que aboga por la memoria recorriendo las historias individuales marcadas por las historias colectivas reflejo de la historia nacional. La obra muestra que la redefinición de las familias con respecto al modelo tradicional repercute en la relación que los individuos tienen de la historia nacional. Así, este compromiso podría interpretarse, en palabras de Laura Zambrano Silvera, como "un alegato a favor de la memoria como matriz de la historia, en la medida en que sigue siendo el guardián de la problemática relación representativa del presente con el pasado" (2007: 14).

Bibliografía

Alvarez Valdès, Ariel (29/03/2018). "Qui étaient les hommes crucifiés avec Jésus?", *Choisir, Revue culturelle d'information et de réflexion*. Disponible en: https://www.choisir.ch/religion/bible/item/3114-qui-etaient-les-hommes-crucifies-avec-jesus [Consultado el 12/01/23].

Añover, Antonio (05/10/2021). "Así era el Servicio Social de la Sección Femenina de Falange, la "mili" de las mujeres durante el Franquismo", *La razón*, "Cultura". Disponible en: https://www.larazon.es/cultura/20200123/ngnmixc2qzanboa-477tktq5afu.html [Consultado el 07/02/23].

7 Su compromiso con la sororidad y la justicia social se refleja en su elección de temas y en su forma de abordarlos, convirtiendo su obra en un testimonio valioso y relevante en la lucha contra la opresión y el olvido. Se trata, para la dramaturga, de resistir a la vez contra el olvido y contra la sociedad patriarcal.

Bajtín, Mijaíl (2003). *La cultura popular en la Edad Media y en el Renacimiento. El contexto de François Rabelais*. Versión de Julio Forcat y César Conroy. Madrid: Alianza. Disponible en: https://ayciiunr.files.wordpress.com/2014/08/bajtin-mijail-la-cultura-popular-en-la-edad-media-y-el-renacimiento-rabelais.pdf [Consultado el 15/03/24].

Blasco, Lola (2016). *Canícula (Evangelio apócrifo de una familia, de un país)*. Alicante: Instituto Alicantino de Cultura Juan Gil-Albert.

Cormann, Enzo (2005). *À quoi sert le théâtre?* Besançon: Les Solitaires intempestifs.

Faget, Renaud (2018). "L'arme de la liberté : usage et enjeux de la pique révolutionnaire", *Annales historiques de la Révolution française*, 393, pp. 11–33. Disponible en: https://www.cairn.info/revue-annales-historiques-de-la-revolution-francaise-2018-3-page-11.htm#pa8 [Consultado el 12/01/23].

Mayans, Carme (08/02/2023). "Cerbero, el perro monstruoso que vigilaba las puertas del inframundo griego", *Historia National geographic*. Disponible en: https://historia.nationalgeographic.com.es/a/cerbero-el-perro-monstruoso-que-vigilaba-las-puertas-del-inframundo-griego_19046 [Consultado el 12/01/23].

Pavis, Patrice (2004). *Dictionnaire du théâtre*. París: Armand Colin.

Pérez-Rasilla, Eduardo (2011). "La escritura más joven. Algunas notas sobre la literatura dramática emergente en España", *Acotaciones*, 27, pp. 13–32.

Rancière, Jacques (2008). *Le spectateur émancipé*. París: Éditions La Fabrique.

Rodríguez Pequeño, Javier, (2001, marzo). "Poética del realismo grotesco: el carnaval en el *El Diablo Cojuelo*", *Tonos digital. Revista electrónica de estudios filológicos*, 1. Disponible en: https://www.um.es/tonosdigital/znum1/estudios/rodpeqe1.htm [Consultado el 12/02/23].

Romera Castillo, José (16/10/2017). "Lola Blasco (Premio Nacional de Literatura Dramática, 2016) dialoga con José Romera Castillo". Disponible en: http://www.rtve.es/alacarta/videos/uned/uned-06-10-17/4249916/ [Consultado el 12/01/23].

Ros-Berenguer, Cristina (2017). "Hacia el horizonte de lo colectivo: La 'generación en red' y el teatro político de Lola Blasco", *Feminismo/s*, 30, pp. 209–233.

Zambrano Silvera, Laura (2007). *El ejercicio/uso de la* memoria *en el ámbito teórico/práctico* salud mental *y* derechos humanos *(Para una comprensión de la* memoria *a través del estudio del pensamiento de Paul Ricœur)*. Tesina de Máster. Universidad de Chile. [Tesina inédita]. Disponible en: https://repositorio.uchile.cl/bitstream/handle/2250/108967/El-ejercicio-uso-de-la-memoria-en-el-ambito-teorico-practico.pdf?sequence=3 [Consultado el 05/04/23].

Fanny Blin*

Transmisión intergeneracional de la historia nacional en obras españolas de la última década

Resumen: Las lógicas propias de cada familia orientan y construyen una percepción del pasado nacional que la historia familiar va cuestionando, porque quizá sea la familia el primer escalón de la 'memoria colectiva'. En España, la última década rebosa de ejemplos de obras que teatralizan los conflictos de familia con una contextualización en acontecimientos trascendentales de la historia del siglo XX. Basándose en un análisis comparado de la forma de representar las tensiones y las reconciliaciones entre los miembros de las familias, este artículo pretende estimar cuánto la historia nacional pesa en las relaciones entre generaciones, en cinco obras que ilustran este fenómeno:

Donde el bosque se espesa, de Laila Ripoll y Mariano Llorente (2018)
40 años de paz, de Pablo Remón (2015)
Trincheras, de Gracia Morales (2021)
Familia feliz, de Javier Hernando Herráez (2014)
Árbol adentro, de Juanma Romero (2014)

Se revelarán las tendencias comunes (memorias borrosas, identidades descubiertas, secretos de familia, objetos heredados, nombres y destinos que se repiten) para mostrar cómo la historia no solo condiciona los lazos intergeneracionales, sino también determina el funcionamiento y la percepción de su familia en el seno de la nación. En el centro de esas tensiones, está el problema de la transmisión de un relato como miembro de una comunidad identitaria.

Palabras clave: Generaciones; secretos; teatro de la posmemoria; destinos; transmisión; nietos

Introducción

A raíz de las investigaciones sobre el teatro de la memoria, hoy toca investigar las más recientes prolongaciones del trabajo de la "generación de dramaturgos contemporáneos cuyo hilo conductor es la memoria individual y colectiva: Itziar Pascual, Guillem Clua, Gracia Morales, Alfredo Sanzol, Jerónimo López Mozo, Juan Mayorga, Alberto Miralles y José Sanchis Sinisterra" (Laurence 2020: 116).

* Universidad Gustave Eiffel (EMHIS – LISAA)

Precisamente, este artículo propone comparar algunas obras recientes en cuanto al tratamiento del tema de la memoria familiar y sus paralelismos con la historia nacional española, más aún con el contexto de gestación de la Ley de Memoria Democrática (2022). Analizando algunas obras de la última década, se examinará cómo los secretos de familias comparten la substancia de la historia, la cual, a su vez, reconfigura las relaciones entre generaciones. Se verá cómo las dramaturgas y los dramaturgos componen escenas que revelan el peso de la historia en las relaciones entre generaciones. Hasta la percepción de la historia nacional depende de una transmisión intergeneracional. La presente reflexión descansa en particular en cinco obras que ilustran este fenómeno: *Árbol adentro,* de Juanma Romero (2014); *Familia feliz*, de Javier Hernando (2014); *40 años de paz*, de Pablo Remón (2015); *Donde el bosque se espesa*, de Laila Ripoll y Mariano Llorente (2018) y *Trincheras*, de Gracia Morales (2021). Esta selección responde a que se valen de la familia no solo como estructura o tema, sino como personaje colectivo y como construcción que organiza una visión de la identidad personal y colectiva. Además, se inscriben en la 'dramaturgia de la posmemoria', es decir, más distante respecto a los acontecimientos traumáticos (Hirsch 1997: 22), pues el trabajo de investigación y memoria es elaborado por las generaciones siguientes (nietos, bisnietos). Al comparar estas piezas, emergen unas tendencias comunes en cuanto a la representación de la mecánica familiar y del peso de la historia, sobre todo por escenificar unas memorias borrosas, teatralizar unas revelaciones en cuanto a la identidad de los personajes, siempre en una tensión muy estrecha con la trama histórica de la España del XX, de forma más o menos explícita.

En *40 años de paz*, Pablo Remón propone observar cuatro décadas de historia nacional a partir del prisma de una madre y sus tres hijos: Julieta, la madre, Ricardo, el hijo mayor, Natalia, la hija mediana, Ángel, el hijo menor. Cada uno desarrolla su punto de vista sobre la verdad íntima de la familia y su lugar en la nación y en su historia, a partir del 23F, día de la muerte del padre. Según expone Pablo Remón "es una obra construida sobre el deseo y la pulsión de contar historias. Creo que la mejor manera de contarnos, de explicarnos dónde estamos como individuos y como sociedad sigue siendo contar una (o mil) historias" (2016).

Donde el bosque se espesa propone "un traumático viaje a la verdad[1]" llevado a cabo por una madre y su hija, cuando heredan una caja que contiene misteriosas fotos de la abuela y postales escritas en serbocroata. Para entenderlo, deben cuestionar todo lo que creen saber sobre su familia, su madre, su identidad, el papel de su familia en la historia nacional y europea. La acción consiste en su investigación y los efectos que producen las revelaciones en las relaciones de

---

1 Según estableció la compañía en el momento de la puesta en escena.

la familia, al perseguir a los fantasmas de los abuelos por la historia española y yugoslava. Además de remover la historia de la guerra civil, se revela que no solo el (bis)abuelo fue un criminal de guerra, sino que el marido/padre también ocultó su verdadera identidad y sus crímenes de guerra[2] en Sarajevo, estableciendo una relación estrecha entre historia, secretos familiares e investigación.

Con *Trincheras*, Gracia Morales crea un espacio-tiempo fuera de la cronología histórica para que se encuentren los miembros de una familia, más allá de la vida y la muerte, para entenderse y comprender la inscripción de su historia en la trama nacional. La joven Ariadna tiene que investigar, tirando del hilo para (re) componer la memoria familiar. En particular descubre la verdadera historia de su abuelo Diego, en el marco determinante de la historia nacional: traumatizado por su vivencia como soldado, no pudo dejar la trinchera, la cual se convirtió en un laberinto que determinó el destino de su familia.

Quizás sea *Familia feliz*, de Javier Hernando, la más íntima y la más simbólica de estas obras[3]. Los miembros de la familia no llevan nombres, sino que se definen por sus parentescos: Hermana, Mamá, Papá. La obra teatraliza la dimensión paradójica de la familia, como un espacio de doble fila, cuya representación descansa en la metáfora de las hormigas como sociedad, que supone que ninguna hormiga puede alejarse del grupo. Así pasa cuando se refugian en el sótano para huir de quien llama a su puerta. El jurado del premio recibido por Javier Hernando para esta obra subrayó "la creación de una fábula donde la familia aparece como el refugio de los peligros externos y como verdugo de cada uno de los miembros que la componen[4]". Los miembros de esta familia acaban reflexionando sobre la herencia y la historia, íntima y social.

En *Árbol adentro*, se hablan Iñaki, el "padre de familia", su hija Maite y su hijo Manu, cuyos nombres heredaron de su tía y del bisabuelo. El hermano personifica la relación con la historia nacional, "estudiante de Historia que no sabe contar historias", mientras la hermana encarna la vertiente familiar: "En su cuerpo viajan siglos de una pena familiar" (Romero 2015: 10). Los difuntos miembros de la

2 Este paralelismo generacional lo sintetiza Miriam García Villalba: "si en un primer momento fueron en busca del paradero real de su abuelo, descubierto como un criminal de guerra yugoslavo, también Zoran Stankovic, marido de Antonia, resultó ser otro victimario con un cruento pasado" (2020: 234).

3 La estructura se caracteriza por una voz didascálica en primera persona, a modo de narrador interno que sirve de intermediario entre los demás personajes y el público, describiendo la acción como un testigo.

4 Véase la nota de prensa que cita al jurado del premio recibido por Javier Hernando (S. C. noviembre 2017: 112).

familia desempeñan un papel central y sus destinos emergen mediante sus descendentes. En su introducción a *Árbol adentro*, Borja Ortiz de Gondra recuerda la historia de una creación estrechamente vinculada con la dimensión personal:

> *Árbol adentro* es uno de los cuatro textos dramáticos que se escribieron en el laboratorio de dramaturgia "Del yo al nosotros", dentro del proyecto Espacio Teatro Contemporáneo (ETC), que impartimos en 2013 en la Sala Teatro Cuarta Pared. En ese laboratorio, en el que participaron algunos de los autores más interesantes de la nueva generación (Quique y Yeray Bazo, Lola Blasco, María Velasco y el propio Juanma Romero), la premisa de la que partimos era tomar como base historias reales de las familias de los propios dramaturgos para tratar de investigar la intrahistoria de los últimos 60 años de nuestro país. (2015: 5)

Más allá de la inspiración en la historia propia, son muchos los aspectos en los que convergen estas obras: destaca la transmisión de un nombre, que supone a menudo la reproducción del destino.

'Nombres de familia', destinos determinados

En *Trincheras*, en *Árbol adentro* y en *Donde el bosque se espesa*, los dramaturgos señalan que los protagonistas heredaron sus nombres (muchas veces, de los abuelos). También puede ser un indicio de la filiación secreta: por ejemplo, Emiliana como única señal de la paternidad de Emiljan (Ripoll y Llorente 2018: 49). La heroína de Gracia Morales es Ariadna, cuya referencia mitológica es explícita, aunque ella tarda toda la obra en entenderla del todo. Empieza viéndolo como "un nombre sin peso, un nombre libre, que no significa nada" (Morales 2021: 3). Al contrario, semejante identidad programada determina su papel en la historia de su familia. Desde las primerísimas réplicas entendemos que el nombre es una clave más en relación transgeneracional entre abuela y nieta. Al llamarla Ariadna, su abuela le confirió la misión de recomponer la memoria familiar. La obra sugiere que los abuelos dejaron atrás las herramientas (aquí: la cuerda, la llave, el nombre) para realizar el trabajo memorístico que no pudieron llevar a cabo. Gracias a estos indicios, las tramas temporales se mezclan finalmente para permitir el acceso al recuerdo familiar, la historia de la "desaparición" del abuelo. En este espacio-tiempo puede revelarle una verdad dolorosa y sumamente conectada con la historia nacional (pues la Guerra Civil rompió el vínculo de la pareja). A su vez, el público hereda la cuerda, auténtico cordón umbilical que refleja el frágil hilo de la verdad histórica e íntima. En las demás obras, los secretos de los muertos condenan a los vivos hasta que estos encuentren una forma de hacer memoria y entender cómo el pasado familiar se entrelaza con el nacional. Como vía de escape, acaba por aparecer la necesidad de que los hijos/nietos/bisnietos investiguen la intrahistoria para saber cómo participar en el presente colectivo.

Estas familias funcionan como espejos y canales de la historia nacional en el teatro de la posmemoria. La cuestión de la transmisión es muy explícita en *40 años de paz*, pues el fantasma del padre vuelve para revelar los pretendidos "secretos" de la historia nacional. Semejante postura nos permite observar que sus hijos han heredado de él cierta percepción de la historia española: una sensación de ninguneo y de complot para el menor, y un "espíritu de conquista" para el mayor. Si la relación con su hijo menor decepciona al padre militar en cuanto al estatuto social que este ocupa, la transmisión del modelo paterno ha sido más eficaz con el mayor, que se le parece mucho: "Narrador#3.— Ricardo, el mayor, es el que más se parece al General. Ricardo ha heredado de su padre la ambición, la fuerza, el deseo de conquista" (Remón 2015: 27–28). Emergen dos aspectos: primero, formar parte de una familia supone un posicionamiento ideológico que nos sitúa como ciudadanos. Segundo, las cualidades humanas se reparten según los roles de género y la familia es la célula de transmisión que organiza la construcción de los individuos según su papel en la sociedad. Lógicamente, el esquema se repite en la segunda generación: "[Ricardo] Tiene tres hijos varones, de los cuales quiere más al mayor; se identifica con él" (Remón 2015: 28). La familia se representa como unidad de condicionamiento de los individuos. No obstante, la diferencia generacional es notable; el padre quería conquistar el espacio político, con su obsesión anticomunista, pero el hijo vive una guerra de segunda categoría: "La vida, para Ricardo, es una competición, un videojuego" (Remón 2015: 29). Además, Ricardo es consciente de repetir el modelo paterno:

> Narrador #2.— Más tarde, esa misma noche, Ricardo celebra el cierre de la fusión con un compañero de trabajo. "Esto debía de sentir mi padre cuando comandaba ejércitos", piensa. Siempre que piensa en su padre le viene a la cabeza una foto que tienen de él en el salón de La Casa Grande.
> La foto es así: Franco y su mujer, Carmen Polo, de camino al Palacio de la Isla, desfilando entre soldados del Ejército de Tierra. Burgos, año 67.
> Entre los dos, asoma la cabeza de Enrique García-Morato, el General, eufórico.
> Así se siente Ricardo esta noche, tocado por los dioses. (Remón 2015: 29)

La escritura de Pablo Remón siempre descansa en el perpetuo vaivén entre escala familiar y escala histórica nacional. Más allá de los roles, la estructura familiar permite una transmisión identitaria y un papel en la sociedad.

Cómo pesan los secretos de los muertos para sus herederos

Es notable la materialización de los secretos en el escenario. De su presencia surge la pregunta recurrente: ¿qué hacer con ellos? Siendo secretos vinculados con la historia, ¿qué espacio deben reservarles los descendientes, y la nación en general? Se trata pues de cuestionar la perpetuación de una memoria compleja y vincularlo con el concepto de la herencia. Los personajes lo dicen claramente en varias obras: ¿qué hacer con esto, hoy? ¿Mantenerse fiel a sus antepasados y sus posturas políticas? En *Árbol adentro* los hermanos se lo preguntan:

> Maite.— ¿Cómo murió tu abuelo?
> Iñaki.— ¡Le fusilaron! ¡Como a muchos otros! ¿Ya? Joder…
> *Silencio.*
> Manu.— Y tú, su nieto, ¿votas a esos hijos de puta? […]
> Iñaki.— Que tenéis la suerte de haber nacido en democracia, eso es lo que os pasa…
> Manu.— Yo tengo su nombre…
> Iñaki.— … Que os habéis criado en un país en paz. (Romero 2015: 34)

En *Familia feliz* surge el mismo debate, a raíz de un objeto heredado:

> Mamá.— Mi madre […] también jugó con esta muñeca. No la vamos a tirar.
> Hermana.— No sirve para nada.
> Mamá.— ¿Qué pasa que como no sirve para nada es mejor tirarlo? Además, sí que sirve.
> Hermana.— ¿Para qué sirve?
> Mamá.— Sirve para lo que sirve.
> Hermana.— Menuda respuesta. (Hernando 2017: 125)

Esos objetos suscitan preguntas sobre el destino de los antepasados: la hermana pregunta "¿y qué les pasó a los abuelos?" (Hernando 2017: 125). El descubrimiento de los objetos heredados casi siempre da lugar a la simbólica pregunta ¿qué hacer, hoy, con esto?, que a nivel concreto se refiere a los objetos y a nivel psicológico y social, remite a la memoria familiar. En *40 años de paz*, Ángel no sabe cómo recibir las revelaciones del fantasma de su padre complotista en torno a su muerte, y decide encargarse de una misión absurda: construir la caseta del perro que su padre quería poner, justo antes de morirse. Ángel lleva la misión hasta el punto de vivir en la caseta, para intentar conseguir el orgullo paterno. La absurdez de la situación subraya lo difícil que es recibir los últimos deseos de los muertos. Algunos proyectos se vinculan más directamente con la historia nacional, como el hijo que intenta convertirse en terrorista para cumplir las voluntades políticas de su padre, aunque nadie lo entienda: "No puede contar que ha visto al General, que el General ha vuelto, que ha sido un encargo del General. No puede contar que por fin ha hecho algo de lo que su padre estaría orgulloso" (Remón 2015: 91). En este caso el fantasma paterno enloquece al hijo, de forma mortífera. En *Trincheras*, la protagonista también se queja de no saber qué sentir o hacer con las revelaciones de los antepasados. Hasta siente rabia: "Ariadna.— ¿Mi abuela piensa que de pronto voy a poder entender todo esto? ¿Ella cree que con darme una cuerda y estos papeles viejos ya voy a saber cómo aceptar esto, este agujero que se ha abierto de pronto en mi garganta? ¿Por qué me lo han ocultado tanto tiempo? ¿Qué quieres de mí?, le pregunto a mi abuela. ¿Para qué me cuentas esto hoy?" (Morales 2021: 11). La heroína de Ripoll y Llorente se pregunta lo mismo, con palabras casi idénticas: qué hacer con la revelación de que su abuelo no murió asesinado por unos comunistas en 1936 sino que era capitán del ejército republicano y fue deportado en el campo de Mauthausen en Austria. La nieta no sabe cómo aguantar el impacto en su propia identidad: "abuela, abuelita… toda la vida aborreciendo a los rojos porque quemaban iglesias y mataron al abuelo y ahora resulta que el abuelo era uno de ellos. ¿Cómo hago yo para digerir todo esto? ¿Cómo me recompongo yo, a mi edad?" (Ripoll y Llorente 2018: 50). La imagen de la digestión volverá a aparecer en la segunda etapa de la revelación: su abuelo biológico no fue el rojo, sino Emiljan, un criminal de guerra croata. Cuando su tía le revela su verdadera historia familiar, Antonia siente un malestar físico y se niega a aceptar esta versión de su historia:

> Carmen.— Así que, mira por dónde, resulta que soy tu tía;
> Antonia.— No sé;
> Carmen.— Sí, sí sabes. Lo que pasa es que cuesta un poco digerir algunos descubrimientos. (Ripoll y Llorente 2018: 82)

La repetición sugiere un punto común entre sobrina y tía, pues a pesar de desconocer su lazo de parentesco, se parecen: las dos perciben la revelación como algo que tiene que pasar por el cuerpo, y que lleva tiempo para asimilarse. Sobre todo, porque en *Donde el bosque se espesa*, la historia familiar conecta muy rápido con la historia europea: aparecen Adolf Hitler y Ante Pavelić, apuntando el colaboracionismo del dictador croata con el nazismo. Los paralelismos históricos entre España y Yugoslavia son el eje vertebrador de la obra, que lo ilustra a partir de la historia de una familia que vive una experiencia repetida.

¿Condenados a vivir la misma historia familiar/nacional?

En las cinco obras, hay destinos que se repiten, una generación tras otra. Existe una dimensión circular en *Familia feliz*: "La manera que tenía tu abuela de jugar es la manera que tenía tu tatarabuela de jugar. La manera que tenía tu tatarabuela de jugar es la manera que tenías tú" (Hernando 2017: 124). De la misma forma, en *Árbol adentro*, padres e hijos mueren de forma muy parecida:

> Maite.— El miedo lo va a matar de gordo, Manuel.
> Manu.— Como a su madre Daría.
> Iñaki.— Se le asfixió el corazón -decían entonces-, porque se le juntaron las mantecas.
> Maite.— Como siga así, va a criar toda una generación de gordos…
> Manu.— … toda una generación de infartados…
> Maite.— … toda una generación de coches saliéndose de la carretera. (Romero 2015: 31)

Lo mismo se observa en *Donde el bosque se espesa*: las generaciones tienen destinos paralelos, pues la nieta y la abuela tuvieron hijos con hombres procedentes de Yugoslavia. Antonia se casó con un serbio, aunque no conocía la identidad (croata) de su abuelo. Los paralelismos se multiplican, hasta las identidades se confunden entre varias generaciones, como si todas las mujeres de la familia se parecieran: "Charlatana.— ¡Mira, ahí está tu abuela! Antonia.— No señora, no es mi abuela, es mi hija. Charlatana.— Que te crees tú eso, carita de queso" (Ripoll y Llorente 2018: 48). Esto augura el escalofrío final, cuando Antonia descubre que su propio marido no es quien pretender ser. La de Zoran también es una identidad falsa para esconder sus crímenes. Así que la historia personal de Antonia muestra cómo se repiten tanto la familiar como la europea, en un juego de escalas que dan a entender que el presente también es engañoso. La misma circularidad aparece en *Familia feliz*, para traducir la cárcel familiar, convocando la imagen de las muñecas rusas: "Y si nos quitan nuestra casa construiremos otra casa dentro de nuestra casa, más pequeña, que no nos puedan quitar. Y si nos quitan nuestra nueva casa más pequeña, construiremos dentro una casa más pequeña que la casa pequeña que no nos puedan quitar" (Hernando 2017: 120). Otro eco notable: "las muñecas rusas" es el título de una sección en la obra de Ripoll y Llorente. La metáfora trae consigo la imagen de las sucesivas generaciones en una familia (madre/hija), así como la relación metonímica (sociedad/familia) además de aludir a una dimensión infinita y anticronológica –"soy igualita que mi madre. Soy igualita que mi hija" (Hernando 2017: 132)– que puede ser positiva o de encierro. La hermana quiere huir del sótano para lograr su libertad, es decir, salir de la célula familiar que se ha convertido en celda, pero ella promete repetir el mismo esquema y convertirse en familia feliz, a su vez: "encontraré un marido feliz, os daré unos nietos felices" (Hernando 2017: 135). El dramaturgo propone una representación muy ambivalente de la perpetuación de la línea, entre angustia de la desaparición, miedo al olvido y alivio de la extinción. Es la otra cara de la moneda de la transmisión en el seno de la familia: parecerse a sus antepasados provoca angustia. En *Trincheras*, la cuestión del parecido entre generaciones cambia con el descubrimiento de la verdad:

> Ariadna.— Encuentro la foto en la que mi abuelo me sostiene en brazos. [...] Desde que soy niña estoy acostumbrada a que mi abuela me diga que me parezco mucho a mi abuelo. El cuerpo largo, la nariz afilada, los ojos verdes... [...] Llevar esa herencia de mi abuelo desaparecido me gustaba, era una forma de tener raíces. Pero ahora no. No quiero parecerme a él. Porque mi abuelo es ahora este hombre, egoísta y cobarde, que abandonó a su familia. (Morales 2021: 33)

Estas obras de la posmemoria apuntan el hecho de que la historia (inter)nacional puede hasta desdibujar los parentescos. En *Donde el bosque se espesa*, Antonia y su hija descubren el destino del abuelo “oficial” y la identidad del abuelo genético, es decir, el secreto de su filiación, que mucho tiene que ver con la historia de Yugoslavia. Esta obra permite ilustrar las consecuencias en las identidades, que cambian durante la acción escénica, reflejando los cambios administrativos mencionados: “Mi padre era croata. Se cambió de identidad cuando llegó a España para escapar de la justicia internacional al terminar la Segunda Guerra Mundial” (Ripoll y Llorente 2018: 80). Muchas veces, la estructura de autoridad familiar refleja el funcionamiento de la sociedad y las generaciones reproducen unos enfrentamientos entre franjas de la nación, como por ejemplo en *40 años de paz*, un claro ejemplo de cómo la célula familiar funciona como la macroestructura nacional, pues los miembros de la familia representan una parte de la población española. Como metonimia de la nación, la familia se encarga de repartir los roles de género. En la pieza de Hernando es la escopeta –símbolo de guerra y pasado y objeto heredado del abuelo– la que simboliza la transmisión del rol “masculino”: “la labor de un hombre es la defensa” (Hernando 2017: 120). Mientras tanto, la madre transmite el tópico femenino: “Te enseñaré a maquillarte para que gustes a los chicos” (Hernando 2017: 130). En *40 años de paz*, la madre insiste en la reproducción según el género: “Tu hermana Natalia es igual que yo. De los tres, todo lo que queda de Enrique eres tú” (Remón 2015: 28). Se puede concluir del final de esta obra que, si el patriarcado depende de la reproducción generizada transmitida en las familias, el deseo de crear una familia a su vez puede verse cuestionado y fracasar cuando una se da cuenta de que la responsabilidad de perpetuar la línea recae sobre todo en las mujeres.

Investigar: vía de conocimiento personal y punto de partida de una conciencia colectiva

Queda claro que este teatro da a la generación actual el papel de investigadora de la historia familiar. La joven Ana en la obra de Ripoll y Llorente, Ariadna en la de Morales, Manu y Maite en *Árbol adentro*, son quienes descubren los secretos de su familia, los crímenes silenciados y proponen curar las desapariciones sin llorar. Pero en *Donde el bosque se espesa*, hay una investigadora oficial: “Carmen.— Mi padre repetía constantemente que nunca se manchó las manos de sangre. [...] Eso decía, pero nunca me lo creí. Mi culpa ha sido no querer saber más. Intuir, pero no investigar. [...] Soy muy cobarde y por tanto también soy culpable. Quizá por eso ahora me dedico a desenterrar huesos. Para intentar curvar la culpa de mi padre” (Ripoll y Llorente 2018: 84). El personaje de Carmen encuentra su paz y su sitio en la sociedad dedicándose a la búsqueda de las huellas de los crímenes que tanto se parecen a los que ella sospecha de su padre. La historia familiar halla su resolución en la compensación por parte de la generación siguiente, cuyos miembros participan en el trabajo nacional de investigación histórica. Todo empieza con hijos que preguntan a sus padres qué hicieron en el contexto histórico que ellos solo conocen mediante las clases de historia:

> Ana.— Papá… ¿qué te pasó en la guerra?
> Zoran.— Ya lo sabes.
> Ana.— Tu padre era serbio, ¿no?
> Zoran.— Así es.
> Ana.— ¿Y los serbios bombardeaban una ciudad donde había serbios de los suyos?
> Zoran.— Las guerras son muy complicadas, hija.
> Ana.— ¿Qué hiciste cuando aquel bombardeo? ¿adónde fuiste? […] ¿y de dónde eran tus abuelos? (Ripoll y Llorente 2018: 73)

Es interesante observar que aquí la hija pregunta acerca de la similitud entre comunidad nacional y familia, insistiendo en la pertenencia: "los suyos". La importancia de esta comparación se nota en conversaciones muy parecidas en las cinco obras, como por ejemplo en *Árbol adentro*:

> Manu.— ¿En qué bando luchó tu abuelo?
> Iñaki.— No me acuerdo.
> Manu.— ¿No te acuerdas?
> Iñaki.— Si os lo cuento… ¿me acompañáis?
> Manu.— Te lo prometo. […]
> Maite.— ¿Cómo murió tu abuelo? (Romero 2015: 34)

Ripoll, Romero, Morales y Remón teatralizan una exploración del pasado cada vez más frenética por parte de los más jóvenes, no tanto para conservar la memoria familiar y seguir transmitiéndola, sino para entenderla. Para darle su justo sitio en la memoria propia, hace falta encontrar su sitio en la historia. A menudo, semejante misión supone una fase de crisis personal y familiar, la cual se materializa en la copresencia del pasado y del presente en el escenario. Entre otros fenómenos, propicia la aparición de los fantasmas. *Trincheras* de Gracia Morales se articula en torno a esta técnica dramatúrgica, como explica Tomás Afán:

> Gracia Morales va encadenando una sugestiva y rítmica historia que juega con el tiempo (los mismos personajes pueden aparecer, encarnados por distintos intérpretes, con distinta edad, en la misma escena) y en la que lo narrativo y lo teatral confluyen. Todo ello a través de una fábula mítica, muy fragmentada (casi un puzle que el lector espectador debe participar en ordenar) de raíz poética y en la que lo narrativo, lo poético y lo teatral confluyen, aportando y sumando cualidades a favor de la historia. (Afán 2021: s. p.)

Algo parecido ocurre en *Donde el bosque se espesa*, cuando el fantasma de la madre muerta aparece en un sueño de su hija para reclamar la verdad: "Emiliana.— Antonia, hija, no sé por qué te estoy visitando. Nos han estado escamoteando la mitad de la historia. [...] ¿quiénes somos, nena?" (Ripoll y Llorente 2018: 85). El enfoque identitario de la búsqueda se plantea a escala familiar, pero también a escala nacional, y en este caso queda claro que la resolución solo puede ocurrir con la última generación. Hasta se invierte la relación: quien pregunta "¿quiénes somos?" es la madre a su hija. La copresencia de varias épocas también existe en *Árbol adentro*, con las conversaciones entre vivos y muertos, en particular con los hijos que le extirpan los secretos de familia al difunto padre:

> *Iñaki duda. Cierra el baúl.*
> Iñaki.— Algo le hizo a un chico.
> Manu.— ¿Qué chico?
> Maite.— Al abuelo no le interesaba la política.
> Iñaki.— ¡Pues que no hubiera acompañado a esos dos!
> Manu.— ¿Dos?
> Iñaki.— Un servicio en su taxi.
> Manu.— ¡¿A quiénes?!
> Iñaki.— No lo sé.
> Manu.— *(A Maite)* Lo sabe, pero no quiere recordarlo. Haz que lo encarne. (Romero 2015: 29–30)

La dimensión metateatral, bastante típica en esas obras metahistóricas y posmemoriales, sirve para hacer emerger la verdadera historia de la familia en el marco de la nacional. Los hijos organizan una suerte de reconstitución del pasado, con Iñaki en el papel de su abuelo, para entender lo que pasó entonces. De ahí las consignas de directores de escena: "Iñaki, te pido, por favor, que hagas de tu abuelo Manuel" (Romero 2015: 30). Fingen ser los dos hombres que subieron al taxi del abuelo y le ordenaron que arrancara y callara. En *Familia feliz*, la abuela aparece mediante el cuerpo de la muñeca que parece representarla. Como señal de esta encarnación o presencia de los difuntos, solo podemos citar el hecho de que la muñeca lleva un vestido quemado, algo que el público tiene que relacionar con el relato familiar sobre el destino de los abuelos: la Madre cuenta que los abuelos "se quemaron" (Hernando 2017: 124). La omnipresencia de los antepasados supera su invisibilidad, alimentando una tendencia establecida desde las primeras pautas del teatro de la memoria:

> La participación de los muertos se halla también ya en los dramas de la generación de los hijos, si pensamos, por ejemplo, en el papel de la abuela muerta de *El álbum familiar* o en la Carmela de Sanchis, que vuelve del imperio de la muerte para entrar en la vida real de su compañero o, mejor dicho, que pasa de su segundo nivel ficcional al primer nivel ficcional de Paulino. Pero esta tendencia aumenta en el teatro de la memoria de los nietos. En varias obras, como *Soliloquio de grillos*, *Père Lachaise* (2003), de Itziar Pascual, en *Presas*, en *J'attendrai* o en *NN 12*, los muertos asumen un papel importante. Mediante la memoria los muertos reciben una nueva vida. (Floeck 2019: 480)

En la pieza de Ripoll y Llorente, también aparecen sombras que acosan a Antonia y Ana para darles indicios y, finalmente, revelarles la verdadera identidad de Zoran. Es interesante notar que, al principio, solo la madre percibe a los fantasmas, la hija no los ve: "Mamá, aquí no hay nadie" (Ripoll y Llorente 2018: 103), lo cual puede interpretarse como metáfora de la diferencia generacional, o como símbolo de una ceguera provisional, señal del tiempo que necesita para "digerirlo" porque se trata de su identidad heredada.

La aparición escénica de los antepasados muertos elabora el teatro como espacio de encuentro posible para distintas generaciones y temporalidades, lo que amplía la definición de la familia. En *Árbol adentro*, la acotación insiste en este aspecto: "Los muertos gozan, en esta función, de mejor salud que los vivos" (Romero 2015: 10). Semejante acotación formaliza la inscripción de la obra en la tendencia que Alison Guzmán describía a propósito del teatro de la memoria:

> Dar vida a la memoria histórica dentro de los tiempos dramáticos principales es precisamente lo que consiguen una cantidad considerable de dramaturgos españoles en los albores del siglo XXI mediante el uso de los muertos vivientes. Estos fantasmas andantes, o bien difuntos o bien homólogos jóvenes de los protagonistas, regresan resucitados sobre el escenario por la memoria de los protagonistas vivos, o por el arte teatral, para relacionarse nuevamente con ellos dentro del primer tiempo dramático. (Guzmán 2012: 93)

Estas obras tienen en común la estrategia de la comunicación intergeneracional, más allá de la vida y la muerte y a pesar de la cronología. Así pues, fusionan dos tipos de canales cuando los viajes a través de la historia posibilitan el conocimiento del pasado familiar. Si en la obra de Romero los personajes reviven épocas pasadas, en la de Hernando también, los nietos desempeñan el papel de sus antepasados, cuando 'juegan a los muertos': "Mi hermana y yo jugamos a los muertos. Nos tumbamos en el suelo y entrelazamos las manos por encima del pecho. [...] Mi madre coloca una vela encima de nuestra frente. El juego de los muertos termina cuando se acaba la vela" (Hernando 2017: 121–122). En *Familia feliz*, la representación de la regresión y la actitud infantil de los hermanos simboliza la potencia mortífera de la familia, estructura que encierra hasta hacer desaparecer a sus miembros. Todo ocurre allí como si el tiempo corriera atrás: los hijos y los nietos se convierten en sus abuelos, evidenciando que la familia impide crecer y salir.

Funciones dramatúrgicas de los objetos heredados

En este teatro de la posmemoria, existe una relación estrecha entre la aparición de los muertos y la transmisión de los recuerdos, sean inmateriales (memorias) o materiales (objetos). Según explica Guzmán –basándose en las obras de Laila Ripoll– tanto los antepasados como sus objetos legados simbolizan la compleja conservación de la memoria:

> Entre los autores teatrales contemporáneos que han introducido espectros vivientes que representan la memoria histórica de la lucha de 1936 en un tiempo dramático posterior, [...] la dramaturga española que más se ha centrado últimamente en el tema de la Guerra Civil ha sido Laila Ripoll, cuya obra última está entreverada de redivivos que sirven de depósitos de la memoria, semejantes a los objetos, fotos y lugares evocativos, mencionados con anterioridad; estos aparecidos, a modo de recuerdos orgánicos, además de influir en la remembranza histórica de sus homólogos o allegados, también son influenciados por las vivencias, el olvido, y la imaginación de los personajes vivos. (Guzmán 2012: 91)

Los objetos heredados son los que más a menudo provocan las investigaciones, y su función dramatúrgica es muy parecida entre las cinco obras. Simbolizan lo que queda de los antepasados, concretan las huellas de la memoria. Por eso son tan comunes las cajas de recuerdos: en *Donde el bosque se espesa* hay una caja de cartas y fotos, en *Familia feliz* están las maletas de los abuelos, en *Trincheras* está la llave y caja de cartas, etc. Las formas de introducir los recuerdos de la familia –en la mayoría de los casos estudiados, son de los abuelos– se parecen considerablemente y consolidan los tópicos del teatro de la memoria: una llave, una caja, una maleta, fotos, una medalla[5], una carta, un retrato que permite constatar que los nietos se parecen a sus abuelos, etc. En la pieza de Ripoll y Llorente, "dicha caja constituye el eje argumental de la obra de una manera puramente simbólica" (Villalba 2020: 226). Esas herencias materiales siempre instauran el punto de partida de cuestiones sobre el destino de los antepasados; por ejemplo, en *Familia feliz*, la hermana, al descubrir las maletas, pregunta "¿y qué les paso a los abuelos?" (Hernando 2017: 125). Resulta especialmente revelador examinar el vínculo entre estas cajas y la transmisión del relato, vía de acceso al conocimiento de la historia familiar, empezando por la aparición de las cajas, siempre con los mismos tópicos. En *Trincheras*, así describe la heroína al objeto que hace de detonante de la búsqueda: "Ariadna.— En la caja mi abuela guarda también algunos objetos: un mechón de pelo largo y oscuro, fotos, figuritas de animales tallados en madera: un pájaro, un caballo... Y cartas, al menos una docena de cartas, atadas con una cuerda gruesa, parecida a la que me ha entregado" (Morales 2021: 10).

5 Es de notar que Antonia, al recibir la medalla, dice: "Es especial, me recuerda a las abuelas. [...] Me conmueve y me da paz" (Ripoll y Llorente 2018: 53).

Más adelante, Ariadna detalla su contenido y su vínculo con la misión que a ella le corresponde:

> Ariadna.— Encerrada en mi dormitorio, abro la caja que me ha entregado mi abuela. Saco el pájaro de madera y lo pongo sobre mi mesita. Deshago el nudo que ata este papel quebradizo y vuelvo a repasar las cartas. Entonces, descubro algo que no había visto antes: es un dibujo, un dibujo infantil. Una casa, con una familia delante. Un padre, una madre, un niño. Pero alguien ha tachado furiosamente con color rojo la figura del padre. (Morales 2021: 33)

El cuidado y la fragilidad de los objetos del pasado son una constante para subrayar la urgencia del tratamiento de ese material en el seno de la familia y con una perspectiva nacional. En *Familia feliz* encontramos los mismos detalles cuando el padre saca del armario una escopeta que pertenecía al abuelo. Después del legado paterno, luego le toca a la madre sacar un objeto para transmitirlo a sus hijos. "Mi madre, de puntillas, coge dos maletas de las estanterías. Pequeñas de madera. En una pone abuela y en la otra pone abuelo. Mamá.— Ayúdame a quitarles el polvo. [...] En la que pone abuela, están las cosas del abuelo. En la que pone abuelo, las de la abuela" (Hernando 2017: 124). En esta escena las palabras se parecen muchísimo a fragmentos de las otras obras, como la de Ripoll y Llorente: "*TERESA entra trayendo una caja de galletas cuadrada y metálica amarrada con una goma elástica* [...]. Teresa.— Esta es la caja [...] la sacó de una maleta de lo alto del armario. Se subió a un taburete. [...]la tenía envuelta con periódicos" (Ripoll y Llorente 2018: 19). El armario que contiene una caja de secretos también aparece en *40 años de paz*:

> *Le va a contar a Cristina algo que no le ha contado nunca a nadie.*
> Ricardo.— De pequeño, en mi casa teníamos una caja de galletas con ese castillo en la tapa. (*Pausa*) Me acuerdo un día que yo tenía catorce o quince años. Mi madre me llama y me lleva a su dormitorio. Me dice: "Quiero enseñarte una cosa". Yo vengo de jugar al fútbol, voy aún con el uniforme de deporte. Mi madre cierra la puerta y echa el pestillo. Abre el armario, se agacha y empieza a estirarse, como para sacar algo del zapatero. [...] Sigue buscando, y del fondo saca una caja de galletas danesas, metálica, que tiene ese castillo en la tapa. Me acuerdo perfectamente. Me la da y me dice: "Ábrela". Está cerrada con cinta aislante. Yo la abro con mucho cuidado. Y dentro hay unos sobres, sujetos con gomas, con billetes dentro. La miro y me dice: "Es lo que nos dan del Ministerio [...] Y es que resulta que en el Ministerio consideran que es absurdo que los militares de cierto rango no cobren más de lo que cobran" [...]. Mi padre lo recibe toda su vida, y desde que murió nos lo siguen mandando. Es nuestra herencia. (Remón 2015: 38–39)

En este caso, la relación entre secreto de familia e historia nacional es explícita, con la mención del ministerio y del tratamiento de los militares. Además, la noción de herencia se formula aquí de manera interesante porque supone un estatuto dentro de la población española, como hijos de los que sirvieron al régimen franquista. Aunque diferentemente, la noción de herencia surge en *Trincheras* con la abuela, figura de transmisión, cuando al principio de la obra, le regala a su nieta una cuerda y le da la misión de entrar al laberinto de la memoria familiar –¿y nacional?–: "Hay un lugar, Ariadna, ahí arriba, en el monte. Y hay un hombre dentro. Lleva meses ahí solo, perdido, acechado por un monstruo al que no se puede ver. Ahora que has cumplido dieciocho años tienes que ser muy valiente, atarte esta cuerda y entrar al laberinto" (Morales 2021: 3). La misión aquí explicada conecta con el principio de la obra, momento clave en el que la abuela le había dado una llave, es decir, un símbolo habitual en las obras protagonizadas por miembros de una familia cuando el tema del secreto se teatraliza. Representa la apertura, pero también la cerradura, el hecho de esconder algo, silenciarlo, durante mucho tiempo. Teresa transmite, pues, una herramienta para abrir, entender y revelar. Es de notar la elección de las palabras y la fuerte dimensión simbólica de la última frase pronunciada por la heroína en la primera escena: "La mete dentro de la cerradura y la abre" (Morales 2021: 3). De hecho, la llave abre la caja de madera –objeto arquetípico del teatro de la memoria– y propone entonces una materialización de la memoria humana, como un baúl de recuerdos que contiene el acceso al pasado. Cabe subrayar que la acción se detiene en el preciso momento de la acción de la llave, luego pasamos a otro espacio-tiempo, en el que el personaje de Teresa Mayor se convierte en Teresa Joven. Por lo tanto, la llave es mágica en la medida en que provoca un viaje por el tiempo, hacia el pasado de Teresa, que aparece entonces como "Teresa Joven". Así se inicia el viaje al pasado para entender la presente situación familiar, mediante la comunicación con los difuntos y los seres "perdidos" como Diego, al que Ariadna debe rescatar. Lo hará gracias a otro objeto heredado: la cuerda, y con la ayuda del árbol[6], un símbolo que merece atención, al intervenir en todas las obras.

El árbol de la memoria: una misión histórico-genealógica

La imagen puede aparecer mediante las palabras o de manera plástica, bajo la forma del bosque o del árbol (sea concreto, simbólico o genealógico) para expresar la importancia de la misión de memoria que asumen los nietos. Si en *Árbol adentro* y en *Donde el bosque se espesa* aparece desde el título, en la creación de

6 La abuela le indica cómo proceder para recuperar la memoria familiar: "Teresa Mayor.- La cuerda tendrás que atarla bien a una encina grande, que hay justo a la entrada del bosque. La reconocerás porque tiene una marca roja. Átala allí y no la sueltes nunca" (Morales 2021: 35).

Gracia Morales se trata de un símbolo muy importante, que se corresponde con la liberación del pasado, como evidencia este diálogo entre abuelo y nieta:

> Diego Mayor.— Lo he intentado, ¿sabes? Volver al mundo con Teresa. Varias veces. Pero no logro salir de aquí. En cuanto me alejo los árboles me angustian. Siento que me atrapan. Termino como perdido y al final mis pasos me traen de vuelta a este lugar.
> Ariadna.— Quizá por eso ella me dio esta cuerda.
> Diego Mayor.— ¿Qué cuerda?
> Ariadna.— Esta. La he atado a una encina. Nos guiará hasta la salida. (Morales 2021: 44)

Si la encina personifica a la familia mediante su representación genealógica, queda claro cómo, en esta obra, la familia es el elemento de estabilización en el presente, contrariamente a lo que ocurrió en el pasado. Históricamente, la guerra había destrozado la familia, pero ahora el lazo de parentesco es el hilo que repara la comunidad. La nieta hace de reparadora, consigue que su abuelo vuelva, recompone los parentescos gracias al árbol que permite el anclaje de la cuerda, símbolo de vínculo filial. La historia íntima de esta célula familiar había quedado presa del contexto histórico (materializado por la trinchera que encarcelaba a Miguel como a Diego en un espacio-tiempo aparte). Pero ahora, al contrario, el recorrido de Ariadna por el laberinto histórico-familiar lo cura todo, gracias al árbol. En *Familia feliz* está omnipresente la metáfora natural con el jardín, el hormiguero, la alusión al bosque y sobre todo la conclusión: "mi padre y mi madre floreciendo, mi padre y mi madre con su corazón atravesado por siete raíces" (Hernando 2017: 131). La tópica representación de la genealogía emerge en el discurso del hermano, cuando va describiendo los papeles de las siete raíces, que tienen que ver con la familia: "primera raíz: pondré paz en su familia" (Hernando 2017: 131). Esta obra propone reflexionar en torno a la muerte fructífera y la conexión entre regeneración y filiación: "Papá.— De mi cuerpo brotará un jardín" (Hernando 2017: 132). Además, el título encuentra su explicación en el desarrollo del "árbol genealógico de una familia feliz" que el narrador detalla así:

> *Un mono feliz. Una mona feliz. Un Adán feliz. Una Eva feliz. Un Caín feliz. Un tatarabuelo feliz. Una tatarabuela feliz. Un tatarabuelo feliz. Una tatarabuela feliz. Un tatarabuelo feliz. Una tatarabuela feliz. Un tatarabuelo feliz. Una tatarabuela feliz. Un tatarabuelo feliz. Una tatarabuela feliz. Un tatarabuelo feliz. Una tatarabuela feliz. Un tatarabuelo feliz. Una tatarabuela feliz. Un tatarabuelo feliz. Una tatarabuela feliz. Un bisabuelo feliz. Una bisabuela feliz. Un bisabuelo feliz. Una bisabuela feliz. Un bisabuelo feliz. Una bisabuela feliz. Un bisabuelo feliz. Una bisabuela feliz. Un abuelo feliz. Una abuela feliz. Un abuelo feliz. Una abuela feliz. Un padre feliz. Una madre feliz. Un tío feliz. Una tía feliz. Un primo feliz. Una prima feliz. Una hermana feliz. Un hermano feliz.* (Hernando 2017: 135)

La exposición oral de este modelo de familia, con una serie lógica de ocho parejas de tatarabuelos, cuatro parejas de bisabuelos, dos pares de abuelos, una de padres, una de tíos, cada uno con una hija y un hijo. Semejante lista insiste en la norma de la familia heteropatriarcal y la representación de la genealogía que se remonta a los orígenes, aquí en su modalidad cristiana: los que representan los orígenes (después de los monos) son Adán, Eva y su hijo Caín. Otra vez, surge la idea de una genealogía de la culpa, al citar al culpable de la muerte de su hermano, idea que va pareja con la del destino heredado, ilustrada por la repetición de la palabra "feliz". Asimismo, Hernando introduce el tema de la memoria y del irreparable olvido de la identidad de los antepasados: "Hermana.— Es imposible que os acordéis de toda esta gente" (Hernando 2017: 135).

La afirmación de la filiación bajo la forma de un árbol es una constante, aun cuando se trata de negar las recientes revelaciones, que, en la obra de Ripoll y Llorente, ponen las identidades en tela de juicio. Isabel, en efecto, tarda en reconocer que era falsa la versión oficial, hasta ayer vigente en cuanto a su árbol genealógico, por lo tanto, repite lo que ella creía saber, como si fuera su *credo*: "Isabel.— Mi abuelo se llamaba Rafael Cobreces. Al principio de la guerra unos milicianos vinieron a buscarlo porque era católico, lo llevaron y lo asesinaron. Todo lo demás son falacias, propaganda y ganas de remover cosas que ya estaban más que olvidadas" (Ripoll y Llorente 2018: 61). La filiación escondida abre además una brecha internacional, cambia la fecha de nacimiento de su madre, pero también la percepción de sí y de la familia respecto a la historia. A partir de entonces, parece que cada hermana elige su historia dentro de la historia. El dolor y la denegación también forman parte de lo representado en *Árbol adentro*, otro viaje hacia la verdad, puesto que el personaje del hijo acaba lamentando su investigación y denuncia los efectos físicos de sus descubrimientos: "Manu.— No quiero seguir recordando. [...] Porque me pone de mala hostia. La Historia de mi país me enferma. La absurda vida de mi padre, con sus cambios de chaqueta y su idolatría al dinero" (Romero 2015: 35).

Las piezas de Laila Ripoll nos han acostumbrado a la revelación de secretos feos que lo cambian todo en la lógica de las familias. Los destinos familiares alterados por la historia traumática son un material fundamental de su teatro, como por ejemplo en *La ciudad sitiada* (2003) cuando el público descubre que las mentiras de la historia familiar rompen la línea y la transmisión identitaria, con ese niño que fue arrancado del vientre de su madre. En una entrevista en 2005, insistía en su propia historia de filiación y sentimiento de responsabilidad en cuanto a la transmisión (Henríquez 2005), y abogaba por un "Teatro por la Identidad" que superaba la necesidad de recuperar la memoria. De hecho, las obras analizadas en este artículo se inscriben en esta línea y muestran que sigue existiendo alguna necesidad de construir unos espacios de reparación, desde las familias y dirigidas a la colectividad.

Conclusiones

En definitiva, este teatro de la última década nos transmite la idea de que sí, podemos hacer algo con "esto": los objetos, recuerdos, fantasmas, misterios y cajas de los abuelos. Si comparamos los desenlaces, en *Familia feliz*, la hermana acaba saliendo de la cárcel familiar y el hermano se queda para cuidar de sus padres hasta que se olviden de todo, jugando al "juego de los olvidados". Hernando organiza un notable paralelismo del discurso con el momento en el que los hijos jugaban al "juego de los muertos", dejando al público con la idea de la importancia de acordarse de sus muertos. En *Árbol adentro* la acción tenía lugar en un espacio simbólico: "la región del silencio" (Romero 2015: 12) y acaba con la conclusión siguiente: "Maite.— Tú lo has descubierto: recordar es lo único que puede curarnos" (Romero 2015: 38). El camino de la cura queda claro, entonces: pasa por la liberación de la palabra y la investigación activa de las jóvenes generaciones. Una vía que también explora y encarna la heroína de Gracia Morales, cuya obra acaba con otra historia individual, que ilustra la historia nacional, de la que Miguel es el guardián:

> Miguel.— Este es Iker. Era muy joven, no debía tener más de diecinueve o veinte años. Casi un niño. Y muy flaco, daba pena verle. Siempre tenía hambre, siempre; era capaz de comerse cualquier cosa. Alexandro, no, él era todo lo contrario. Este de aquí es Alexandro. Venía de una familia rica y le costó acostumbrarse a esta vida tan dura. Le salieron ampollas en las manos a los tres días de llegar. Y nunca se le curaban del todo. Pero era un hombre muy culto. Y nos entretenía con unas historias increíbles. Historias mitológicas, nos decía. De dioses y héroes. Me acuerdo de una que le gustaba especialmente. ¿Quieres que te la cuente?
> Ariadna.— Sí. (Morales 2021:46)

La referencia mitológica –que ya convocaba el nombre de Ariadna– subraya aún más, en estas palabras finales, la importancia del papel de la transmisión intergeneracional en la construcción de una historia como cimiento común para la comunidad nacional. La apertura de este final de la obra, que acaba con el inicio de otro relato más de los de la trinchera, ilustra la acogida que la joven Ariadna reserva a las historias de los ancianos.

Bibliografía

Afán, Tomás (2021). "La conciencia en el teatro de Gracia Morales", *Las puertas del drama: revista de la Asociación de Autores de Teatro*, 56, s. p. Disponible en: https://www.aat.es/elkioscoteatral/las-puertas-del-drama/drama-56/la-conciencia-en-el-teatro-de-gracia-morales/ [Consultado el 12/02/24].

Floeck, Wilfried (2019). "Hacer memoria en España. El desarrollo del teatro de la memoria desde los años de la Transición hasta la actualidad", *Orillas: rivista d'ispanistica*, 8, pp. 469–487.

García Villalba, Miriam (2020). "Un viaje a la destrucción de la Humanidad donde el bosque se espesa (2018) de Laila Ripoll", *Anagnórisis: Revista de investigación teatral*, 22, pp. 223–241.

Guzmán, Alison (2012). "Los muertos vivientes de la Guerra Civil en cinco obras de Laila Ripoll: *La frontera, Que nos quiten lo bailao, Convoy de los 927, Los niños perdidos*, y *Santa Perpetua*", *Don Galán: revista de investigación teatral*, 2, pp. 91–95.

Henríquez, José (2005). Entrevista a Laila Ripoll, "Soy nieta de exiliados y eso marca", *Primer Acto*, 310, pp. 118–125.

Hernando Herráez, Javier (2020). "Crear memoria compartida: una entrevista en diferido con Tiago Rodrigues", *Primer acto*, 358, pp. 62–66.

——— (2017). *Familia feliz*, in *Primer Acto*, 353, pp. 117–137.

Hirsch, Marianne (1997). *Family Frames: Photography, Narrative and Postmemory*. Boston: Harvard UP.

Laurence, Adelina (2020). "El compromiso teatral de Laila Ripoll", in Claudio Moyano Arellano (coord.), *Literatura y política: políticas de la literatura*. Valladolid: Universidad de Valladolid, pp. 111–128.

Morales, Gracia (2021). *Trincheras*. Disponible en: https://www.celcit.org.ar/bajar/dla/616/ [Consultado el 25/01/2024].

Ortiz de Gondra, Borja (2015). "Introducción a *Árbol adentro*", in Juanma Romero Gárriz, *Árbol adentro*. Madrid: Fundación SGAE, pp. 5–7.

Remón, Pablo (2015). *40 años de paz*. Madrid: Fundación SGAE.

——— (2016). "*40 años de paz*. La Abducción". Disponible en: https://www.teatreprincipal.com/es/ficha/detalle/189/40-anos-de-paz/ [Consultado el 12/02/2024].

Ripoll, Laila y Llorente, Mariano (2018). *Donde el bosque se espesa*. Bilbao: Artezblai.

Rodríguez Rodríguez, Nieves (2021). "Esperanza, memoria y reparación, con Itziar Pascual y Amaranta Osorio", *Primer acto*, 360, pp. 37–41.

Romero Gárriz, Juanma (2015). *Árbol adentro*. Madrid: Fundación SGAE.

S. C., (noviembre 2017). "VIII Premio para textos teatrales Jesús Domínguez, Nota de prensa a propósito de *Familia feliz* de Javier Hernando Herráez", *Primer Acto*, 353, p. 112.

Capítulo 4
Género y familias: construir nuevos modelos

Magdalena Bournot*

Agamenones latinoamericanos: la representación del patriarca en tres reescrituras de *Electra*

Resumen: En este capítulo analizaremos tres grandes adaptaciones latinoamericanas de la tragedia de *Electra*: *Electra Garrigó* (1948), del dramaturgo cubano Virgilio Piñeira, *Senhora dos afogados* (*Nuestra señora de los ahogados*, 1947), del brasileño Nelson Rodrigues y *El reñidero* (1964), del argentino Sergio De Cecco. Este análisis comparado se concentrará en la figura de Agamenón en particular, rey de la ciudad y padre de familia. Si bien distantes geográfica e históricamente, las tres adaptaciones presentan una visión de Agamenón particularmente coherente: no se trata de un gran rey guerrero como en el mito original sino de un antihéroe que, por ende, detiene un poder heredado e ilegítimo, encarnando así al mismo tiempo un patriarca y un jefe de estado despótico y caduco contra el cual el pueblo / los hijos deben revelarse. El deseo incestuoso de Electra hacia su padre (complejo de Electra, según la denominación de Jung) pero también de los padres hacia sus hijos, se convierten en metáforas de una sociedad pervertida y decadente que no logra emanciparse de tales dinámicas de opresión y dependencia.

Palabras clave: Agamenón; Electra; Orestíada; tragedia; patriarca; déspota; incesto

Antígona, una tragedia latinoamericana es el título del libro del investigador argentino Rómulo Pianacci (2015). Con esta formulación original Pianacci se refiere al número notablemente elevado de adaptaciones de esta tragedia griega en el continente y a la triste coincidencia entre el texto clásico y la realidad histórica de la región: Antígona representa en la mayor parte de reescrituras la lucha de los latinoamericanos contra el despotismo y la opresión. Sin embargo, aunque *Antígona* parece ser la tragedia más recurrentemente adaptada y de la que más se ha hablado, *Electra* es una de las tragedias que primero se introdujo en el continente gracias a *Electra Garrigó* (1941), de Virgilio Piñera, que inspiró una fértil tradición de adaptaciones latinoamericanas de tragedias griegas. Osvaldo Obregón (2012) señala la versión de la *Orestíada* de Eugene O'Neill, la trilogía *Mourning becomes Electra* (*A Electra le sienta bien el luto*, 1931), como referencia principal para los dramaturgos latinoamericanos, que comenzaron a adaptar los mitos griegos a su propio contexto cultural. La adaptación de O'Neill se convierte en una referencia

* Université Grenoble Alpes (GATES-Litt&Arts)

no solo porque adapta el mito al contexto de una antigua colonia y de una guerra posindependencia, sino también porque hace hincapié en la interpretación psicoanalítica del conflicto familiar de los Átridas, en particular el complejo de Electra (teorizado por Jung a partir del mito), doble especular del complejo de Edipo, es decir, el deseo de Electra por su padre, Agamenón, y su voluntad de eliminar a la madre, Clitemnestra. Siendo el psicoanálisis particularmente popular en la región, los mitos griegos –y la historia de Electra en particular– se convierten en una herramienta muy útil para analizar o (psico)analizar la sociedad latinoamericana. Como en la tragedia de Antígona, la historia familiar de Electra se convierte en una reproducción a escala pequeña de los órganos de poder o de la sociedad en general. En este sentido, la tragedia griega es muy representativa de la temática explorada en este volumen, es decir, la relación entre la microesfera de la familia y la macroesfera del estado, ya que la mayor parte del corpus trágico aborda tragedias familiares (en particular las de la dinastía de los Labdácidas y los Átridas) que, al ser familias reales, encarnan el poder estatal, confundiéndose así la esfera íntima con la pública: todo conflicto intrafamiliar es al mismo tiempo un conflicto sociopolítico. Ya sea para evitar la censura, ya sea para señalar las similitudes entre la estructura familiar y la estatal, los dramaturgos latinoamericanos deciden a partir de mediados del siglo XX cuestionar el contexto sociopolítico local a través de aquellas familias ancestrales (Hualde Pascual 2012, Obregón 2012).

Una de las particularidades de las adaptaciones de la Orestíada en la región es el papel secundario y decadente que se atribuye a Agamenón; personaje que, al contrario, aparece en el corpus clásico como un gran guerrero y rey que vuelve triunfante de la guerra de Troya tras haber luchado durante diez años. Al mismo tiempo, la pérdida de protagonismo de Agamenón se ve equilibrada con el papel preponderante que se le atribuye frecuentemente a Electra o a Clitemnestra. En efecto, el subcontinente parece haber designado a las figuras femeninas como las portadoras de las reivindicaciones políticas locales: la voz del pueblo que denuncia un poder frecuentemente autoritario o ilegítimo se identifica sistemáticamente con una voz femenina. Antígona, Electra y Medea son las tres tragedias griegas más adaptadas en la región, mientras que personajes masculinos clave de la tradición griega como Edipo, Orestes o incluso Agamenón, no han tenido tanto protagonismo como sus homólogas femeninas.

Pretendo aquí analizar las razones que subyacen a este papel secundario que generalmente se atribuye a los personajes masculinos en las adaptaciones latinoamericanas de las tragedias griegas concentrándome en este caso particular: la figura de Agamenón en las reescrituras de *Electra*. A pesar de los diversos artículos dedicados a analizar las reescrituras de *Electra* más destacadas de la región, ninguno de ellos propone una lectura comparada de estos textos que parecen tener muchos puntos en común. Tal propuesta nos permitiría formular una primera hipótesis en torno de lo que sería la tragedia latinoamericana de Electra, para parafrasear la obra de Rómulo Pianacci. Con tal finalidad, no nos concentraremos únicamente en la referencia clásica, sino también en los ecos inter-latinoamericanos haciendo hincapié en el marco histórico que nos permite leer estas obras en conjunto.

Según Pilar Hualde Pascual (2012), existen alrededor de veinte adaptaciones de *Electra* o la *Orestíada* en América Latina[1]. Como no es posible analizar aquí tantas obras, he seleccionado las tres adaptaciones más emblemáticas de la región y que ofrecen una representación variada y sorprendentemente coherente del personaje de Agamenón. La primera adaptación de *Electra*, así como una de las primeras adaptaciones latinoamericanas de la tragedia griega, es la versión cubana de Virgilio Piñera, *Electra Garrigó*, escrita en 1941 pero puesta en escena solo en 1948. Cronológicamente le sucede *Senhora dos Afogados* (*Nuestra señora de los ahogados*), escrita en 1947 por el dramaturgo brasileño Nelson Rodrigues, igualmente censurada y representada años más tarde, en 1954. Por último, casi veinte años más tarde, en 1964, Sergio De Cecco escribe y pone en escena una de las varias versiones argentinas de Electra, *El reñidero*.

Antes de describir las diferentes adaptaciones cabe evocar el mito al que hacen referencia con la finalidad de subrayar ciertas particularidades y de facilitar la identificación de las variaciones locales, así como su posible significado. De manera excepcional, se han conservado varias versiones trágicas de este mito: la *Electra* de Sófocles (418–410 a. C.) y la de Eurípides (420 a. C.), y la denominada *Orestíada*, de Esquilo, una trilogía compuesta por *Agamenón, Las coéforas y Las Euménides* (458 a. C.) y que abarca un lapso temporal mayor. Las variaciones son, por ende, importantes entre las versiones clásicas, pero la línea argumentativa principal es la siguiente: Agamenón tiene que ir a Troya a luchar en la guerra con su ejército, pero no hay viento y los veleros en los que deben partir están atascados en el puerto; para remediar este impedimento los dioses piden al rey que sacrifique a su hija Ifigenia a cambio del viento necesario. Agamenón sacrifica a su hija y se va a la guerra para volver diez años más tarde victorioso. La reina, Clitemnestra, guarda rencor hacia su marido por haber matado a su hija y, en su ausencia, comienza una relación amorosa con Egisto. Al volver Agamenón de la guerra, Clitemnestra y su amante urden el asesinato del rey. Electra, la hija de la

1 Número, por supuesto, aproximativo. Es casi imposible hacer un inventario exhaustivo de las reescrituras trágicas siendo este un ejercicio ampliamente difundido que da como fruto incontables versiones, de las cuáles muchas son versiones *amateurs* sin publicación o difusión importante.

pareja real, guarda rencor hacia su madre por haber matado a su padre mientras que Orestes, el hermano de Electra, se exilia. Años después, Orestes vuelve al reino y Electra lo convence de matar a su madre, Clitemnestra, para castigarla por haber matado al padre. Orestes comete el matricidio y a partir de entonces será perseguido por las Erínias, encarnación del remordimiento. En fin, en la última obra de la trilogía de Esquilo, las Euménides, Orestes es juzgado por un tribunal por su crimen.

Veremos que mucho de los elementos mencionados aquí no están presentes en las adaptaciones locales siendo este ya un resumen breve y parcial de un ciclo mítico basto y complejo. Así, por ejemplo, el sacrificio de Ifigenia está prácticamente ausente de todas las versiones. Sin embargo, este breve resumen de la línea narrativa principal nos permite resaltar dos nudos argumentales muy presentes en las reescrituras que analizaremos. La primera es el ciclo vengativo que parece inagotable y que se corta gracias al proceso que se lleva a cabo contra Orestes. El proceso de Orestes es considerado simbólicamente como el primer proceso, la instauración de un sistema de justicia que permite a los hombres escapar del ciclo insaciable de la venganza para entrar en un sistema de justicia más complejo y más "civilizado". La tragedia de la Orestíada relata, por ende, el paso de un estadio precivilizatorio a un estado civilizado. De la misma manera, es importante subrayar la muerte antiheroica del gran guerrero y rey Agamenón, a manos de su esposa, Clitemnestra. Este episodio ha sido interpretado a menudo como un gesto revolucionario de la parte del pueblo hacia un poder despótico y corrupto: así lo señala Pantelis Michelakis (2005) en su introducción a *Agamemnon in Performance*, dónde nos recuerda que

> *The Agamemnon* has often been performed at such historical junctures, and the implications of its disturbing plot of political and social upheaval for the world outside the theatre cannot have escaped the attention of its audiences: one thinks not only of Népomucène Lemercier's adaptation of the Agamemnon performed in Paris in the aftermath of the French Revolution discussed above, but also Sergeéy Tanéev's opera *Oresteia* revived in Moscow during the season of the October Revolution [...], or Gerhard Hauptmann's *Agamemnons Tod*, which was broadcast on Berlin radio in 1946[2]. (Macintosh *et al.* 2005: 17)

2 Traducimos: "*Agamenón* se ha representado a menudo en este tipo de coyunturas históricas, y las implicaciones de su inquietante trama de agitación política y social para el mundo fuera del teatro no pueden haber escapado a la atención de su público: por ejemplo, la adaptación de Népomucène Lemercier del *Agamenón* representada en París tras la Revolución francesa [...], o la ópera *Oresteia* de Sergeéy Tanéev, reestrenada en Moscú durante el período de la Revolución de Octubre [...] o el *Agamenon Tod* de Gerhard Hauptmann, emitido por la radio berlinesa en 1946".

Si bien existen varios otros aspectos que han llamado la atención de los dramaturgos y críticos, retengamos estos dos puntos principales para entender la relación entre el mito en su versión clásica y el contexto histórico al que este se adapta en cada una de las reescrituras que analizaremos. *Electra Garrigó* marca la entrada de la tragedia griega en América Latina, no como mera referencia culta, sino como material maleable que puede trasplantarse al contexto local para abordar problemas de actualidad. La Electra de Virgilio Piñera se convierte así en una invitación para que Cuba y el resto del continente se reapropien de esa vieja herencia que es el teatro griego antiguo. Se trata de una adaptación caricatural y a la vez metafórica que habla de una ciudad y una sociedad en decadencia. Como dice el pedagogo a Electra: "Esta noble ciudad tiene dos enormes piojos en la cabeza: el matriarcado de sus mujeres y el machismo de sus hombres", "En una ciudad como la nuestra, tan orgullosa de los logros que nunca alcanzó, de los monumentos que nunca erigió, de las virtudes que nadie practica, el sofisma es el arma más perfecta" (Piñera 2006: 5). En efecto, como resalta Rosa Andújar en "Revolutionizing Greek tragedy in Cuba" (2015), se trata de la única adaptación en la que vemos a Agamenón convivir con su familia después de su regreso de Troya: no fue asesinado por su mujer y el amante de esta al llegar sino que convive con una mujer infiel, una hija que no está en luto (característica principal de Electra) y un hijo que nunca se fue. En ese contexto, Electra se pregunta quién es el "monstruo que amenaza a la ciudad" y para identificarlo y luchar contra él clama por "más luz" (Piñera 2006: 16). Cuando entiende que esos dos grandes piojosos son sus padres, decidirá firmemente eliminarlos: "Una simple cuestión de salud pública" (Piñera 2006: 17). Con la muerte de quienes representan la quintaesencia de un matriarcado pervertido y de un machismo intolerable, Electra impone el poder de su generación, una generación sin dioses. No teme el castigo de sus actos, pues la ciudad está tan degradada que nadie reclamará justicia. Se ríe al final de la obra, preguntando: "¿Y las Erínias? No las veo" (Piñera 2006: 38). En esta nueva configuración, el deseo incestuoso procede sorprendentemente de los padres y no de los hijos: Agamenón está locamente enamorado de su hija Electra y Clitemnestra de su hijo, Orestes; este acepta ingenuamente el deseo de su madre sin corresponderla concretamente, pero Electra rechaza firmemente el amor de Agamenón, ya que ve en su padre la encarnación de ese conjunto de hábitos y valores decadentes que ella rechaza. Electra impulsa entonces a su madre Clitemnestra y a Egisto a matar a Agamenón y, posteriormente, impulsa a Orestes a matar a su madre con una papaya envenenada que simboliza los genitales femeninos.

Agamenón se presenta como un personaje patético que intenta convencer a su hija de que no se case con su prometido invocando los valores de la familia, la sangre y la obediencia; como Electra no le hace caso, decide simplemente rechazar la unión. Cuando recibe la noticia de que el prometido se ha suicidado a causa del rechazo, Agamenón se emborracha para celebrar su muerte. No se avergüenza de sus sentimientos incestuosos hacia Electra, y también es consciente de que Clitemnestra le es infiel. Borracho y medio desnudo, dice: "He deseado oscuramente una vida heroica, pero no soy más que un burgués bien alimentado… por favor, que alguien me diga, ¿cuál es mi verdadera tragedia?" (Piñera 2006: 13). Agamenón es aquí perfectamente consciente de su patetismo: no es un héroe como en la tragedia original, tampoco es noble –simbólica ni concretamente–, como debería ser un personaje trágico: es más bien un personaje de sentimientos y aspiraciones bajas como el deseo que siente por su hija, un hombre que posee una posición de poder por herencia y no por mérito. Electra lo describe como un "viejo gallo", y afirma que ya es hora de que muera: el único gesto heroico posible es el suyo, es decir, eliminar la generación precedente y cortar así con una herencia pervertida e incestuosa.

Electra Garrigó reclama una revolución social profunda: la palabra *revolución* aparece en varias ocasiones y, de hecho, la obra se convertirá en un emblema de la revolución castrista[3] años más tarde de haber sido escrita y censurada. Podemos entonces asociar la figura de Agamenón con la del dictador Fulgencio Batista como figura masculina detentora de un poder ilegítimo, pero podemos también ver en Agamenón la representación del machismo de la sociedad de la época, como dice el pedagogo, así como la organización patriarcal de la familia y el Estado. Los conflictos de esta familia burguesa no son más que una microrrepresentación de la sociedad en la que viven. Para hacer la revolución y acceder a un estadio de la sociedad menos corrupto hay que eliminar esta figura y las dinámicas que conlleva.

La misma propuesta parece emanar de la adaptación brasileña de 1947 *Senhora dos afogados* (*Nuestra Señora de los Ahogados*). Ambas obras fueron particularmente polémicas, ya que la obra de Rodrigues también tuvo que esperar siete años para ser representada: el texto fue censurado por obsceno e inmoral. La censura vigilaba constantemente al autor, que encontraba su inspiración en la tragedia griega o en los crímenes reales sobre los cuáles escribía para los periódicos. Considerado más tarde como el principal dramaturgo del país en el siglo XX, Rodrigues solía describir su propio teatro como "teatro desagradable": "porque son obras fétidas, pestilentes; son capaces de producir tifus y malaria en escena" (Rodrigues 1981: 13). En efecto, sus obras representan una amplia gama de crímenes cuya atrocidad se representa de manera hiperbólica. Sábato Magaldi, crítico

---

3 Que más tarde condenará a su autor por su orientación sexual y lo relegará al olvido.

literario que se especializó en su obra dice: "Decidió olvidarse de la censura y desnudar al hombre, representar el incesto como el impulso más íntimo del alma humana y no como un hecho excepcional, por lo que tuvo que exponer su punto de vista 'por acumulación, por abundancia'" (Magaldi 1997: 235).

Esta acumulación y abundancia de la representación del horror y la perversión puede apreciarse en *Nuestra Señora de los Ahogados* pero son también características de la tragedia griega. Si el espectador de las obras de Rodrigues encuentra sus obras insoportablemente inmorales es porque el autor ofrece una adaptación realista y contemporánea del mito, realzando la perversidad que subyace en la historia original. En la versión de Rodrigues, los Átridas son una familia adinerada de Río de Janeiro y sus crímenes son reales, y no el símbolo de un comportamiento humano universal.

Inspirándose directamente del realismo de O'Neill, Rodrigues escribe una versión en la que el incesto y la venganza se multiplican y se tornan más complejos. Moema (Electra) está enamorada de su padre (Misael-Agamenón), un juez que está por convertirse en primer ministro. La protagonista ha matado a sus otras dos hermanas ahogándolas, para ser la única hija de Misael, la única destinataria del amor paterno. El incesto entre padre e hijas se representa con una metáfora bastante explícita: en el velatorio de Clarinha (la segunda hermana ahogada), Moema recibe feliz a su padre y le quita los zapatos, tarea que solía ejecutar la difunta Clarinha: "Ayer todavía me quitaba los zapatos y me acariciaba los pies, lo hacía con la mano así..." (Rodrigues 2012: 12), le dice el padre a Moema mientras le enseña cómo acariciarle los pies. Paralelamente al entierro de Clarinha se oyen los gritos de las prostitutas que viven junto al mar, que introducen una segunda trama que interactúa con la trama familiar de los Átridas. Las prostitutas lloran por una compañera que fue asesinada hace 19 años. Más tarde sabremos que el padre asesinó a esa mujer, que era su novia, el día de su boda con su actual esposa D. Eduarda, (Clitemnestra). Esta prostituta resulta ser la madre de Paulo, que ahora es el prometido de Moema-Electra, lo cual convierte la joven pareja en una unión igualmente incestuosa. La abuela de la familia Drummond habla constantemente de la fidelidad de las mujeres de la familia y de la honorabilidad de la familia tricentenaria. Pero cuando se descubre el asesinato, doña Eduarda (Clitemnestra) decide vengarse y huye con Paulo, su hijastro y a la vez el prometido de su hija. La llevan en procesión hasta el prostíbulo donde se encontraban Paulo y su difunta madre. Orestes, su verdadero hijo, mata al prometido, empujado por sus celos y por su hermana, Moema-Electra. El padre corta las manos de la madre en la playa para impedir que acaricie a algún hombre, y ella muere. Al final, Moema se alegra de estar sola con su padre, por fin la única mujer de la casa. Pero no disfrutará de ese placer por mucho tiempo, ya que su padre muere naturalmente en su regazo, dejándola sola en la casa familiar con los fantasmas de los asesinados, como Lavinia en la versión de O'Neill. La tragedia se convierte en un melodrama familiar con varios elementos grotescos, como la imagen de las prostitutas tejiendo en el prostíbulo, descritas como las de los cuadros de Georg Grosz. En este contexto, Misael-Agamenón es un personaje impotente cuya única autoridad es el estatus social que le otorga su apellido. Es viejo y está cansado. Tan viejo y cansado que muere de forma natural y no por asesinato. No representa el heroísmo sino la cobardía: mata a la prostituta que es su amante por su propia comodidad y para mantener limpio su apellido. Incluso la relación incestuosa con sus hijas parece ser una realidad reconocida y aceptada. En esta obra, Rodrigues critica la hipocresía de la burguesía de la ciudad y su poder implícito para evitar ser juzgados por sus actos inmorales. Por esta razón, Sábato Magaldi clasifica esta obra entre las "obras mitológicas" del autor: "Porque remite al modelo griego, a lo intemporal, a las pasiones incestuosas de las familias patriarcales que están más allá de la moral ordinaria gracias a su dinero" (Rodrigues 1981: 16). Efectivamente, las historias representadas en la tragedia griega pertenecen a un tiempo sin tiempo, a los orígenes, y por eso permitimos que estas familias representen las pasiones humanas en su expresión más básica. Pero en el caso de la obra de Rodrigues, no hay nada intemporal o simbólico, los mismos impulsos básicos y oscuros de la mitología parecen dominar una sociedad teóricamente "civilizada" y regida por la ley. Concretamente, la figura de Agamenón se refiere probablemente al presidente y dictador Getúlio Vargas ya que este, como el personaje de la ficción, trabajaba en el área del derecho –era abogado de profesión– y provenía de una gran familia de notables portugueses y españoles ya desde el tiempo de la colonia. Por ende, más allá de la referencia específica a la figura del presidente/dictador/patriarca, la referencia a Vargas puede ser vista como una dificultad del país a emanciparse de las dinámicas coloniales. Como en el caso de Electra Garrigó, no se trata únicamente de señalar la estructura patriarcal y despótica de la familia y del estado, sino también de denunciar dinámicas históricas de dependencia y opresión.

El dramaturgo argentino Sergio De Cecco aborda el mito de una manera bastante distinta para concentrarse en la cuestión del paso de una sociedad precivilizada a una sociedad civilizada. En 1962 escribe *El reñidero*, que se representa en el Teatro San Martín y la obra se convierte rápidamente en un gran éxito. René Mujica dirigió una adaptación cinematográfica de la obra en 1975, y en 2002 Betty Gambartes escribió una versión operística titulada *Orestes*. También fue traducida al inglés para su puesta en escena en el Teatro del University College de Cardiff por el director argentino Roberto D'Amico, en 1976. Inspirada en la *Electra* de Sófocles, esta adaptación sitúa a los personajes míticos en Palermo a principios del siglo XX. Si hoy en día Palermo se considera un barrio muy céntrico de Buenos Aires, en aquella época era un suburbio violento y peligroso. Palermo marcaba el límite entre la ciudad y el campo, entre la civilización y la barbarie. La ley del Estado convivía con una ley paralela, la de los guapos, que resolvían sus negocios a base de cuchillo y sangre. Muchos de ellos eran gauchos del campo que solían luchar contra los indios. A menudo perseguidos por la ley, iban a Palermo donde eran protegidos por los políticos. A cambio, los gauchos protegían a los políticos y resolvían sus negocios a cuchilladas. Este entorno, en el que interactúan la ley del Estado y la ley del más fuerte, es el contexto y el tema de la obra. El propio título es una metáfora de la violencia de la época. Uno de los personajes dice: "A veces miro nuestro barrio y siento que es un reñidero, y nosotros somos los gallos, estamos aquí para ganar… o para morir, si no es para ganar y morir" (De Cecco 1963: 33). Agamenón, Pancho Morales, es uno de los guapos, que protege a un político y hace su propia ley en el barrio. También es el dueño de un reñidero (espacio donde se desarrollan las luchas de gallos), que es también el jardín de la casa familiar. Su mujer (Nélida-Clitemnestra) lo engaña con Soriano (Egisto), su mano derecha, que acabará matándolo en un duelo a navajas. Su hija, Elena (Electra) siente un amor incondicional por su padre, pero su amor no es correspondido. También odia a su madre y al mismo tiempo quiere ser como ella. Una representación más clásica del complejo de Electra respecto de las dos anteriores. De la misma forma, Orestes –el único que conserva el nombre original de la tragedia– mantiene una relación muy estrecha con su madre, que sí corresponde a su amor, aunque no haya signos explícitos de incesto. La obra comienza con el funeral de Pancho Morales (Agamenón), del que Orestes está ausente por encontrarse en la cárcel. Elena clama venganza, pues sabe que fue el amante de su madre quien mató a su padre. Conoceremos la historia de la familia y el porqué de los hechos a través de diferentes *flashbacks* o *racconto*. A través de ellos sabremos que Pancho Morales es el responsable del encarcelamiento de Orestes. Quería separarlo de su madre y convertirlo en un "hombre de verdad". Por eso lo manda a "amenazar" a un hombre que está en contra del partido que Morales defiende, pero el inexperto Orestes acaba matando al hombre delante de varios testigos. En lugar de proteger a su hijo, Pancho Morales decide limpiar su reputación y la del partido, alegando que su hijo mató por una relación amorosa y no por él. El personaje de Pancho Morales, el Agamenón de esta historia, se hace cada vez más complejo a través de los diferentes *flashbacks*, evocados por los distintos personajes. Elena nos da la imagen de un hombre valiente y respetado por todos, un hombre injustamente engañado por su mujer. Mientras que Nélida, la madre, dibuja el mismo retrato, pero con otro valor, pues ve a ese hombre valiente como un déspota que alimenta su poder a través del miedo: "Pancho Morales era muy feliz con mi miedo, más que con mi amor, crear miedo era su estilo de vida" (De Cecco 1963: 34). Contra este credo de Morales de violencia y miedo, la madre intentó oponerse y proteger a su hijo con amor, pero: "Te despojó de mí, porque tenía que hacer de ti un perro guardián, tenía que llenarte de odio y a través de ti al mundo para que te convirtieras en un segundo cuchillo" (De Cecco 1963: 32). Nélida-Clitemnestra justifica su infidelidad a través de su intento de imponer un credo de afecto a un credo de muerte: "¿Los oyes? Gallos u hombres, ¡les da igual en cuanto ven un poco de sangre! A veces siento que todo lo que toco tiene la misma humedad, el mismo color que tiene la sangre" (De Cecco 1963: 36).

Por último, escucharemos un sorprendente tercer punto de vista sobre Agamenón-Pancho, procedente de un amigo de la familia que decidió huir de la violencia y empezar una vida basada en el trabajo honrado. Vicente no juzga exactamente a Agamenón-Pancho como un hombre fuerte ya sea en sentido positivo o negativo, sino que más bien cuestiona su valentía y su despotismo. De hecho, cuando Orestes viene a preguntarle si debe vengar la muerte de su padre, Vicente responde que no tiene nada que vengar porque su padre tenía que morir de todos modos, no importa realmente quién cometió el crimen: "Pancho Morales ya no tenía sitio, no era nadie, un día u otro caería, apaleado por los mismos que le apoyaban. Miren el barrio, recorran sus calles y lo entenderán. La gente como él infundía cada vez menos miedo a la gente. Una noche u otra el último guapo fallecerá" (De Cecco 1963: 57).

Esta apreciación evoca directamente las otras dos adaptaciones estudiadas aquí, en las cuales el patriarca se presenta como una figura caduca y que muere, por ende, naturalmente, o porque su tiempo se acabó. Pero alude también a la eterna dinámica de la venganza presentada en la Orestíada: la observación de Vicente nos hace pensar en la transición del derecho natural al derecho estatal, como podemos ver en la Orestíada con la creación de una asamblea propia para juzgar el crimen de Orestes.

Teniendo en cuenta que la versión de De Cecco está ambientada a principios del siglo XX, pero escrita en 1962, podemos leer fácilmente una crítica indirecta a la sociedad contemporánea del autor. Sesenta años después, la justicia es oficialmente impartida por la ley del estado y no por la venganza. Sin embargo, como explica Jorge Dubatti en su libro *Cien años de teatro argentino* (2012), Argentina se verá marcada muy pronto en el siglo XX por breves dictaduras de izquierda y de derecha. Ambas crearán fuerzas paramilitares dedicadas a amenazar, extorsionar o incluso asesinar a los intelectuales, artistas y a todos aquellos que se oponían al partido dirigente. La misma ley paralela que describe De Cecco en su obra. La pregunta que aborda indirectamente es entonces: ¿somos realmente una sociedad justa y civilizada o seguimos viviendo en un mundo basado en el miedo y la violencia? Esta lectura adquiere plenamente sentido si consideramos que De Cecco pertenecía al movimiento de los nuevos realistas, cuyo teatro elabora constantemente una crítica a la burguesía argentina y la opresión militar, reclamando así un cambio social radical.

Aunque estas tres versiones de Electra pertenecen a décadas, países y contextos diferentes y aunque el argumento original ha sido manipulado de maneras distintas por cada autor, todas parecen apuntar a la misma tragedia. Si podemos considerar Electra como otra tragedia latinoamericana es la tragedia de una sociedad patriarcal y machista, sostenida por igual por hombres y mujeres. Agamenón no es un héroe ni un rey poderoso: en los tres ejemplos podemos ver a un padre viejo y cansado que en realidad no necesita que lo maten, ya está casi muerto. Representa la pérdida de solemnidad de la tragedia griega cuando se adapta a estos nuevos contextos. Pero también representa a una sociedad decadente que se cree regida por la ley, pero que en realidad se rige por instintos muy primitivos: impulsos eróticos y de muerte. Agamenón es un personaje decadente y patético, heredero de una estructura social jerárquica que siempre lo ha beneficiado. Todos parecen rechazar esa tradición y, sin embargo, todos guardan silencio, todo el mundo juega a la hipocresía, incluso aquellos que se ven afectados por esa dinámica. Las mujeres no son siempre un claro oponente a esa herencia patriarcal; al contrario, a veces parecen ser sus más sólidas partidarias, o su más triste producto. Como le dice el pedagogo a Electra Garrigó, en la versión de Piñera: uno de los piojos es el machismo, pero el otro es el matriarcado, refiriéndose a Clitemnestra. Es por esta razón por la cual Electra Garrigó decide eliminar a su padre y a su madre, para acabar con esa herencia. Existe en las tres versiones la idea de una ruptura entre una generación y la otra que hace referencia a una ruptura histórica en la macroesfera sociopolítica. Si consideramos la historia de América Latina en un plano más amplio, cabe recordar que el paso de la colonia a las repúblicas independientes y democráticas estuvo marcado por el caudillismo: es decir, por la figura del hombre que hace su propia ley y que gobierna a escala local infundiendo miedo. El paso del régimen colonial al régimen democrático fue declarado por cada Estado nación en una fecha precisa, pero en realidad consistió en un largo proceso. En *Electra Garrigó*, esta realidad contradictoria se torna patente: el patriarca sigue vivo después de la guerra y convive con su mujer infiel y su hija adorada, el pueblo no se ha rebelado aún contra el poder despótico. Las tres adaptaciones estudiadas hablan de esa lenta transición durante la cual reina aún un patriarca despótico que alguna vez infundió miedo y admiración, pero ya no: su dinámica de poder llega a caducidad y debe dejar lugar a las nuevas generaciones, a la justicia estatal y a la democracia. La figura del incesto acentúa la necesidad de romper con esta dinámica, la necesidad del pueblo de emanciparse del patriarca para tomar el poder colectivamente y construir una verdadera democracia. Como explica Moira Fradinger (2023) respecto de las Antígonas latinoamericanas, existe una tradición latinoamericana de reescrituras trágicas que no necesariamente hace referencia al original griego sino también a las reescrituras locales. Salvando las diferencias y especificidades de cada obra, la tradición de las Electras latinoamericanas parece apuntar hacia un patriarca y jefe de estado antiheroico que detenta un poder ilegítimo y en torno al cual se organiza, a su imagen, una sociedad corrupta, decadente e hipócrita. Menos unívoco es el papel de las mujeres (ya sea la madre o la hija) en esta configuración: en algunos casos son cómplices de este orden social, en otros, las portadoras de una dinámica revolucionaria que decide cortar con el sistema patriarcal a través del asesinato. En este sentido, los personajes femeninos son menos heroicos que sus homólogas, Antígona y Medea, mientras que las figuras masculinas son mucho más homogéneas: Agamenón, Orestes e incluso Egisto adoptan sistemáticamente papeles particularmente secundarios y antiheroicos, reflejo de un continente que arrastra esquemas coloniales más allá de su independencia y que busca, sediento, una democracia y una justicia reales.

Bibliografía

Andújar, Rosa (2015). "Revolutionizing Greek tragedy in Cuba" in Kathryn Bosher *et al.* (eds.), *The Oxford Handbook of Greek Drama in the Americas*. Oxford: Oxford University Press.

Cecco, Sergio de (1963). *El reñidero*. Buenos Aires: Talía.

Dubatti, Jorge A. (2012). *Cien años de teatro argentino: desde 1910 a nuestros días*. Buenos Aires: Editorial Biblos, 2012.

Fradinger, Moira (2023). *Antígonas: Writing from Latin America*. Oxford / New York: Oxford University Press.

Hualde Pascual, Pilar (2012). "Mito y tragedia griega en la literatura iberoamericana", *Cuadernos de filología clásica: Estudios griegos e indoeuropeos*, 22, pp. 185–222.

Macintosh, Fiona, Michelakis, Pantelis, *et al.* (eds.) (2005). *Agamemnon in performance 458 BC to AD 2004*. Oxford: Oxford University Press.

Magaldi, Sábato (1997). *Panorama do teatro brasileiro*. São Paulo: Global Editora.

Obregón, Osvaldo (2012). *Teatro latinoamericano: un caleidoscopio cultural, 1930–1990*. Perpignan: Presses universitaires de Perpignan.

O'Neill, Eugene (2001). *Le deuil sied à Électre*. París: L'Arche.

Pianacci, Rómulo (2015). *Antígona: Una Tragedia Latinoamericana*. Buenos Aires: Losada.

Piñera, Virgilio (2006). *Electra Garrigó*, in Rine Leal (ed.), *Teatro completo*. La Habana: Letras Cubanas.

Rodrigues, Nelson (1981). *Teatro completo 2; Peças míticas*. Rio de Janeiro: Nova Fronteira.

——— (2012). *Senhora dos afogados. Tragédia em três actos: Peça mítica*. Rio de Janeiro: Nova Fronteira.

Adriana Nicolau Jiménez*

Madres e hijas: una lectura afectiva del teatro catalán actual

Resumen: Desde el año 2016, el teatro catalán ha vivido una eclosión feminista inédita que ha conllevado, entre otras tendencias, la proliferación de obras genealógicas que persiguen recuperar figuras femeninas injustamente olvidadas. Este artículo explora algunas de estas obras, privilegiando aquellas que se ocupan de las relaciones entre madres e hijas, para sostener que constituyen la traducción a los escenarios de una sensibilidad feminista naciente. Las obras analizadas representan la dimensión emotiva de procesos de toma de consciencia a través de imágenes corpóreas y afectivas que ponen énfasis en la colectividad y problematizan la descorporeización del modelo de sujeto moderno. Muy vinculadas al cuerpo, las experiencias de las protagonistas involucran a menudo algún tipo de dolor, que se presenta, no como una marca de pasividad, sino como un afecto potencialmente catalizador de transformaciones relacionales y sociales. El artículo presenta un análisis conjunto del corpus, formado por obras de autoría femenina estrenadas o publicadas entre 2016 y 2022, para mostrar las formas en las que nos incitan a repensar el lugar de las mujeres en la memoria y la vida pública, así como las relaciones entre ellas en el seno de las familias.

Palabras clave: teatro catalán; feminismos; genealogías; madres; afectos; hijas; familia

Introducción

Aunque toda construcción nacional incorpore una concepción determinada del género, las aproximaciones teóricas sobre la nación tardaron mucho tiempo en considerar el papel del género y de las mujeres en la concepción de las naciones y el nacionalismo (Yuval-Davis 1997: 1). Se trata, como señala Nira Yuval-Davis, de una ceguera de género sorprendente si tenemos en cuenta que influyentes escuelas de especialistas en el nacionalismo han entendido la nación como una extensión natural de las relaciones de parentesco (1997: 1), y que la correlación entre familia y nación continúa siendo influyente, como demuestra la concepción misma de este volumen. Según Carole Pateman (1988), dicha ceguera se explicaría por la concepción del contrato social fundamentada sobre la división entre las esferas pública y privada, que relega a las mujeres a un ámbito considerado irrelevante en el plano político y, por lo tanto, también en las discusiones en torno al hecho nacional. En términos diacrónicos, la población femenina ha jugado un papel

* (Universitat Oberta de Catalunya)

crucial como reproductora de la nación en los planos biológico, cultural y simbólico (Yuval-Davis 1997: 2), pero, en cambio, ha sido borrada sistemáticamente de su memoria. Se puede afirmar, por lo tanto, que la exclusión de las mujeres del rol de referentes nacionales –que detentan los hombres en tanto que "padres" de la patria– ha contribuido a la criptoginia (Pozo y Padilla 2020), es decir, a su ocultación pública y en especial en los ámbitos de más prestigio, eliminándolas como referentes disponibles para las nuevas generaciones de mujeres. A este propósito, la pensadora belga Luce Irigaray postula, desde una óptica psicoanalítica, un matricidio original que habría tenido lugar antes del parricidio fundador explicado por Freud. Según Irigaray, a través de este matricidio los padres –de familia, nacionales, religiosos, médicos o profesores– suprimen el lugar de la madre y la sitúan en un lugar de exclusión y sacrificio respecto a las bases de la sociedad, relegándola al mutismo y a la indefinición. Entre las muchas consecuencias de este reparto social, Irigaray apunta la reducción de la maternidad a la "inmediatez natural de la reproducción" (1987: 150) y la insistencia cultural en las díadas padre-hijo o madre-hijo, pero nunca madre-hija. Para hacerle frente, la pensadora belga estima indispensable la recuperación de una doble genealogía femenina, tanto familiar como cultural (1987: 31), en un gesto que borra las fronteras entre los ámbitos privado y público y pretende fundamentar una oposición a la criptoginia.

En esta misma línea, Adrienne Rich (1976, 1979) señala, junto a la desmemoria que sufren las mujeres del pasado, que las relaciones verticales entre generaciones de mujeres a menudo han sido difíciles por la denigración de los modelos femeninos propia de los imaginarios heteropatriarcales. Una de las obras que exploraré a continuación señala precisamente que parecerse a la propia madre nunca es visto como algo positivo: "Hay un parecido que siempre es malo. Un parecido que nadie en el mundo lo ha sentido jamás como algo deseable, o celebrable, ni siquiera como un poquito bueno. Un parecido que es una maldición. Es como una maldición horrible que cuando la dices, se cumple [...]. Cada vez me parezco más a mi madre" (Loscos y Cia. Cándida 2022: 3). El pasaje, extraído de la obra *Mi madre en bragas* (2022), es representativo de la interrogación genealógica que, en los últimos años, ha vivido el teatro catalán, en el marco de tendencias más amplias como la proliferación de las escrituras del yo (Gomila 2021) o el auge del teatro documental (Prieto Nadal 2020). El fenómeno que mejor explica la pulsión genealógica es, sin embargo, el aumento de reivindicaciones feministas que desde 2016 se ha producido en el teatro catalán, en el contexto de una ola feminista global. Este fenómeno ha producido una eclosión de narrativas feministas y un cuestionamiento inédito de las instituciones y dinámicas del campo teatral; y se contrapone a las décadas de 1990, 2000 y principios de la década de 2010, dominadas por un clima posfeminista (McRobbie 2004), es decir, de negación de la vigencia del feminismo como movimiento necesario y significativo. La aparición de un importante contingente de obras genealógicas aparece como lógica en este contexto, puesto que, como señala Françoise Collin (1993), la transformación del rol de las mujeres actuales conlleva de forma natural la interrogación sobre la representación de las mujeres del pasado.

La proliferación del motivo de las genealogías, que agrupa obras sobre mujeres ilustres y anónimas, así como sobre el propio linaje familiar, nos lleva a preguntarnos qué persiguen estos espectáculos y si se pueden detectar en ellos unos rasgos comunes. Si partimos de la interrogación en torno al rol de las mujeres en la vida común y, por extensión, nacional, llama la atención que un número significativo de obras genealógicas contrapongan a silencios previos procesos de toma de consciencia, que conducen a las protagonistas a vincularse con colectivos más amplios mayoritariamente femeninos, o a rehacer vínculos con mujeres del propio entorno. Son obras como *Hasta agotar existencias. Ensayando para que la muerte de mi madre no me pille desprevenida* (2016) de Verónica Navas; *Màtria* (2018) de Carla Rovira; *Una gossa en un descampat* (2018), de Claudia Cedó; *Les oblidades* (2019) de Lara Díez Quintanilla; *Banzo, el aliento de las ancestras* (2019) de Denise Duncan; *Mi madre en bragas* (2022) de Cia. Cándida y Raquel Loscos; y *Concrete Matter* (2022) de la Cia. Los detectives[1].

No es banal que este motivo aparezca en propuestas estrenadas desde 2016, cuando, para muchas mujeres y otras personas que no tenían una militancia previa, se produce un importante cambio de percepción respecto a las desigualdades de género –entre otras– y el carácter excluyente de ámbitos como el teatral. Si en la segunda ola feminista la toma de consciencia había pasado por los *consciousness-raising groups*, que en Cataluña hicieron llegar figuras como María José Ragué Arias (Godayol 2020: 78), en el contexto de mediados de 2010 juegan un papel importante Internet y las redes sociales, así como las manifestaciones masivas del 8 de marzo y del 26 de abril de 2018, a raíz de la sentencia del caso de La Manada.

1 El corpus agrupa obras escritas en catalán, obras bilingües y obras escritas en castellano, todas representadas a excepción de *Banzo*, que solo ha sido editada. Pueden encontrarse traducciones de algunas de las obras a varias lenguas en el portal www.catalandrama.cat. Por razones de espacio, se dejan fuera algunas de las múltiples piezas sobre madres e hijas de los últimos años, como *Blanca desvelada* (2015) de Alejandra Jiménez-Cascón o *Tocar mare* (2022) de Marta Barceló, así como obras que aplican un patrón similar a otras identidades minorizadas, como *Hermafrodites a cavall o la rebel·lió del desig* (2022) de la Cia. Que no salga de aquí, que aborda la identidad intersexual.

Tampoco es baladí que este replanteamiento tenga lugar en torno a los años álgidos del proyecto de independencia nacional de Catalunya, que promueven una reflexión, no nueva pero sí renovada, en torno a la intersección entre el proyecto nacional y las perspectivas feministas, puesto que la indefinición de un proyecto nacional en construcción deja más margen para imaginar otras construcciones de género posibles (Ojeda 2023: 119–123).

Paralelamente, resulta relevante que en las obras referenciadas las tomas de consciencia y los contactos de las protagonistas con colectivos más amplios se presenten como movimientos inarticulados, caracterizados por la importancia de su vertiente afectiva y también del aspecto corpóreo que conllevan. En otras palabras, no reflejan el influjo del feminismo con programas explícitamente políticos, sino a través de imágenes metafóricas, como las de varias presencias que se mueven entre los cuerpos, cadenas corpóreas en las que los cuerpos de las mujeres de distintas generaciones se tocan, sueños y contactos con el más allá. Por ello resulta adecuado aproximarse a estas obras desde las propuestas de las teorías del afecto, para prestar atención a la dimensión política de las emociones (Ahmed 2014) y a la importancia, difícil de cernir porque a menudo es inarticulada y supralingüística, de las influencias, recíprocas y relacionales, que se producen entre los cuerpos (Gregg i Seigworth 2010: 1). En este sentido, queremos defender que las obras que tratamos aquí codifican lo que Raymond Williams define como estructuras de sentimiento, es decir, "un tipo de pensamiento y sensación que es de naturaleza social y material, pero en cada caso en una fase embrionaria, antes de poder ser un intercambio del todo articulado y definido" (1977: 131). En planteamientos afines, Barbara Rosenwein escribe sobre el surgimiento de comunidades emocionales alternativas, gracias al cual ciertos relatos dominantes pierden parte de su carácter hegemónico y "algunas comunidades previamente marginadas pueden hacer un paso adelante" (2010: 24). Los conceptos de Williams y Rosenwein nos permiten entender las imágenes del contacto entre mujeres como una plasmación afectiva de la ola de reivindicaciones feministas que despega en Cataluña en la segunda mitad de los años 2010, es decir, como el surgimiento de "significados y valores tal y como son activamente vividos y sentidos" (Williams 1977: 132). Estas imágenes comparten un carácter no lingüístico, difícil de articular, que lleva a la protagonista de *Una gossa en un descampat*, Júlia, a describirlas como "un pensament fugisser, un peixet espantat que va tornar de seguida a l'aigua i vaig perdre de vista abans que pogués posar-hi paraules[2]" (Cedó 2018a: 35).

2 "Pero fue un pensamiento fugaz, un pececillo asustado que volvió en seguida al agua y perdí de vista antes de poder ponerle palabras" (Cedó 2018b: 21).

En definitiva, en el contexto de cambio de los últimos años, el teatro de autoría femenina ha producido nuevas imágenes y relatos en torno a la relación de las mujeres contemporáneas con madres y antepasadas, simbólicas y biológicas. Se ha ocupado, a menudo a través de la poco representada díada madre-hija (Irigaray 1987), de relaciones que exceden los modelos de deseo heterosexistas, explorando un terreno dramático mucho menos codificado que las relaciones de los personajes femeninos con las figuras masculinas. En las tres secciones siguientes analizaremos los aspectos más relevantes de dichas imágenes y argumentaremos que plantean una exploración crítica de las relaciones históricas entre mujeres en el seno de las familias e imaginan otras configuraciones posibles del lazo familiar y comunitario. En última instancia, estas exploraciones ponen de relieve la falta de representación que han sufrido las mujeres como miembros de la comunidad y proponen, a través de lo afectivo, el embrión de nuevas formas de pensar lo común y, por ende, lo nacional.

Del silencio a la toma de consciencia

En *Una gossa en un descampat*, de Claudia Cedó (2018a), una mujer de treinta y cinco años, Júlia, se enfrenta a la muerte perinatal del que habría sido su primer hijo sin nociones previas acerca de lo que le sucede, una situación que la hace sentirse culpable y la llena de miedos. La experiencia la conduce a tomar conciencia del tabú social y cultural que rodea las pérdidas gestacionales: "És un tema que no surt enlloc. Si ho veiessis a les pel·lícules o als llibres[3]" (Cedó 2018a: 49). Asimismo, se percata del silencio que también impera en las familias, puesto que su abuela perdió a un hijo en circunstancias similares, pero cuando le pregunta a su madre si lo vio una vez muerto, ella responde: "No lo sé, cuca. No lo hablamos nunca, esto" (Cedó 2018b: 66). Cedó imprime tonos épicos a la vicisitud de Júlia como una forma de subrayar que las experiencias femeninas también pueden ser la base de relatos heroicos con cuya peripecia pueda identificarse el conjunto del público. Aun así, la obra pone mucha atención en perfilar una protagonista que se aleja de la figura clásica del héroe por mostrarse vulnerable y poner en primer plano su carácter relacional, la dependencia que tiene de las personas que le rodean. Algunas de estas personas son de carne y hueso: la familia, la pareja y el personal sanitario, incluida una enfermera que le explica que perdió un hijo de manera similar. Otras son incorpóreas, presencias que la protagonista invoca cuando flaquea ante las difíciles decisiones

3 "Es un tema que no sale en ningún sitio. Si lo vieses en las películas o en los libros" (Cedó 2018b: 28).

que tiene que tomar, y que le proporcionan: "Una mena d'empenta dels meus morts, la iaia, l'àvia, la Pili. Totes eren amb mi. Totes van estar amb mi, aquells dies, a l'hospital[4]" (Cedó 2018a: 1). Estas presencias, que se identifican entre otras instancias con las antepasadas de la protagonista –incluida la abuela que perdió a un hijo– aparecen a través de apartes líricos y de mecanismos dramatúrgicos, por ejemplo en la escena 4, cuando las actrices de la pieza empujan una camilla donde se ha subido Júlia y la didascalia subraya: "*Veiem les mortes*" (Cedó 2018a: 3), Es decir, aquellas mujeres que sufrieron situaciones similares en el pasado y fueron acalladas por el silencio social, pero de quienes la pieza reconoce la valentía: "Tu ets tu. I ets allà. Forta com totes les que t'han precedit. Tu i les teves mortes[5]" (Cedó 2018a: 35). Más adelante, cuando Júlia ha decidido interrumpir el embarazo y ha sabido que tendrá que pasar por un parto, en la escena 14 le pregunta a la doctora si oirá llorar al niño. La doctora responde que no y comenta que todas las mujeres hacen la misma pregunta. Entonces, Júlia considera: "Totes us feu aquesta pregunta. I la massa uniforme de la qual tots formem part s'infla al teu voltant, com un soufflé de xocolata. Un tortell esponjós que t'envolta i s'estufa per l'habitació, perquè hi has posat massa llevat[6]" (Cedó 2018a: 97). En ambos casos, se trata de imágenes que explican la dimensión emocional de un progresivo encuentro con la colectividad y que sugieren un espacio que, contrariamente a las sensaciones de aislamiento previas, no aparece como vacío, sino repleto de una intensidad que transforma los tonos emocionales negativos en épicos y esperanzados.

Como sucede en *Una gossa en un descampat*, la culminación de *Banzo, el aliento de las ancestras* (2019) de Denise Duncan traslada percepciones de proximidad, aceptación, ánimo y pertenencia comunitaria que se contraponen al aislamiento y el silencio previos que vive la protagonista, Lis. Compositora de ascendencia burguesa, Lis es una mujer blanca casada con un hombre negro, Philippe, que sin embargo muestra incomprensión respecto a los efectos del racismo. La pareja pasa unos días en la antigua casa familiar de ella, que parece "una cápsula del tiempo" (Duncan 2019: 155) y que, como en la obra de Cedó, permite rodear a la

4 "Una especie de empujón de mis muertos, la yaya, la abuela, Pili. Todas estaban conmigo. Todas estuvieron conmigo, aquellos días, en el hospital" (Cedó 2018b: 13).

5 "Vemos a las muertas"; "Tú eres tú. Y estás allí. Fuerte como todas las que te han precedido. Tú y tus muertas" (Cedó 2018b: 21).

6 "Todas os hacéis esa pregunta. Y la masa uniforme de la cual todos formamos parte se infla a tu alrededor, como un *soufflé* de chocolate. Un pastel esponjoso que te envuelve y se estofa por la habitación, porque has puesto demasiada levadura" (Cedó 2018b: 53).

protagonista de presencias espectrales, en este caso un linaje de mujeres negras descendientes de los yorubas. A pesar de no ser vistas por los vivos, las ancestras que habitan la casa se hacen presentes en forma de perturbaciones a menudo identificadas con el viento, atributo de la diosa yoruba Oyá: por ejemplo, apagan las velas que Lis enciende para trabajar. La compositora percibe dichas perturbaciones sin entenderlas, mientras se enfrenta a un bloqueo creativo que no le permite terminar la composición musical que le han encargado. Al final de la obra, sin embargo, la protagonista descubre, gracias a un antiguo diario personal que se encontraba en la casa, que desciende de la unión de un antepasado blanco con una criada negra. Esta revelación la predispone a reconsiderar su perspectiva sobre la discriminación racial y toma consciencia de la opresión que ella misma ha podido ejercer sobre sujetos marginados como las mujeres negras, a las cuales, de repente, se sabe mucho más estrechamente ligada. En paralelo, descubrir este secreto familiar le permite asimilar un saber extrarracional, que han intentado transmitirle sus antepasadas a lo largo de la obra: "Calla y escucha, Lis [...] Escucha lo que dice el viento [...] Llama a tus ancestras [...] Responderán" (Duncan 2019: 215–217). Así, Lis encuentra la respuesta en sus problemas con la composición en la polirritmia, una técnica musical que simboliza su reconocimiento del legado africano. La obra se cierra en una emotiva escena final con Lis tocando rodeada de todas las mujeres que no ve, pero ahora siente, en comunión afectiva y física con las propias raíces.

Si la Lis de Duncan menosprecia por motivos de raza una identidad que acaba de descubrir que forma parte de sí misma, las protagonistas de *Hasta agotar existencias. Ensayando para que la muerte de mi madre no me pille desprevenida* de Verónica Navas (2016) y *Mi madre en bragas* de Raquel Loscos y Cia. Cándida (2022) deben lidiar con el menosprecio que, de forma consciente o no, han sentido hacia sus propias madres y por lo tanto también, indirectamente, hacia ellas mismas. Ambas obras son propuestas de corte autoficcional en las que actúan las propias creadoras y ofrecen, desde estéticas distintas, un homenaje a la madre que reflexiona sobre las dificultades para comunicarse con ella. En el caso de Navas, la creadora y actriz aparece sola en escena y evoca la figura de la madre a través de vídeos y fotografías, mientras que en el caso de Tamayo, la hija actúa junto a su madre real, Rosa Escalera, quien participa en el montaje en tanto que intérprete no profesional. Curiosamente, ambas obras parten de la misma interrogación: ¿qué harían y cómo se sentirían las protagonistas si su madre muriera? La posibilidad de la ausencia materna desencadena la necesidad de pasar tiempo juntas y decirse lo que no se han dicho hasta ahora: "I em van assaltar de sobte, com una allau, totes les coses que no sabia que teníem pendents de fer: riure fins al mal de panxa, explicar-nos algun secret inconfessable, haver-la mirat, haver-la mirat molt, fer que se sentís mirada[7]" (Loscos y Cia. Cándida 2022: 2).

En ambas obras, la toma de conciencia pasa por reconocer el valor de una forma de relacionarse y expresar amor que se distingue de la que, por una cuestión generacional pero también de género, valoran las hijas. Así, en una escena de *Mi madre en bragas*, Anna Tamayo dirige preguntas profundas a su madre, Rosa Escalera, mientras esta la cubre con una montaña de *tuppers* llenos de comida y ropa e ignora sus preguntas. En *Hasta agotar existencias*, Navas comenta a este mismo propósito:

> Su manera de quererme es la manera más sencilla y pura en la que alguien puede querer: protegiéndote de frío o del calor, cuidando de tu apariencia para que otro alguien no te coma, cuidando de que solo flaquees por voluntad propia. Cuidándote. Detestar a una madre no es un concepto abstracto. Es un instante del que arrepentirse. (2016: 11)

Estos procesos de comprensión y perdón, sin embargo, no siempre resultan sencillos, ya que la visión de la madre está atravesada por prejuicios como el de considerar que el parecido con ella es siempre negativo, una cuestión que en ambas obras aparece atravesada por prejuicios estéticos hacia los cuerpos de las mujeres maduras. En distintos momentos, las protagonistas destacan el miedo a heredar rasgos físicos considerados defectuosos, como el exceso de peso en el caso de Anna Tamayo o el tamaño de los pies en el de Verónica Navas: "Tengo sus pechos, su tripa, sus caderas. Seré ella más tarde. Mi cuerpo camina hacia el suyo con un intervalo desconocido de separación física y temporal. Sus pies, mis pies. Su 41, mi 41" (2016: 11).

Quizás precisamente porque comparten ciertas opresiones, estas dos obras, junto a las de Cedó y Duncan, plantean el reconocimiento de las mujeres que las han precedido como indistinguible de la reconsideración de la propia identidad. En otras palabras, estas narrativas escénicas sugieren que una visión crítica de la propia identidad de género demanda el reconocimiento de la deuda con las generaciones anteriores. Y, en este sentido, confirman, como remarca Ahmed, que "atender a las emociones nos puede mostrar que todas las acciones son reacciones, en el sentido de que lo que hacemos está modelado por el contacto

---

7 Traducimos: "Y me asaltaron de golpe, como un alud, todas las cosas que no sabía que teníamos pendientes. Reírnos hasta el dolor de barriga. Contarnos un secreto impronunciable. Haberla mirado, haberla mirado mucho, hacer que se sintiera mirada". *Mi madre en bragas* es una obra bilingüe catalán-castellano, por lo que las citaciones que se incluyen en el artículo oscilan entre estas dos lenguas.

que tenemos con las otras personas" (2014: 4). En especial con las mujeres de generaciones precedentes, que sin embargo han sufrido la criptoginia que las aparta de los relatos sobre lo común a los cuales tenemos acceso las mujeres contemporáneas.

Cuerpos que se tocan

Como se puede observar, los procesos de toma de conciencia comentados se vinculan a experiencias profundamente arraigadas en la corporalidad, como la maternidad, la filiación y la raza. Al reconocer a las madres biológicas y simbólicas, las protagonistas se alejan de la definición moderna del sujeto humano como autónomo, y al atender a experiencias corporales, también de su descorporeización. Como los feminismos han elaborado en múltiples ocasiones, la negación del cuerpo en el sujeto moderno resulta posible gracias al "proyecto masculino de 'descorporeización' por el cual los hombres trascienden sus cuerpos proyectando su otredad (su inmanencia, su contingencia corpórea) en las mujeres" (Jones 1998: 43). Uno de los aspectos más cruciales de esta negación es la obliteración de la vulnerabilidad y la dependencia intrínsecas en el hecho de haber nacido de una madre (Lozano Estivalis 2006: 233). Por lo tanto, alejarse de la falacia del sujeto humano concebido solo a partir del hombre adulto sin cargas ni disminuciones, aislado y autónomo, reclama recuperar la maternidad, la natalidad y la filiación como vivencias centrales de la experiencia humana. En este sentido, resulta significativo que al escenificar la relación con las mujeres de generaciones precedentes, las obras estudiadas se alejen de la representación moderna del cuerpo, "que lo imagina cerrado herméticamente, con límites bien distinguibles e infranqueables" (Segarra 2014: 26) y que se da "a partir del Renacimiento", coincidiendo "con la constitución del 'individuo' como sujeto autosuficiente y cerrado en sí mismo" (Segarra 2014: 26). En esta línea, *Les oblidades* de Lara Díez Quintanilla (2019a) representa, a través de la reencarnación sucesiva de dos almas, la unión física de unas generaciones con las otras, una noción que se explicita en esta conversación entre una abuela y una nieta, hacia el final de la pieza:

> M.— [...] Els científics [...] diuen que les dones tenim als nostres cossos, a la panxa, una part de totes les filles que podem arribar a tenir.
> B.— Vols dir que naixem amb tots els òvuls que tindrem?
> M.— Això, com es digui! Es veu que no en fabriquem més durant la vida, els tenim tots a dins des que venim al món. Per tant, portem totes les possibles filles a dintre, saps? Això vol dir que tu vas estar dins meu una vegada. Una part de tu, vull dir [...] quan estava embarassada de la teva mare, ella, encara que fos molt petiteta, ja tenia dins

> una part de tu. Tu estaves dins de la teva mare i la teva mare estava dins meu[8]. (Díez Quintanilla 2019a: 40)

Después de siglos de olvido, las dos almas –siempre femeninas– toman conciencia de que sus sucesivas existencias han estado siempre marcadas por la opresión y la violencia, y se dan cuenta de la identificación que sienten con aquellas que habían olvidado: "Érem elles[9]" (Díez Quintanilla 2019a: 42).

Encontramos la imagen de cuerpos que contienen otros cuerpos más pequeños o en estado embrionario en una escena de *Màtria* (2018) de Carla Rovira, donde la creadora y su madre, Ángela Pitarch, se alternan para dar vida a las diferentes mujeres de la propia familia, marcada por el fusilamiento de Enrique Isart Alonso, tío abuelo de Rovira, durante la Guerra Civil. Encima de la gran bobina que usan a modo de mesa, Rovira y Pitarch van abriendo unas muñecas rusas que contienen siempre una muñeca más pequeña, a medida que encarnan las sucesivas generaciones de antepasadas. Paralelamente, la escena también evoca la proximidad entre los cuerpos femeninos de la familia a través de la interpretación de los personajes del pasado por parte de las mujeres del presente, como una forma de encarnar el trauma familiar que las afecta a todas. Esta estrategia también se da en *Les oblidades*, donde las dos actrices que encarnan las almas aquejadas de olvido interpretan también todas aquellas mujeres que fueron en el pasado, modificando las posiciones de una única pieza de vestuario.

También en obras como *Concrete matter* (2022) de Los Detectives y *Hasta agotar existencias*, se recurre al imaginario de la gestación y el parto para mostrar los límites porosos entre los cuerpos de madres e hijas. *Concrete matter*, que ya desde el título alude a la importancia de la materia, es una obra performativa que reflexiona, a partir del intertexto de *Las tres hermanas* de Chéjov, sobre las relaciones maternofiliales, con tres intérpretes y sus madres en escena. Se inicia con las tres madres de las creadoras e intérpretes saliendo de unos grandes pliegues de tela pensados como vulvas, que a continuación cuelgan y presentan como

---

8 "M.— Los científicos […] dicen que las mujeres tenemos, en nuestros cuerpos, en la barriguita, una parte de todas las hijas que podemos llegar a tener. B.— Quieres decir que nacemos con todos los óvulos que tendremos. M.— Eso, como se diga. Se ve que no fabricamos más durante la vida. Los tenemos todos dentro desde que venimos al mundo. Por tanto, llevamos todas las posibles hijas dentro, ¿sabes? Eso quiere decir, que tú estuviste dentro de mi alguna vez. Una parte de ti, quiero decir […] cuando estaba embarazada de tu madre, ella, aunque fuera muy pequeñita, ya tenía dentro una parte de ti. Tú estabas dentro de tu madre y tu madre estaba dentro de mí" (Díez Quintanilla 2019b: 45).

9 "Éramos ellas" (Díez Quintanilla 2019b: 47).

una obra de arte contemporánea, en uno de los distintos homenajes genealógicos de la pieza a artistas feministas como Hanna Wilke. Por su parte, *Hasta agotar existencias* culmina con la proyección, en la barriga desnuda de Navas, de una fotografía de la madre, en una imagen que pone el broche a las múltiples alusiones de identidad entre ambas que recorren la obra y que invieras sus posiciobas. El juego también se da en *Concrete matter*, donde madres e hijas se alternan los roles de dirección e interpretación de pasajes de *Las tres hermanas*. La estrategia tiene una evidente dimensión metateatral, de celebración del proceso creativo de repensar a las madres. Al tiempo coincide con la noción de las genealogías entendidas, no como propuesta historicista, que busque fijar o museizar, sino como "operación bilateral" (Collin 1986: 82) en la cual las mujeres del pasado ejercen maestrazgo, pero las del presente también influyen y reconsideran a las del pasado.

Vale la pena mencionar, por otra parte, que la relación táctil entre los cuerpos también aparece de forma prominente en las obras, como una extensión del tipo de amor que se mencionaba en la sección anterior, y que históricamente ha sido poco valorado y codificado. Así, el tercer acto de *Concrete matter* presenta un amasijo de cuerpos indistinguibles de madres e hijas que se entrelazan en la penumbra; Navas imagina que si su madre muriera podría tocarla y olerla, consiguiendo una proximidad física que la progenitora no consiente en vida; y Anna Tamayo, en *Mi madre en bragas*, masajea a su madre y argumenta en favor del contacto físio:, "Porque cuando eres un bebé te tocan mucho. [...] Y poco a poco te haces grande, y ya no os tocáis más" (Loscos y Cia. Cándida 2022: 10).

El recuerdo del sufrimiento como revulsivo

La importancia del cuerpo en el vínculo que las protagonistas establecen con las madres y antepasadas, así como de las vivencias corpóreas que ponen en evidencia su vulnerabilidad al dolor y a las violencias, asocia muchos de estos vínculos a la experiencia del sufrimiento. A propósito del sufrimiento compartido como posible fundación de alianzas feministas, Sara Ahmed recupera la advertencia de Wendy Brown (1995: 55), quien sostiene que fundamentar un vínculo político en el dolor comporta el riesgo de fetichizar la herida, es decir, que puede derivar en una identificación de la identidad subalterna con el sufrimiento padecido. En términos de representación artística, esto equivaldría a reificar el estatus de víctimas de las mujeres, como sugiere Ángela Pitarch, de la obra *Màtria*, a su hija, cuando esta le exige que llore por el familiar fusilado:

> Ángela.— Tú siempre quieres que llore y yo no lloro. Mi madre nunca lloró. Siempre nos contó esta historia sin dramatismos. ¡A ninguna de las mujeres las vi llorar y tú te has

montado una llorera que no veas! […] no te he enseñado nada mejor que conectar con el dolor y con el llanto?
Carla.— Qué quieres decir?
Ángela.— Que parece mentira que a ti que vas de feminista por la vida, te tenga que decir las mujeres servimos para algo más que llorar y conectar con el dolor… ¿Te acuerdas de las 13 rosas? ¿Qué dijo una de ellas antes de ser fusilada? Dijo: ¡que no lloréis! (Rovira 2018: 25–26)

La conversación entre Rovira y su madre se enmarca en una negociación entre distintos posicionamientos generacionales respecto a la memoria histórica y en la crítica a la política de silencio de la generación heredera de la guerra. En este sentido, resulta interesante constatar que Ahmed se distancia de Brown: "Hay uenas razones […] para evitar asumir que el dolor de las mujeres provee las bases para el feminismo. Pero esto no significa que el feminismo no tenga nada que ver con el dolor" (2014: 173).

Es lo que parece sugerir *Mi madre en bragas*, donde Anna, la hija, declara querer separarse de "una nissaga d'engolidores d'ànsia que es perd en el temps[10]" (Loscos y Cia. Cándida 2022: 13). La necesidad de comer, que puede leerse en el plano literal, puesto que tanto Anna como Rosa tienen sobrepeso, también posee una vertiente metafórica, que se explicita cuando Anna lleva a cabo un ritual para separarse de las ancestras: "me tenéis hasta el coño. // Hasta el coño estoy de este agujero heredado / que no se llena con nada. // De este nudo en la garganta / que me ata a vuestros dolores antiguos" (Loscos y Cia. Cándida 2022: 15). La escena sirve para cuestionar críticamente la femineidad de las generaciones precedentes, y en particular la carga silenciosa del propio dolor, pero también la inconveniencia de condenarlas en términos taxativos, puesto que, cuando termina su invocación, Anna se da cuenta de que ha "matado" a su madre por rechazar una actitud tan inherente a ella.

Evitar el olvido del pasado es, según Ahmed, el requisito para establecer con el sufrimiento una relación distinta, una que esquive el riesgo de "fetichización" a través de actos de remembranza. Según esta autora, "para romper con el peso del pasado, para alejarnos de vínculos que son dañinos, primero debemos traerlos al terreno de la acción política" (2014: 33). Es una premisa que explicitan las dos almas de *Les oblidades* cuando se dan cuenta de que, si quieren liberarse del yugo que las ha oprimido hasta ahora, necesitarán recordar las vidas pasadas en la nueva encarnación: "B.— Anirem allà amb totes elles […]. Allà les recordarem" (Díez Quintanilla 2019a: 43). Cuando la menos decidida vacila –"M.— No

10 Traducimos: "Pero pertenezco a una estirpe de engullidoras de ansia que se pierde en el tiempo".

les puc portar, són massa. Pesen massa" (Díez Quintanilla 2019a: 44)–, la otra le da la vuelta a la situación: "B.— Espera, no les portarem com una càrrega. No seran un pes. Dona'm la mà. Elles ens portaran a nosaltres. Les tindrem a dins *(es toca la panxa)*. La seva força serà la nostra i ens farà sortir d'aquest oblit[11]" (Díez Quintanilla 2019a: 44). También en *Banzo, el aliento de las ancestras*, la toma de conciencia de Lis sigue al acto de remembranza que permite pensar un futuro diferente, por lo que ella y Philippe brindan al final de la pieza con las palabras: "¡Por el pasado que no es el presente, ni tiene que serlo!" (Duncan 2019: 248).

En *Mi madre en bragas* y *Concrete matter*, se recuerdan los sacrificios personales, como la renuncia a las ambiciones profesionales, que tuvieron que llevar a cabo las madres por el hecho de ser mujeres. Y, en la obra de la Cia. Los Detectives, estas reflexiones arrojan una nueva luz al texto de Chéjov, ya que cuando las tres hermanas, cansadas de trabajar y sin esperanzas de poder trasladarse a Moscú, reflexionan sobre el futuro y confían en que la gente dará las gracias por sus sufrimientos, parecen aludir a una memoria renovada del dolor que sufrieron las mujeres del pasado por no poder realizarse plenamente. Gracias al dispositivo escénico, sin embargo, este dolor se comparte con la audiencia: ha tomado el espacio público del escenario y hace mucho más llevadera la memoria dolorosa que cuando esta debía vivirse en solitario. Así parece sugerirlo también *Una gossa en un descampat*, cuando alude al dolor de Júlia, que ha perdido a su hijo, pero se sabe acompañada. Es un dolor que se comparte: "Perquè tots formem part de la mateixa massa [...]. Un dolor que s'escola pels peus i s'escampa per terra i puja per les cames de les infermeres, que et miren sabent el que sents. I per les cames de les actrius que interpreten el dolor dels altres i per les cames del públic que plora el dolor dels altres[12]" (Cedó 2018: 106).

Históricamente, el dolor que ha contado para el relato nacional –a menudo el dolor de grandes sucesos políticos como la guerra– ha dejado de lado experiencias centrales en la vida de las mujeres y otros sujetos minorizados. En este sentido,

11 "B.— Iremos allí con todas ellas, todas las que hemos sido nos acompañarán. Allí las recordaremos. [...] M.— No las puedo llevar, son demasiadas. Pesan demasiado. [...] B.— Espera, no las vamos a llevar como una carga. No serán un peso. Dame la mano. Ellas nos llevaran a nosotras. Las tendremos dentro (*se toca el abdomen*) Las tenemos dentro. Su fuerza será la nuestra y nos hará salir de este olvido" (Díez Quintanilla 2019b: 49–50).

12 "Porque todos formamos parte de la misma masa. [...] Un dolor que se cuela por los pies y se extiende por el suelo y sube por las piernas de las enfermeras, que te miran sabiendo lo que sientes. Y por las piernas de las actrices que interpretan el dolor de los demás y por las piernas del público que llora el dolor de los demás" (Cedó 2018b: 57).

Ahmed propone una política que permita a "otros, cuyas pérdidas no son reconocidas por la nación, tener el espacio y el tiempo para realizar el duelo [...]. En esta política importa el reconocimiento, no del duelo del otro, sino del otro como persona en duelo, como sujeto más que como objeto del duelo, un sujeto que no está solo en su duelo puesto que la pena es al tiempo sobre y dirigida hacia otros" (2014: 161). Es lo que llevan a cabo las obras estudiadas: instituir a las protagonistas en sujetos del duelo propio e histórico en un proceso que las acerca a la comunidad.

Conclusiones

Sirviéndonos de la teoría de los afectos y de consideraciones sobre el vínculo entre género y nación, en este artículo hemos analizado obras catalanas de autoría femenina estrenadas entre 2016 y 2022. Surgidas en el contexto de una creciente sensibilidad feminista, las protagonistas de estas obras aparecen primero aisladas, marcadas por relaciones difíciles o llenas de silencios con el entorno familiar. Distintos procesos de toma de conciencia feminista –y antirracista, en la obra de Duncan– les permiten revisar y afianzar su relación con las mujeres del entorno familiar y del pasado.

Pensar estas obras en el marco de la criptoginia nacional nos permite afirmar que exploran nuevas formas del vínculo de las mujeres con lo común, que no han estado disponibles en los imaginarios compartidos de la vida pública. Entenderlas desde la teoría de los afectos nos lleva a concluir que se trata de espectáculos que comprenden que el feminismo "conlleva una respuesta emocional al mundo" (Ahmed 2014: 170) y que las potencialidades políticas residen no solo en las formas hegemónicas de entender lo común y la nación, sino también en los intersticios que permiten el surgimiento de sensibilidades nacientes.

Bibliografía

Ahmed, Sara (2014 [2004]). *The Cultural Politics of Emotion*. Edimburg: Edinburgh University Press.

Brown, Wendy (1995). *States of Injury: Power and Freedom in Late Modernity*. Princeton: Princeton University Press.

Cedó, Clàudia (2018a). *Una gossa en un descampat*. Barcelona: Biblioteca Sala Beckett i REMA 12.

——— (2018b). *Como una perra en un descampado*. Traducción de Matilde Castillo. Disponible en: www.catalandrama.cat [Consultado el 20/02/2024].

Collin, Françoise (1986). "Un héritage sans testament", *Les Cahiers du Grif*, 34, pp. 81–92.

——— (1993). "Histoire et mémoire ou la marque et la trace", *Recherches féministes*, 6, 1, pp. 13–23.

Díez Quintanilla, Lara (2019a). *Les oblidades* [Obra inédita]. Archivo personal de Lara Díez.

——— (2019b). *Las olvidadas*. Traducción de Ana Quintanilla Sanz. Disponible en: www.catalandrama.cat [Consultado el 20/02/2024].

Duncan, Denise (2019). *Banzo, el aliento de las ancestras*, in Victoria Szpunberg *et al.*, *VII Laboratorio de Escritura Teatral*. Madrid: Fundación SGAE, pp. 131–254.

Godayol, Pilar (2020). *Feminismes i traducció (1965–1990)*. Lleida: Punctum.

Gomila, Andreu (31/07/2021). "La autoficción llega al teatro", *La Vanguardia*. Disponible en: https://www.lavanguardia.com/cultura/culturas/20210731/7635021/autoficcion-rigola-conde-de-torrefiel.html [Consultado el 20/02/2024].

Gregg, Melissa y Seigworth, Gregory J. (eds.) (2010). *The Affect Theory Reader*. Durham / Londres: Duke University Press.

Irigaray, Luce (1987). *Sexes et parentés*. París: Les Éditions de Minuit.

Jones, Amelia (1998). *Body Art/Performing the Subject*. Minneapolis: University of Minnesota Press.

Loscos, Raquel y Cia. Cándida (2022). *Mi madre en bragas* [Obra inédita]. Archivo personal de Anna Tamayo.

Lozano Estivalis, María (2006). *La maternidad en escena. Mujeres, reproducción y representación cultural*. Zaragoza: Prensas Universitarias de Zaragoza.

McRobbie, Angela (2004). "Post-Feminism and Popular Culture", *Feminist Media Studies*, 4, 3, pp. 255–264.

Naudin, Mariona *et al.* (2022). *Concrete matter* [Grabación inédita]. Archivo de la Cia. Los Detectives.

Navas, Verónica (2016). *Hasta agotar existencias. Ensayando para que la muerte de mi madre no me pille desprevenida* [Grabación inédita]. Archivo digital del Antic Teatre.

Ojeda, Júlia (2023). *La narrativa catalana de postcrisi (2010–2020). Llengua, gènere i país en el tríptic de Marta Rojals*. Tesis doctoral. Universitat Oberta de Catalunya. [Tesis inédita].

Pateman, Carole (1988). *The Sexual Contract*. Cambridge: Polity.

Pozo, Begonya y Padilla, Carles (05/02/2020). Criptogínia: una paraula nova per a un fenomen antic, *Eldiario.es*. Disponible en: https://www.eldiario.es/comunitat-valenciana/criptoginia-paraula-nova-fenomen-antic_132_1003396.html [Consultado el 20/02/2024].

Prieto Nadal, Ana (2020). "La dramaturgia catalana del siglo XXI: una panorámica", *ADE Teatro, Revista de la Asociación de Directores de Escena de España*, 179, pp. 26–34.

Rich, Adrienne (1979). *On Lies, Secrets, and Silence. Selected Prose 1966–1978*. New York: W. W. Norton.

—— (1995 [1976]). *Of Woman Born: Motherhood as Experience and Institution*. New York: W.W. Norton.

Rosenwein, Barbara H. (2010). "Problems and Methods in Theory of Emotions", *Passions in Context. International Journal for the History and Theory of Emotions*, 1, pp. 1–32.

Rovira, Carla (2018). *Màtria* [Obra inédita]. Archivo personal de Carla Rovira.

Segarra, Marta (2014). *Teoría de los cuerpos agujereados*. Madrid: Melusina.

Williams, Raymond (1977). *Marxism and Literature*. Oxford: Oxford University Press.

Yuval-Davis, Nira (1997). *Gender & Nation*. London: SAGE.

Laura Rubio Galletero*

Maternidades disidentes. Las (no) madres en la dramaturgia femenina contemporánea española

Resumen: La maternidad y sus problemáticas como tema artístico ha saltado al debate público en donde se cuestiona la maternidad tradicional y se revisan otros aspectos como la no maternidad. En este artículo se analizan, desde una perspectiva de género, tres obras recientes de la dramaturgia española escrita por mujeres, en las que se abordan estas cuestiones con especial interés en la no maternidad, a través de la adaptación de *Yerma* por María Goiricelaya.

Palabras clave: Maternidad; teatro; dramaturgia; autoría femenina; infertilidad; Lorca; Yerma

Introducción

Durante el año 2020 comencé una investigación predoctoral sobre maternidad y dramaturgia española escrita por mujeres. Tuvimos ocasión de confirmar de primera mano la carencia de modelos positivos para las mujeres y el difícil acceso de estas a propuestas alternativas respecto a la crianza. Partimos, por tanto, de una realidad en donde la figura de la "Madre" continúa apegada al modelo tradicional de mujer cuidadora. Podemos encontrarla en la ficción habitualmente si bien al teatro, como al cine o a la literatura, también ha llegado el cuestionamiento a la maternidad, fruto de la crisis identitaria que están experimentando las mujeres en la actualidad y reforzado por el movimiento feminista que, por fin, ha empezado a enfocarse en la cuestión materna, invisible durante siglos.

En la última década, la inclusión de las mal consideradas "temáticas femeninas", ha permitido la revisión crítica de la maternidad. Este quiebre se ha empezado a reflejar en las prácticas artísticas, desarrolladas sobre todo por mujeres.

Hoy nadie ignora que la maternidad se ha convertido en un debate recurrente. En este debate no solo se cuestiona la maternidad tradicional, sino también otros subtemas relacionados con la femineidad como la no maternidad, porque en la maternidad también existe o debería existir la posibilidad de elegir no ser madre.

* Universidad Complutense, Madrid (Instituto de investigaciones feministas)

Maternidad y maternidades

Cuando hablamos de maternidad hemos de hablar de maternidades por la diversidad de mujeres que la vivencian. Ya Adrienne Rich en su libro *Nacemos de mujer. La maternidad como experiencia e institución* (1996) establecía la diferencia entre la maternidad de cada mujer individual –con su potencia reproductiva en el plano de lo biológico como en el cultural– y la maternidad como institución social, que necesita controlar la reproducción bajo una óptica patriarcal.

Históricamente, la maternidad ha sido diseñada como un campo conceptual invisible y plagada de estereotipos. La maternidad "ha sido la clave de muchos y diferentes sistemas sociales y políticos. Ha impedido a la mitad de la especie humana tomar las decisiones que afectan a sus vidas, [...] muchas mujeres han sido madres sin haberlo elegido, y muchas más han perdido la vida al traer vida al mundo" (Rich 1996: 47). Si hablamos de mujer y maternidad, de su sexualidad y de su cuerpo, estamos hablando de mecanismos de poder que han controlado a las mujeres desde el inicio de las civilizaciones históricas. María Lozano Estivaliz, en su libro *Las imágenes de la maternidad*, define la maternidad como "una herramienta analítica, una forma conceptual de análisis sociocultural que nos ayuda a interpretar la representación de una serie de ideales sociales construidos en su entorno" (2001: 363). La "maternidad hegemónica" en Occidente ha tendido a naturalizar y esencializar la participación de las mujeres en la reproducción biológica, legitimando un determinado orden social que tiene, sin duda, implicaciones de clase, pero también de etnia (Esteban, 2000; Bogino Larrambebere 2020: 10).

No se entiende bien la primacía de la maternidad hegemónica como construcción política sin la defensa de la maternidad biológica frente a todas las demás. Una madre biológica es superior a las demás. Por suerte, otras formas de maternidad han irrumpido en el debate social, como la conseguida a través de las técnicas reproductivas, aunque la maternidad biológica continúe apareciendo como el ideal evolutivo de toda mujer. La biológica como maternidad suprema ha sabido integrarse en el sistema neoliberal mediante la "privatización" de la maternidad en clínicas de reproducción asistida, consecuencia de unas maternidades cada vez más tardías y de la diversidad. Desde hace siglos, a las mujeres se les ha asignado el rol de procreadoras y garantes de la familia y del Estado. Al asociar su capacidad reproductiva con la misma naturaleza, las mujeres han quedado exentas de cualquier capacidad de raciocinio, propia de lo masculino.

Buena parte de los relatos en el cine, la literatura, la televisión recogen estos estereotipos y los han reducido a dos modelos femeninos: la santa y la perversa, la buena y la mala madre. Esta dicotomía condena a las mujeres a vagar en una permanente infrarrepresentación y con una autoexigencia demoledora. La maternidad se ha convertido para la mayoría de las mujeres en fuente de insatisfacción. Ninguna mujer puede encarnar el modelo de la madre perfecta sin renunciar a su identidad. Pensadoras como Simone de Beauvoir ya advirtieron del potencial represor de la maternidad y señalaban la maternidad como la causa principal de la falta de desarrollo de las mujeres en la historia: "No se puede obligar a las mujeres a tener hijos, lo que se puede hacer es encerrarla en situaciones en las que la maternidad es la única salida" (Beauvoir 2005: 59). La gran mayoría de las mujeres no han tenido la posibilidad de decidir por sí mismas ser o no madres: "A muchas mujeres, por las costumbres, la tradición, se les niega la educación, la cultura, las responsabilidades, las actividades que son un privilegio de los hombres, pero, sin embargo, se les ponen sin ningún escrúpulo hijos entre los brazos" (Beauvoir 2005: 679).

En España, las mujeres han recibido históricamente toda suerte de presiones procedentes de la herencia judeocristiana, la herencia nacional catolicista, la psiquiatría moderna y la ciencia. La presión principal recae sobre el deber materno. Durante siglos se ha asociado la fecundidad a lo bueno y la esterilidad a lo malo; el ser madre era un hecho estrictamente natural y por ende, las mujeres se construyeron a partir de la existencia del instinto maternal como esencia femenina. Cabe mencionar que, durante mucho tiempo, si una pareja no podía tener hijos se medicaba a la mujer, no al hombre, pues era ella la que era considerada responsable de la esterilidad. La maternidad no se reduce al acto de que un sujeto mujer decida ser madre. La ideología patriarcal sitúa a las mujeres dentro del ámbito de la reproducción biológica y les niega otra identidad fuera de la estricta función materna. Pero "convertirse en madre" no pasa por las mujeres como una experiencia individual, sino que sucede en relación y con la complicidad o el antagonismo de todo el sistema. Como señala Silvia Tubert, "la maternidad no es puramente natural ni exclusivamente cultural; compromete tanto lo corporal como lo psíquico, consciente e inconsciente participan de los registros real, imaginario y simbólico" (1996: 13).

Que la maternidad se haya convertido en un "tema de moda" responde a las dudas y al cuestionamiento de las propias artistas. Escritoras como Doris Lessing, Alice Munro o Sylvia Plath y artistas plásticas como Mary Kelly, Louise Bourgeois y Frida Kahlo ya exploraron la maternidad durante el siglo XX. Pero en la actualidad, se ha generado una corriente expansiva mucho más fuerte que conecta a artistas de todo el mundo.

La maternidad en las artes escénicas españolas

En la escena española, la maternidad ha irrumpido de forma más tardía que en otras artes y en otros países. Nuestro reciente contexto histórico de represión y las dificultosas condiciones de acceso a la profesión de las autoras dramáticas ha relegado el tema de la maternidad a tramas secundarias. El modelo de madre hegemónica, sacrificada e impersonal sigue en activo, pero se van exponiendo nuevas propuestas críticas, formas alternativas de "maternar" y otros modelos referenciales elaborados por dramaturgas y directoras de escena. En estas obras se exploran aspectos relacionados con la maternidad como la difícil conciliación familiar en el sistema capitalista, el estereotipo de las "malas madres" o la presión social que las mujeres reciben por no adecuarse al canon materno. Es bastante habitual que aparezcan vinculados a experiencias biográficas de las artistas en mayor o menor grado, pareciera que la experiencia maternal de las mujeres cobrase protagonismo a través de la voz propia. Para analizar algunos de los factores que repercuten en las mujeres, hemos tomado como muestra tres piezas dramáticas del teatro contemporáneo, tres obras escritas por mujeres que ejercen la dramaturgia y la dirección. Las tres siguen inéditas pese a su exitoso recorrido escénico. Las piezas se titulan: *Salve Regina* de Ángela Palacios en colaboración con Paloma Remolina, *Sernoser* de Alessia Cartoni y *Yerma* de María Goiricelaya. Mencionaremos las estrategias dramatúrgicas más determinantes mediante un análisis teatral básico y la perspectiva de género vinculada.

La presión sobre las mujeres: *Salve Regina*

Para analizar la presión social que reciben las mujeres respecto a la maternidad, hemos escogido el texto *Salve Regina*. Escrito en 2021 por Ángela Palacios, actriz, directora y dramaturga y Paloma Remolina, directora. El espectáculo pudo verse en distintas salas nacionales del circuito alternativo entre el 2021 y el 2023. Se trata de una pieza unipersonal en clave de humor negro en el que la protagonista se plantea la maternidad porque "ya le toca" por edad. Regina, personaje tragicómico, siente que la sociedad le exige ser madre, pero a ella, una mujer sin recursos económicos, sin pareja estable y sin proyecto de vida definido, le asaltan las dudas: ¿Cómo va a establecer una relación sana con su hijo si no sabe si quiere tener uno? Para intentar resolver sus conflictos Regina se aventurará a todo tipo de situaciones tragicómicas –la consulta de una bruja, o la sesión de terapia grupal organizada por su psicóloga, Mati–:

> Regina.— Hola, me llamo Regina, tengo 36 años, casi 37 y tengo miedo a ser madre, o a no serlo, o a decidirme. O a arrepentirme después, o a que me caiga mal mi hijo él o ella. Puede pasar. O a caerle mal yo. O a quedarme embarazada y abortar de manera natural antes de los 3 meses, porque tiene que ser muy duro. También tengo miedo al parto, al dolor, o a morirme, hay gente que se muere pariendo… o a que se muera el bebé… O a que nazca con alguna discapacidad o enfermedad que le complique la vida y que me la complique a mí. Por eso me he apuntado a este grupo de apoyo para Mujeres con dudas sobre el tema de la maternidad sí o no Anónimas. Gracias a Matilde, nuestra terapeuta.

> Yo hice terapia con ella, individual hace tiempo, ya me dio el alta, y la llamé y le dije que quería volver, que no estaba pudiendo y me dijo que individual no, pero que estaba este grupo y que lo veía genial para mí ahora. Y bueno para las nuevas y los hombres que hay aquí os explico, porque justo hoy es Día de Puertas Abiertas y han venido parejas y amigos y así. Bienvenidos. Hablaré en plural femenino ¿vale? Es la costumbre aquí, pero sentíos incluidos, igual que hacemos nosotras siempre cuando se habla en plural[1]. (Palacios y Remolina 2021: 2)

Las dudas que Regina expone al público real, reconvertido en usuarios terapéuticos, son reconocibles por la población femenina. La mayoría de las mujeres sentimos un miedo similar desde que nos planteamos la maternidad como una opción viable e incluso mucho antes. En el viaje de Regina para quedar embarazada, iremos descubriendo que el peso de la opinión pública sobre el personaje es mayor de lo que el personaje cree al inicio.

Recursos dramatúrgicos en *Salve Regina*

El proceso dramatúrgico de la pieza emplea algunos recursos comunes a otras obras creadas por mujeres y que pasamos a mencionar: primero, resalta el uso del humor. Un humor ácido y próximo al grotesco que busca captar la complicidad del público mediante constantes rupturas de la cuarta pared y guiños a situaciones "reales" que cualquiera puede reconocer como propias. Este sentido del humor se desarrolla tanto en la situación (como en la escena de las "Constelaciones familiares" donde de nuevo, se involucra al público real en combinación con una rueda de bebés de plástico como participantes, entre los que se sitúan el muñeco que Regina imagina como su futuro hijo) como en la escenografía (un montón de bebés de plástico, un carro de supermercado, un vestuario que infantiliza a Regina –tutú color rosa chicle–), como en la peripecia del propio personaje que finalmente accede a quedarse embarazada –pero como no consigue el dinero necesario para la inseminación decide hacerlo por vía natural, es decir seduciendo a un desconocido en una discoteca.

También se hace referencia a la carga moral de la maternidad: en este caso, la obra está plagada de alusiones directas e indirectas a la Virgen María como madre. Desde la alusión el propio título *Salve Regina* a la indumentaria del personaje (un rosario como collar). Regina reza a la "Virgen de la desesperación" para que le permita quedarse embarazada y le dedica una versión cantada del *Like a Virgin* de Madonna. Se destaca en la obra una interesante performatividad: la trayectoria

1 El texto *Salve Regina* (2021) permanece inédito y ha sido cedido por Ángela Palacios para esta investigación.

de Ángela Palacios como creadora multidisciplinar, interesada en las artes vivas, aporta a esta pieza un fuerte sentido performativo. La intérprete interactúa con el público real y da cabida a lo inesperado como parte del juego. Mencionemos por último la poética autobiográfica: la pieza cierra con un extenso poema dramático en el que Regina se va desprendiendo verso tras verso de la carga hiperbólica de la trama para acercarse a un discurso mucho más intimista, cercano a la experiencia de la propia autora. En este poema final, firmado por la propia Ángela, la voz autobiográfica transita por las imágenes cotidianas de la maternidad normativa, por los miedos que atenazan a las mujeres y descubre que escuchar el propio deseo es el único camino para hallar la paz interna:

> Y es ahora que mi corazón tan bello, tan bueno, tan fuerte, me ruega que deje de tener prisa.
> Me hace entender que si hasta ahora no encontré la manera, es porque quizás la mía no existe todavía.
> Y que simplemente me la tengo que inventar.
> Me susurra que sabré hacerlo, que solo tengo que rendirme y confiar.
> Que la FE es un salto al vacío, y que nadie dijo que mientras saltas, no puedas también bailar. (Palacios y Remolina 2021: 20)

Contra los mitos de la maternidad

Ann Oakley (1974), socióloga feminista, investigadora y escritora, desmonta el mito moderno de la maternidad haciendo referencia a tres creencias falsas: todas las mujeres desean ser madres; todas las madres necesitan a sus hijos/as; todos/as los/as hijos/as necesitan a sus madres (Royuela López 2019: 19). Estas tres creencias reflejan lo que históricamente se ha proyectado sobre las mujeres: una maternidad absoluta por encima de cualquier otro proyecto personal.

Desde los estudios sociológico-feministas, se cuestionan estos mitos uno por uno. Primero, la maternidad como prioridad: la baja natalidad y el aumento de la edad media de las mujeres a la hora de quedarse embarazadas por primera vez, que en 2021 se estimaba en 32,6 años[2], muestra que las mujeres anteponen como objetivos vitales el trabajo o la carrera profesional. La maternidad pasa a una segunda posición, se retrasa o directamente no entra en sus planes de futuro. Segundo, el instinto maternal; según Amparo Moreno, psicóloga y profesora: "El mito del instinto cumple funciones políticas importantes, se nos intenta convencer de que las madres aman naturalmente y por tanto cuidan naturalmente, para ellas es un placer hacerlo" (Carmona 15/06/2022: s. p.). Durante siglos, el mito de que

2 Según el informe *Focus on Spanish Society*, publicación editada por Funcas.

la maternidad era puro instinto animal ha servido para empujar a las mujeres a la maternidad sin elección propia:

> Simone de Beauvoir niega la existencia del instinto maternal y sitúa las conductas maternales en el campo de la cultura. Para ella la maternidad no se basa en un cuerpo materno biológicamente dicho, más bien lo traduce como un cuerpo cuyo significado biológico se produce culturalmente dentro de los discursos de la maternidad, los cuales postulan a las mujeres-madre como objetos. (Ros-Jordá 2014: 26)

Tercero, la abnegación materna: la maternidad como deber se convirtió en el instrumento de control de las mujeres. La madre como garante del sistema familiar heterosexual debía entregarse en cuerpo y alma a la crianza. Ese "cuerpo para otros" que las mujeres entregan y al que hace referencia la teórica Franca Basaglia (1985).

Contra los mitos maternos: *Sernoser*

Sernoser es una dramaturgia elaborada en 2019 por Alessia Cartoni, actriz, dramaturga y directora de escena de origen italiano y radicada en Madrid. El espectáculo pudo verse en las salas madrileñas durante 2020, hasta que la pandemia vino a interrumpir su representación. El montaje se va a recuperar durante la temporada 2024/25. En esta pieza, Cartoni revisita el poema radiofónico *Tres mujeres* escrito por Sylvia Plath en 1962. Una pieza pionera sobre la maternidad a la que Cartoni le añade el testimonio de mujeres reales en diálogo con los versos de Plath. En el extenso poema de Plath, tres voces femeninas hablan de la maternidad desde su experiencia: la primera voz acaba de dar a luz, pero le invade el miedo a no poder cumplir con las expectativas sociales como madre; la segunda voz tiene miedo a la infertilidad tras haber sufrido un aborto; la tercera voz da a luz a una criatura que no desea y a la que rechaza. Cartoni conecta los versos de Plath con las experiencias de mujeres reales para que afloren temas como la culpa, la depresión posparto y la rabia.

La acción se desarrolla en un escenario prácticamente desnudo en donde los objetos cobran un protagonismo especial:

> En escena hay una isla y tres sillas de hospital dentro de ella. La isla se diferencia del resto del espacio por textura, luz, color. Está delimitada. Es el espacio donde solo ocurre la poesía-ficción. Alrededor de la isla, el espacio donde se desarrollan las voces verbatim[3] en clave documental. Mujeres reales[4]. (Cartoni 2020: 1)

---

3 El teatro *verbatim* reproduce palabra por palabra textos reales que no han sido escritos para su escenificación.

4 El texto de *Sernoser* (2020) permanece inédito y ha sido cedido por la dramaturga Alessia Cartoni para esta investigación.

El diálogo y los testimonios permiten al espectador personalizar la experiencia femenina para que el público teatral afronte aspectos omitidos de la maternidad, como la sensación de culpa:

> Tercera voz.— No estaba preparada. Las nubes blancas que se alzaban sobre mí me arrastraban en cuatro direcciones. No estaba preparada. No sentía devoción. Creí que podría negar las consecuencias -pero era demasiado tarde para eso- era demasiado tarde, y el rostro se fue transfigurando con el amor, como si estuviera preparada.
>
> 1. La decisión testimonio de N., 55 años, actriz, Valencia
>
> Creo que, al contrario, que es una decisión muy madura que muchas mujeres tienen hijos por simplemente tenerlos, porque es lo que marca la sociedad y te marca esta educación que hemos recibido ¿no? *(Se levanta Elena.)* Esta educación de que las mujeres tenemos que casarnos, tener hijos y pues ya está, no me considero partícipe de nada de eso. (Cartoni 2020: 2)

Recursos dramatúrgicos en *Sernoser*

Destacamos la restitución de una genealogía femenina: la revisión del poema de Sylvia Plath, una de las primeras escritoras que expusieron su maternidad como tema principal, funciona como un acto de reparación de memoria histórica. Una autora de corte confesional como Sylvia Plath, cuya maternidad condicionó brutalmente su carrera artística, expone con crudeza las emociones y las consecuencias que le provocaron el ser madre. Cuando Cartoni rescata el poema de Plath, tiende un puente a otras mujeres contemporáneas. Cartoni traza una línea emocional y artística entre pasado y presente, la línea de la genealogía femenina, invisible para la historia oficial. Un ejercicio político llevado a cabo por infinidad de mujeres artistas que conectan con las antecesoras para avanzar en sus propias obras.

El material *verbatim*, extraído de las entrevistas, aporta el valor documental. El desmitificar la idealización de la "madre" permite que se nombre otra realidad más diversa y menos edulcorada de la maternidad. Encontramos testimonios de mujeres con experiencias muy distintas: las que fueron madres muy jóvenes sin sentirse preparadas, las que rechazan su maternidad o las que nunca quisieron ser madres y se sintieron obligadas. La experiencia individual de cada mujer unida al poema de Plath permite nombrar la presión de la institución contra las mujeres. Cartoni organiza el material documental en bloques, les da un título individual y un sentido dramatúrgico al conjunto. Los títulos de los bloques son *La decisión, El cómo, Parir, Abortar, Conocer a tu hijo o hija, Abortar de nuevo, El cuerpo después, El no y el después.*

También destacamos el método *site-specific* (*in-situ*): esta pieza se escenifica en un espacio escénico diáfano en el que se incorpora la relación directa con el público que se coloca muy cerca de las actrices. El espacio escénico en el que se desarrolla la acción es sencillo y simbólico a la vez, marcado por un círculo ritual. Las tres actrices generan con el público una relación cargada de intimidad porque la maternidad siempre ha sido un tema anfibio: privado y público a la vez. Lo miran, le hablan y le cuentan de *tú a tú* sus experiencias en un espacio ficcional abierto. La acotación final dice: "*Las actrices salen de sus personajes y cierran el círculo, se vuelven ellas de niñas*" (Cartoni 2020: 29); al finalizar, las actrices se deshacen de sus personajes de ficción y entregan al público unas cajas conectadas a unos auriculares para que cada espectador pueda escuchar las voces reales de las mujeres entrevistadas, dotando al espectáculo de una dimensión documental que refuerza la idea de historia colectiva.

La no maternidad

De todos los aspectos revisados en este artículo, consideramos importante profundizar en la no maternidad, dada su escasa representatividad en el teatro. Cuando en la gala de los Premios Max del año 2023, la directora y dramaturga bilbaína María Goiricelaya recibe el premio a la mejor adaptación por *Yerma*, en su discurso de agradecimiento mencionó lo siguiente:

> Nuestra *Yerma* no tiene las palabras de Lorca, pero tiene las de todas las mujeres que, a día de hoy, están pasando por procesos similares en relación a la imposibilidad de ser madres de forma biológica. Es un canto a la visibilización de la infertilidad, sobre la que todavía hay muchos tabús. Cuesta mucho hablar y compartir el hecho de que eres infértil y de que no todo el mundo puede tener descendencia de forma biológica[5].

En la versión libre de Goiricelaya sobre el clásico de Federico García Lorca, se aborda el tema de la maternidad deseada e imposible para el personaje protagonista desde una óptica contemporánea. Existen múltiples variables en cuanto a la no maternidad, como los casos de maternidades deseadas, pero que biológicamente no son posibles de llevarse a cabo. También existe la no maternidad ambivalente, que se rige por circunstancias variables que pueden desembocar o no en la maternidad. Y, por otra parte, encontramos la denominada

---

5 Palabras de María Goiricelaya durante su discurso de agradecimiento en la gala de los Premios Max del año 2023, al que asistimos el 17 de abril de 2023 en el Gran Teatro Falla, Cádiz.

"infecundidad estructural" que dificulta a las mujeres el elegir ser madres, como las desigualdades en el ámbito laboral. La exigencia capitalista de que las mujeres sean exitosas profesionalmente sin descuidar sus "obligaciones femeninas" complejiza el acceso a una maternidad deseada. Las mujeres deben retrasar su maternidad para poder prosperar en su profesión, lo que perjudica sus capacidades reproductivas (Marre 2009).

La no maternidad visibiliza una realidad cada vez más difundida, no por ello nueva, la de las mujeres que, por opción vital o por imposibilidad biológica, renuncian al ejercicio de la maternidad. Según los últimos estudios, un 10 % de las mujeres han decidido no ser madres. El 25 % de las mujeres españolas, nacidas en la década de los 70, no son madres. En 2021, la edad media de maternidad subió de los 28 a los 33 años y sigue subiendo cada año[6]. Cuando mencionamos el concepto "maternidad", hacemos referencia a la maternidad de hijos propios, biológicos o no, y no al ejercicio de la maternidad social o "maternaje[7]". Y es que en la mayoría de las culturas se sigue identificando la identidad femenina con la maternidad individual (Tubert, 1996). Si no eres madre, no puedes definirte mujer. Entonces, ¿qué eres? "Ni siquiera existe un término que nombre de manera afirmativa a aquellas mujeres que, por voluntad y deseo propio, eligen ser libres de descendencia" (Alzard 2020: 23). Por suerte, desde el año 2011, se ha articulado un movimiento internacional al movimiento *No Mother* (NoMo) que representa a todas aquellas mujeres que no desean ser madres y las mujeres que por cuestiones biológicas no pueden serlo (Royuela 2019). Las siglas NoMo hacen referencia a la asociación *Gateway Woman*, una red mundial de apoyo a mujeres sin hijos fundada por la británica Jody Day. Esta asociación defiende los derechos de las mujeres, así como la libertad a no ser madres. Se habla de las NoMo como una identidad, un movimiento o un estilo de vida. Aunque cierto es que no se tienen en cuenta las raíces originarias de tal fenómeno, ni las necesidades sociales o culturales que él mismo demanda.

Pareciera que la no maternidad históricamente no hubiese existido. Así como a la hora de nombrarse, la no maternidad y la figura identitaria de la no madre, o más coloquialmente NoMo, de iera primeramente experimentar la negación del término que ante todo niega un "querer ser" o directamente asume una carencia o una situación incompleta. Es decir, desde el lenguaje –constructor del pensamiento y, por ende, de la realidad–, toda mujer que ejerce la maternidad debiera

6 Fuente de información: http://www.ine.es/.

7 El concepto de "maternaje" es una traducción del concepto en inglés *mothering*, que significa "el hecho de criar" y hace referencia al trabajo de madre o de maternar (Marre y López 2013: 266).

llamarse "madre", mientras que aquellas que no tienen hijas o hijos carecen de nombre propio:

> No es difícil descubrir que, en una sociedad heteropatriarcal, en la que la maternidad es tratada como la finalidad y realización de toda identidad femenina, el hecho de no ser madre suponga una deconstrucción transgresiva en cuanto a la feminidad se refiere. No solo la maternidad es percibida social y culturalmente como un deseo inevitable, sino que además, se convierte en un imperativo incuestionable y central dentro de la construcción de una feminidad normativa. (Anzorena y Yáñez 2013: 225)

Desde todos los entornos de socialización y desde las propias instituciones, las mujeres reciben el mensaje de obligatoriedad para cumplir con la misión de ser madres: "La no maternidad como una elección de vida, tan legítima como la opción de optar por convertirse en madre, se enfrentará a una serie de cuestionamientos y juicios de valor que varían al posicionarnos ante un modelo considerado contrahegemónico" (Alzard 2020: 22). Toda mujer que opta por la no maternidad cuestiona con su acción el orden social establecido y se provoca, muchas veces a su pesar, una fuerte crisis identitaria. En nuestra cultura todavía el no tener descendencia por elección o por situación sigue siendo motivo de dolor, vergüenza y culpabilización de las mujeres. A las mujeres que no son madres, se las presupone una "condición negativa o sospechosa" (Rich 1996: 78) que deben pagar con el desprecio y con la etiqueta de subversivas.

La no maternidad: *Yerma*

El proceso de búsqueda de obras españolas que abordasen la no maternidad como tema principal no ha sido sencillo porque como hemos mencionado en la introducción de este apartado, es un tema silenciado incluso para quienes investigan la maternidad.

Yerma, versión libre del texto lorquiano, escrita por María Goiricelaya en 2021, viene a retratar la dura problemática de la infertilidad que ya encontrábamos en el texto original. Del texto lorquiano se rescata parte de la trama: el deseo de ser madre del personaje protagonista, la compleja relación de amor y de rechazo hacia su marido (ahora llamado Jon en vez de Juan), la búsqueda de otro posible padre en un antiguo novio de juventud y el apoyo constante de su amiga-hermana María.

En esta versión actual, la protagonista llamada Ane es una artista plástica con una brillante trayectoria profesional, casada y con un proyecto profesional definido. Ane, a la que la autora nombra como Ella frente a los nombres propios del resto de personajes, nunca ha sentido interés por la maternidad. Odia que todas las mujeres de su entorno estén inmersas en sus maternidades porque les resta independencia. En una de las primeras escenas, Ella se queja a su hermana María de los cambios sociales que han supuesto la llegada de los bebés:

> María.— Mira tu Instagram. Míralo. ¿Qué ves? Porque yo veo que ahora todo es… gris. Negro. Y creo que habría que volver un poco a lo de antes. Creo que tu línea anterior era mejor… tus fotografías, tus instalaciones… todo tenía esa luz… serena, íntima, tranquila… y… a lo mejor deberías… volver a otros temas… o quizá con esto del embarazo ir hacia una línea más… ¿te acuerdas del retrato collage que le regalaste a Silvia? Pues eso: hacer retratos de mujeres embarazadas con barrigas, sesiones *newborn*, o *prints* para muselinas… Hay todo un negocio en torno a los bebés.
> Ella.— No hace falta que me lo cuentes… Todas mis amigas están teniendo bebés. Ya no quedamos porque tienen que bañar a los bebés. No salimos porque tienen que dar de comer a sus bebés. No hacemos nada puto divertido porque tienen que ver a qué colegio para superdotados mandan a sus bebés… Y además, volvemos a lo mismo: yo no hago eso[8]. (Goiricelaya 2021: 26)

Ane decide quedarse embarazada al cumplir los cuarenta años. No lo consigue después de innumerables intentos y decepciones que la empujan a la obsesión, a la ruptura matrimonial y a un intento de suicidio.

> María.— Necesitas ayuda.
> Ella.— ¿Ayuda? ¡Lo que necesito es dejar de pensar! Que mi cabeza pare. Que todo pare. Y dejar de ver cómo se llenan las barrigas de otras mujeres mientras que la mía sigue vacía. ¡Vacía! Y no sé qué me pasa. Es mi cabeza, mi cuerpo, no sé qué está pasando… ¡Joder! (Goiricelaya 2021: 71)

Ane se obsesiona con la maternidad biológica y al no lograr el embarazo entiende que ha fracasado. Incluso cuando duda de su decisión o cuando presencia cómo su vida anterior se derrumba, sigue obcecada en conseguir un hijo biológico a pesar de los problemas médicos y de la ruina económica a la que la van a arrastrar los costosos tratamientos privados de fertilidad:

> Jon.— Cariño, dámelo.
> Ella.— No. ¡Voy a la compra!
> Jon.— Nunca sales de casa. No vas a la compra.
> Ella.— Claro que sí.
> Jon.— Solo sales cuando vas a la clínica.
> Ella.— También es mi dinero.
> Jon.— No tenemos dinero, ¿vale?¡No tenemos dinero! Ni siquiera podemos pagar la hipoteca. Ayer rechazaron mi tarjeta en el súper.

---

8 Esta obra de 2021 permanece inédita, pero es de próxima publicación. El texto ha sido cedido por la autora María Goiricelaya para contribuir a esta investigación.

Ella.— Lo siento.
Jon.— Ya lo habíamos decidido. Se acabó.
Ella.— Hay una posibilidad…
Jon.— Lo hemos intentado nueve veces. Creo que ya…
Ella.—¡No! ¡No!
Jon.— Es hora de que consideremos otras opciones. Me he puesto en contacto con una agencia de adopción y…
Ella.— ¡No! ¡No quiero acunar el bebé de otra! ¡No vuelvas a decirme eso jamás! ¡Jamás! Esta vez es diferente. Siento…
Jon.— ¿Qué sientes? ¡Debemos noventa mil euros! ¡Noventa mil! Estamos a punto de perder la casa. No sé cómo cojones decirte esto ya. Vale. Te lo suplico. Te lo suplico. Por favor: para. Para, por favor. Te lo pido por favor. (Goiricelaya 2021: 73)

En la escena final que enlaza con la primera escena en un juego circular de estructura, Ane sufre una crisis emocional tras discutir con Jon. Se queda sola e intenta autolesionarse. En sus últimas palabras, Goiricelaya escribe un monólogo poético con claras referencias a la poesía de Oliverio Girondo, poeta argentino vinculado a la vanguardia y amigo de García Lorca. Nos encontramos, como en el texto de *Salve Regina*, con la voz directa del personaje protagonista. Una llamada de auxilio y a la vez, la acción poética e íntima de una mujer mostrando su verdadero deseo. Algo que, quizás por presión social o por miedo, se ha negado a escuchar durante toda su peripecia inicial.

Jon sale. Ella camina con el cuchillo en la mano. Intenta lesionarse, pero no se atreve.
Ella.— ¡Yo solo quería tener un bebé!
"Festejar los cumpleaños familiares, llorando.
Atravesar el África, llorando.
Llorar como un cacuy, como un cocodrilo… si es verdad que los cacuyes y los cocodrilos no dejan nunca de llorar.
Llorarlo todo, pero llorarlo bien.
Llorarlo con la nariz, con las rodillas.
Llorarlo por el ombligo, por la boca.
Llorar de amor, de hastío, de alegría.
Llorar de frac, de flato, de flacura.
Llorar improvisando, de memoria.
¡Llorar todo el insomnio y todo el día!"
(Saca de su bolso un bote de Oxicodona. Se lo toma entero.) La vida es… una absenta en Friburgo.
Ya no te lloraré más porque nunca vendrás.
Mi hija… mi hija. Nuestra hija, Jon. (Goiricelaya 2021: 76)

Ane cae intoxicada. Será rescatada *in extremis* por dos sanitarios avisados por su exmarido. A diferencia de la obra de Lorca, Ane no asesina a su pareja sino a sí misma. Con esta elección dramatúrgica, Goiricelaya nos está mostrando el precio desorbitado que pagan las mujeres cuando no consiguen la maternidad o deciden no ejercerla.

Otros recursos dramatúrgicos en *Yerma*

Se destaca la revisión del texto de Federico García Lorca: el texto original funciona de marco de referencia. Esta nueva ficción revisa la temática en torno a la infertilidad, pero la actualiza restándole el simbolismo de la estética lorquiana. Salvo por la referencia explícita al título, no se menciona la palabra *yerma* ni se usan las palabras de Lorca, aunque esté presente en los nombres de los personajes (Jon-Juan, María, Víctor) y en la desesperación que experimenta el personaje de Ella. En esta analogía de casi un siglo, se nos muestra cuán vigente sigue la presión contra las mujeres en la maternidad. De aquella *Yerma* a esta podemos leer la evolución política de las mujeres. A diferencia de la dramaturgia de Cartoni que conectaba el presente con una autora feminista para reelaborar la genealogía femenina, esta vez la conexión pasa por un autor cuyos personajes femeninos profundizan en su deseo. Se abre así a la posibilidad de construir una genealogía más inclusiva en donde las mujeres estemos plenamente representadas.

También se observa una desmitificación de la mujer que anhela ser madre. Frente a la Yerma lorquiana, más próxima al estereotipo, Ane es una mujer moderna, una artista que ha viajado, que bebe alcohol y sale de fiesta. Ane ha tenido una vida previa antes de la maternidad. Goiricelaya la crea como un personaje contradictorio, verosímil en su progresión dramática. La mirada de la autora es compasiva (de acompañar al personaje). No la juzga ni justifica sus decisiones. Ane padece la enfermedad neoliberal de nuestro tiempo: la ansiedad por tenerlo todo sin renunciar a nada. La construcción de personajes femeninos alejados de estereotipos permite ampliar el abanico de referentes ficcionales para las mujeres.

Conclusiones

A partir de la revisión de las tres obras seleccionadas se pueden anticipar algunas conclusiones. Señalamos que el fenómeno de la maternidad en las artes desde el punto de vista de las dramaturgas españolas contemporáneas –que escojan la vía confesional, la vía documental o ambas– es un claro síntoma de la crisis de la feminidad actual y de la necesidad de un debate público sobre la maternidad que conlleve reformas sociales y políticas positivas para las mujeres en favor de su libertad. Pese a que las tres autoras emplean diferentes estrategias dramatúrgicas, comparten la misma búsqueda formal, el cuestionamiento a los modelos hegemónicos y a los mitos tradicionales y la búsqueda de referentes previos.

La ficción ayuda a las tres autoras a adentrarse en el bosque de lo innominado, lo que las mujeres no deben hacer, y abrir en su interior otras vías de devenir mujer. Empatizamos con la angustia de Regina porque reconocemos en ella la presión social que muchas mujeres reciben desde su infancia. Reconocemos los conflictos íntimos y públicos de las voces de *Sernoser* porque tienen nombres y apellidos reales. Respecto a la no maternidad y a la peripecia del personaje de Ane, resulta evidente que una mujer que no materna dinamita con su acción los mandatos patriarcales femeninos. Con la elección de no ejercer la maternidad se altera el orden social establecido. Esta acción de no "maternar" desarrolla una práctica deconstructiva que puede rozar la pérdida identitaria y generarle graves problemas emocionales. Hay pues una elección política en la decisión de no ser madre. A todas las mujeres del mundo se les exige un posicionamiento claro frente a la maternidad. Ninguna mujer queda impune ante la pregunta: ¿cuándo vas a ser madre? La respuesta parece más una cuestión de dominio público que privado y parece que las mujeres no tienen derecho a decidir por sí mismas, ni a evitar elegir.

Como nos recuerda Orna Donath (2019: 29): "se nos dice que la vida carece de sentido si no somos madres". En otras palabras, aún hoy las mujeres sin deseo de maternidad o sin capacidad de gestación son consideradas poco femeninas, anormales o inapropiadas.

Por tanto, la no maternidad es una forma de ejercer la maternidad. Posicionarse ante la demanda de maternidad en la sociedad exige un compromiso ético, una defensa de los valores personales y una revisión de la identidad. Las mujeres que no son madres llevan a cabo un acto de creación porque tienen que inventarse el referente positivo. Posicionarse estéticamente a favor de la libre elección humana permite que las mujeres puedan percibir que alguien las escucha y acompaña en su decisión de ejercer o no ejercer la maternidad. Contribuimos al cambio dando testimonio de vida con nuestras prácticas artísticas y pensando sobre ellas en comunidad.

Bibliografía

Alzard Cerezo, Dunia (2020). "El deseo hostil de no ser madres: una identidad contrahegemónica", *Revista de Investigaciones Feministas*, 11, 1, pp. 21–30. Disponible en: https://doi.org/10.5209/infe.66479 [Consultado el 22/01/2024].

Anzorena, Claudia y Yáñez, Sabrina (2013). "Narrar la ambivalencia desde el cuerpo: diálogo sobre nuestras propias experiencias en torno a la "no maternidad", *Revista de investigaciones Feministas*, 4, pp. 221–239. Disponible en: https://revistas.ucm.es/index.php/INFE/article/viewFile/43890/41488 [Consultado el 22/01/2024].

Basaglia, Franca (1985). *Mujer, locura y sociedad.* Puebla: Universidad Autónoma de Puebla.

Beauvoir, Simone (2005). *El segundo sexo.* Madrid: Cátedra.

Bogino Larrambebere, Mercedes (2020). "Maternidades en tensión. Entre la maternidad hegemónica, otras maternidades y no-maternidades", *Revista de Investigaciones Feministas* 11, 1, pp. 9–20. Disponible en: https://revistas.ucm.es/index.php/INFE/article/view/64007/4564456553411 [Consultado el 22/01/2024].

Carmona, María José (15/06/2022). "La maternidad a escena", *Equaltimes.* Disponible en: https://www.equaltimes.org/la-maternidad-a-escena?lang=es [Consultado el 22/01/2024].

Cartoni, Alessia (2020). *Sernoser.* [Obra inédita]. Texto mecanografiado de 29 páginas.

Donath, Orna (2019). *Ser o no ser madre: maneras de estar en el mundo.* Madrid: Mapas colectivos.

Esteban, Mari Luz (2000). "La maternidad como cultura. Algunas cuestiones sobre la lactancia materna y cuidado infantil", in Enrique Perdiguero y Josep M. Comelles (eds.), *Medicina y Cultura. Estudios entre la antropología y la medicina.* Barcelona: Bellaterra, pp. 207–226.

Goiricelaya, María (2021). *Yerma.* [Obra inédita]. Texto mecanografiado de 77 páginas.

Lozano Estivaliz, María (2001). "Las imágenes de la maternidad. El imaginario social de la maternidad en Occidente desde sus orígenes hasta la cultura de masas", *Ressenyes, Análisis*, 27, pp. 263–266. Disponible en: http://www.raco.cat/index.php/analisi/article/viewFile/130341/179841 [Consultado el 22/01/2024].

Marre, Diana (2009). "Los silencios de la adopción en España", *Revista de Antropología social*, 18, pp. 97–126.

——— y López, Carmen (2013). "Aportes para una antropología del maternaje", in Carmen López, Diana Marre y Joan Bestard (eds.), *Maternidades, procreación y crianza en transformación.* Barcelona: Bellaterra, pp. 265–273.

Oakley, Ann (1974). *The sociology of housework.* Londres: Martin Robertson.

Palacios, Ángela y Remolina, Paloma (2021). *Salve Regina.* [Obra inédita]. Texto mecanografiado de 20 páginas.

Rich, Adrienne (1996). *Nacemos de mujer. La maternidad como experiencia e institución.* Madrid: Cátedra.

Ros-Jordà, María (2014). *Construyendo la maternidad: Dios es mujer, coño.* Tesis de Maestría en Producción Artística. Universitat Politècnica de València, España. [Tesis de maestría inédita].

Royuela López, Berta (2019). *Mujeres NoMo en el siglo XXI. Visibilización del movimiento No Mother en la sociedad española.* Tesis de pregrado, Universidad de Valladolid. [Tesis inédita].

Tubert, Silvia (1996). *Figuras de la madre*. Madrid: Cátedra.

Presentación de los contribuidores

Fanny Blin

Profesora titular en la Universidad Gustave Eiffel (Francia), Fanny Blin enseña literatura española contemporánea. Sus investigaciones se concentran en la función memorística de la dramaturgia española contemporánea. Desde su doctorado en Filología Hispánica por la Universidad Bordeaux Montaigne, se ha especializado en los usos de los mitos griegos en el teatro español de los siglos XX y XXI. En 2020 publicó un libro titulado *Las Antígonas españolas, el mito después de la guerra civil* (Presses Universitaires de Provence). También trabaja desde el punto de vista de los actores, como en su monografía *Lola Membrives, embajadora del teatro español en América* (Ediciones Antígona/Real Escuela Superior de Arte Dramático, Madrid, 2016). Además, las reconfiguraciones de los roles de género están en el centro de muchos de sus artículos sobre las reapariciones de figuras femeninas clásicas.

Magdalena Bournot

Es doctora en Artes Escénicas de la Universidad Paris Nanterre (Francia) gracias a una tesis titulada *Extranjera en casa. Las reescrituras de Medea en América latina (1950–2016)* dirigida por Christian Biet y Tiphaine Karsenti. Fue profesora asistente en las universidades de Nanterre y Lille y actualmente es investigadora posdoctoral GATES en la Universidad Grenoble Alpes donde trabaja sobre un proyecto de investigación artística sobre los *reenactments* de lo íntimo. En paralelo de su actividad académica se desempeña como directora y autora de cine y teatro.

Elena Cano Sánchez

Es doctora en Humanidades por la Universidad Carlos III de Madrid con la calificación Sobresaliente (*Cum Laude*). En su libro *Juan Mayorga: hacia una filosofía del teatro*, producto de su investigación predoctoral, aborda la obra del dramaturgo madrileño desde las corrientes filosóficas éticas y estéticas del siglo XX. Sus líneas de investigación se centran en los estudios culturales en el ámbito de la filología hispánica, en especial, el teatro contemporáneo español. En su trabajo hace un estudio filosófico de las tensiones propias de la escena teatral española centrándose en el teatro de la memoria y en la capacidad emancipadora del teatro dialéctico. Entre sus publicaciones más relevantes se encuentran los trabajos: "Protección impuesta y encarcelamiento voluntario en *Angelus Novus* de Juan Mayorga", *Estreno. Cuadernos del Teatro Español Contemporáneo*, número especial, 2022; "*La colección* de Juan Mayorga. La posibilidad de vivir pensando en dejar un legado", *Anagnórisis. Revista de Investigación Teatral*, 25 (2022); y "Justicia testimonial en El cartógrafo-Varsovia, 1:400.000 de Juan Mayorga", *Bulletin of Spanish Studies*, 98 (10), 2021.

Adeline Chainais

Es profesora titular de Literatura Española Contemporánea en la Universidad Paul-Valéry Montpellier III (Francia) y miembro del laboratorio ReSO (Recherches sur les Suds et les Orients). Su trabajo de investigación se centra en el arte teatral español contemporáneo enfocado desde la historia cultural. En esta perspectiva, ha estudiado distintas formas dramáticas y escenográficas, desde el teatro histórico-poético de principios del siglo XX, al cual dedicó su tesis de doctorado titulada *L'oeuvre dramatique de Francisco Villaespesa (1911–1917): modernité et conservatisme dans le théâtre espagnol des années 1910*, hasta formas más contemporáneas, como el teatro posdramático (ha realizado varios estudios sobre Angélica Liddell) o el teatro de la memoria, en particular la obra de Laila Ripoll y el trabajo de la compañía Micomicón. Ha codirigido un volumen monográfico de la revista *L'Âge d'or* sobre *El vacío en las artes visuales y escénicas en España de los años 50 hasta la actualidad.*

Fernando Doménech Rico

Nació en 1951 en Madrid. Doctor en Filología por la Universidad Complutense de Madrid, ha sido profesor de Literatura Española en distintos institutos de Educación Secundaria y, desde 1995 a 2021, profesor de Dramaturgia de la Real Escuela Superior de Arte Dramático de Madrid. En la actualidad está jubilado. Ha realizado numerosas investigaciones sobre teatro español, especialmente en los campos del teatro escrito y dirigido por mujeres y del teatro del siglo XVIII. En este último campo se pueden destacar la coordinación del tomo II de la *Historia del teatro español*, dirigida por Javier Huerta y publicada por Gredos en 2003, los estudios *Leandro Fernández de Moratín* (Síntesis, 2003), *Los Trufaldines y el Teatro de los Caños del Peral. La commedia dell'arte en la España de Felipe V* (Fundamentos, 2007) y *La expresión de las pasiones en el teatro del siglo XVIII* (Fundamentos, 2011). Ha realizado numerosas ediciones, tanto de autores clásicos como modernos. Entre las primeras se pueden destacar la edición de obras de María de Zayas, Feliciana Enríquez de Guzmán, Leonor de la Cueva, Ángela de Acevedo y María Rosa Gálvez, además de la edición de textos de Jovellanos, Moratín y Comella en *La comedia lacrimosa*, en 2006, de Antonio de Zamora y José de Cañizares en *La comedia de magia*, en 2008, y del teatro breve de Torres Villarroel en 2012, así como la *Antología del teatro breve español del siglo XVIII*, publicada por Biblioteca Nueva en 1997. Entre los autores modernos, ha editado a Ernesto Caballero, Ignacio Amestoy, José Ramón Fernández, Yolanda Pallín y Javier García Yagüe. Es autor de varias obras teatrales, entre ellas *Los brujos de Zugarramurdi* (1993, accésit al Premio Lope de Vega), *Inessa de Gaxen* (1995) y *Mudanza.*

Carole Egger
Catedrática emérita de lengua y literatura españolas en la Universidad de Strasbourg (Francia), trabaja sobre el teatro español contemporáneo desde Lorca y Valle-Inclán hasta el teatro posdramático. También se interesa por los aspectos teóricos del teatro, el análisis del texto dramático y por el concepto de "teatralidad". Es especialista del llamado "Nuevo Teatro" de los años 70 (Riaza y Romero Esteo, sobre todo), y publicó y/o coordinó varias obras sobre dramaturgias españolas contemporáneas. Coordinó varios números de la revista *ReCHERches* (Prensas Universitarias de Estrasburgo), siendo el último el número 27 titulado *Temps multiples au croisement des disciplines* (2021).

Anne-Laure Feuillastre
Profesora titular en Sorbonne Université (París, Francia), es miembro del laboratorio CRIMIC. Desde su doctorado en Filología Hispánica por la Universidad Paris Nanterre (2017), sus investigaciones se centran en el nuevo teatro español, movimiento censurado y marginado durante la última década de la dictadura franquista y los primeros años de la transición. Se interesa por el aspecto innovador de esta corriente dramática, sus restringidos círculos de difusión y sus características estéticas. Recientemente ha publicado las siguientes obras: *El teatro de protesta. Estrategias y estéticas contestatarias en España (1960–1980)* (París: L'Harmattan, 2019, con Marina Ruiz Cano); *Le Nouveau Théâtre Espagnol (1967–1978). Histoire d'une résistance politique, culturelle et esthétique sous le franquisme tardif* (Nanterre: Presses Universitaires de Paris Nanterre, 2021); y *Nuevo teatro censurado: Antología* (Madrid, Fundamentos, 2022).

Émilie Lumière
Profesora titular en la Universidad Toulouse - Jean Jaurès (Francia), es miembro del laboratorio LLA-Créatis y docente en el Departamento de Estudios Hispánicos e Hispanoamericanos. Investiga sobre el teatro español contemporáneo, el teatro de la memoria e histórico, y sobre el español como lengua de especialidad para las humanidades. Ha publicado varios artículos sobre el tema de la representación del pasado en el teatro español actual, en particular en textos de Juan Mayorga y José Sanchis Sinisterra. También ha codirigido números de revistas sobre literatura y

sobre enseñanza de idiomas: *Mémoires de la violence au Mexique depuis 1968. Poésie, roman, théâtre, cinéma*, (2021, *Hispania*, con Lîlâ Bisiaux y Nina Jambrina); *L'approche intermédiale en enseignement-apprentissage des langues vivantes, Les Langues Modernes* (1/2019, con Emmanuelle Garnier); *Sens et émotions dans l'enseignement-apprentissage des langues-cultures, Les Langues Modernes* (2/2020, con Claire Chaplier).

Gracia Morales Ortiz

Nació en Motril en 1973. Es doctora en Filología Hispánica y profesora titular en la Universidad de Granada. Ha desarrollado labores de investigación y docencia desde 1998. Su labor investigadora se centra fundamentalmente en la literatura hispánica del siglo XX y XXI. Entre los autores que más ha estudiado destaca el narrador peruano José M.ª Arguedas y también Julio Cortázar, Mario Benedetti, Manuel Puig o Alejo Carpentier. Asimismo, ha publicado diversos artículos sobre autores de teatro, como Roberto Arlt, Griselda Gambaro, Rodolfo Usigli, Sanchis Sinisterra, Edgar Chías o Lola Arias. Sus trabajos han aparecido en diferentes libros colectivos y en revistas como *Revista de crítica literaria latinoamericana*, *Ínsula*, *Cuadernos Hispanoamericanos* o *Arrabal.* Además, Gracia Morales viene desarrollando desde 1997 una intensa labor creativa, como dramaturga y poeta. Ha publicado y estrenado más de una veintena de obras teatrales, algunas de las cuales se han traducido al francés, inglés, italiano, alemán, portugués, rumano, húngaro y persa y se han representado en Europa, Estados Unidos y Latinoamérica. Ha obtenido, entre otros, el Premio Marqués de Bradomín (con *Quince peldaños*, 2000), el Premio Miguel Romero Esteo (con *Un lugar estratégico*, 2003), el SGAE de Teatro (con *NN 12*, 2008), el SGAE de Teatro Infantil y Juvenil (*De aventuras*, 2011), el Premio Lorca de Teatro Andaluz a la autoría teatral por *La grieta, entre animales salvajes* (escrito con Juan Alberto Salvatierra) o el Premio de Teatro en Confluencia (2020) por *La primera noche de los niños-pájaro.* Como investigadora y creadora, ha sido invitada a numerosos encuentros y coloquios, en España y en el extranjero, e imparte, regularmente, talleres de escritura teatral. Es cofundadora de la compañía teatral granadina Remiendo Teatro, que hasta ahora ha llevado a escena nueve espectáculos a partir de textos suyos y donde en ocasiones ejerce como actriz y ayudante de dirección.

Adriana Nicolau Jiménez

Es profesora lectora en los Estudios de Artes y Humanidades de la Universitat Oberta de Catalunya. Doctora con la tesis *Feminismes al teatre català contemporani (2000–2019)* por la UOC, obtuvo el Premio Extraordinario de Doctorado y una mención honorífica del Premio Josep Carner del Institut d'Estudis Catalans. Licenciada en Filología Catalana (UAB) y máster en Teoría de la Literatura (ENS/Sorbonne Paris IV), ha enseñado en la Université Sorbonne-Paris IV, en la Universitat Autònoma de Barcelona y en la Universitat de Vic. Ha sido investigadora posdoctoral Margarita Salas en el centro de investigación sobre género y sexualidad ADHUC de la Universitat de Barcelona y recibió una beca posdoctoral Juan de la Cierva antes de incorporarse a la UOC. Junto con Gemma Pellissa, organizó el Simposio Internacional 'Dramaturgues catalanes del segle XXI: creació, traducció i crítica', que ha merecido el Premio Serra d'Or 2024 a la mejor aportación teórica sobre artes escénicas. Ha publicado artículos sobre literatura y teatro en numerosas revistas; en su investigación se ocupa del teatro catalán contemporáneo y de la narrativa actual desde la perspectiva de los estudios de género, la teoría afectiva y los estudios de la autoría. Ejerce como crítica teatral en *Red escénica* y *El Temps de les Arts*, y en 2021 comisarió el Ciclo Lluïsa Cunillé en la Sala Beckett de Barcelona.

Ibtissam Ouadi-Chouchane
Es profesora *agrégée* de Lengua y Literatura Española en Cpge en el Instituto G. de la Tour, en Metz. Fue miembro del tribunal de oposiciones de español en Francia (Agrégation interne) y es miembro del tribunal de oposiciones Ecricome. Forma parte del equipo de investigación del CHER, Universidad de Strasbourg (Francia) y del comité de lectura de la revista *Clepsydra*, (Universidad de la Laguna, Canarias). En la actualidad prepara una tesis sobre la figura del extranjero en la literatura española (teatro/novela) de 2001 a 2018, bajo la dirección de la profesora Isabelle Reck. Codirigió con Gregoria Palomar el número 28 sobre exilio y migraciones de la revista del Cher, y es autora de más de quince artículos. Sus ejes de investigación son la alteridad, la interculturalidad, el teatro español contemporáneo y el compromiso femenino.

Laura Rubio Galletero
Nació en Barcelona en 1979. Es dramaturga, docente e investigadora en estudios de género. Entiende el teatro como un espacio colectivo de diálogo en donde se puede soñar un mundo más justo. Indaga en temas controvertidos como la desigualdad, la salud mental o la problemática de las personas transgénero y trabaja por reparar la genealogía de las mujeres con perspectiva feminista. Algunas de sus obras como "El techo de cristal", "Centro Comercial Paraíso" o "Derrumbe. Camille Claudel" se han traducido y publicado en varios idiomas como en inglés, francés, griego y gallego. Ha estrenado en teatros públicos y del circuito alternativo

en el ámbito nacional e internacional participando en festivales de prestigio como Womens Playwrights Internacional, Out of the Wings (Reino Unido) o la Muestra de Teatro de Autores (España). Es cofundadora de la productora Señora_Rojo para la que ha creado dos espectáculos a partir de dos de sus textos: "En tránsito" (finalista a los Premios Max en 2022) y "Homo Ausente. Cosas que un hombre no haría".

Marina Ruiz Cano
Es doctora en Literatura Comparada y Estudios Literarios por la Universidad del País Vasco y en Estudios Románicos por la Universidad de Nanterre. Actualmente es PRAG en la Universidad de Le Mans (Francia) en los departamentos de LLCER y LEA. Sus investigaciones se centran en el teatro vasco contemporáneo de carácter político. Recientemente ha publicado varios artículos como "Le Pays Basque aujourd'hui au prisme des industries culturelles en Espagne" en *Enjeux de l'information et de la communication* (2024), "Aproximación al estudio de las redes teatrales en Bizkaia (1939–1975): notas sobre espacios y modos de difusión, grupos y autores y una obra inédita", *Diablotexto Digital*, n.° 14 (2023), "La memoria de los abusos político-jurídico-policiales en *Sisiforen paperak*", en Béatrice Bottin (ed.), *Las artes escénicas como patrimonio del ámbito hispánico* (Peter Lang, 2023) o "El desencanto de la transición en la ficción teatral del siglo XXI" en *Estreno. Cuadernos de teatro español contemporáneo* (2022). Acaba de dirigir con Javier Jurado el número 19 de la revista *Atlante* titulado "El dinamismo de la identidad vasca: polifonía social, reordenación política y recreación artística (2009–2020)" y de publicar, también con Javier Jurado, el monográfico *Health Crisis, Counteractions and the Media in the Ibero-American World* (Peter Lang, 2023).

Stéphanie Urdician
Es doctora en Estudios Hispánicos por la Universidad Blaise Pascal (Francia) y profesora titular de Literatura y Teatro Hispanoamericanos en la Universidad Clermont Auvergne (Francia). Es miembro del Centre de Recherches sur les Littératures et la Sociopoétique (CELIS) donde codirige el Taller de Investigación-Creación. Su investigación se centra en el teatro hispanoamericano contemporáneo, la sociopoética de los mitos y la creación femenina. Ha coeditado *Les Antigones contemporaines (de 1945 à nos jours)* (Presses Universitaires Blaise Pascal, 2010, con Rose Duroux); *Histoires de folles. Raison et déliaison – Liaisons et déliaisons* (Orbis Tertius, 2019, con Nadia Mekouar-Hertzberg) y *L'Antiquité en scène. De la tragédie grecque à la performance* (Caesarodunum Présence de l'Antiquité, 2024, con Rómulo Pianacci). Coordina la sección de Artes escénicas/Teatro del Service

Université Culture (servicio cultural universitario) donde dirige un taller de teatro en español, con el que montó una quincena de obras entre las cuales se pueden mencionar *Cuatro ejercicios para actrices* de Griselda Gambaro (2008), *Señoritas en concierto* de Cristina Escofet (2013); *Las voces de…* (adaptación de textos de Mariana Percovich, *Yocasta, Clitemnestra, falso monólogo griego, Las voces de Penélope* de Itziar Pascual y *Kassandra* de Sergio Blanco) y *El eterno femenino* de Rosario Castellanos con Marielle Coubaillon, Cie Show Devant (2016, 2017); *Medea mapuche* de Juan Radrigán (2020), *#Antígonas*(2021), *The barrio mambo's stories* (2022) y *Salvadora, la descentrada* (2023) con Claudia Urrutia, Cie Zumaya Verde. Es corresponsable del programa *Matrimoine afro-américano-caribéen* (MAAC), con la Escuela Superior de Infotrónica de Haïti y la Universidad de las Antillas, y miembro del comité de redacción de la revista digital *Sociopoétiques.*

ESCENA HISPÁNICA

Estudios de teatro español e hispanoamericano

Editada por Diego Santos Sánchez, Guadalupe Soria Tomás y Javier Huerta Calvo

Volumen 1	Javier Huerta Calvo / Masa Masa Kmet (eds.): Juan Guerrero Zamora y el teatro universitario e independiente durante el franquismo. 2023.
Volumen 2	Elena Cano Sánchez: Juan Mayorga. Hacia una filosofía del teatro. 2024.
Volumen 3	Fanny Blin / Anne Laure Feuillastre (eds.): Historia familiar e historia nacional en el teatro hispánico contemporáneo. 2025.
Volumen 4	Ilaria Resta (ed.): Mundos novelescos en el teatro del Siglo de Oro. 2025.

www.ingramcontent.com/pod-product-compliance
Lightning Source LLC
Chambersburg PA
CBHW060756310726
48980CB00002B/124

* 9 7 8 3 6 3 1 9 1 3 8 3 3 *